教育部人文社会科学重点研究基地重大项目成果

国际商事争议解决机制
专题研究丛书
A Study Series of Settlement Mechanism
for International Commercial Disputes
丛书主编 黄进

国际商事调解
法律问题研究

尹力 著

武汉大学出版社

图书在版编目(CIP)数据

国际商事调解法律问题研究/尹力著.—武汉：武汉大学出版社，
2007.6
国际商事争议解决机制专题研究丛书/黄进主编
ISBN 978-7-307-05532-2

Ⅰ.国… Ⅱ.尹… Ⅲ.国际商事仲裁—研究 Ⅳ.D997.4

中国版本图书馆 CIP 数据核字(2007)第 052105 号

责任编辑：张 琼 责任校对：黄添生 版式设计：杜 枚

出版发行：**武汉大学出版社** (430072 武昌 珞珈山)
(电子邮件：wdp4@whu.edu.cn 网址：www.wdp.whu.edu.cn)
印刷：湖北恒泰印务有限公司
开本：720×1000 1/16 印张：14.5 字数：266 千字 插页：2
版次：2007 年 6 月第 1 版 2007 年 6 月第 1 次印刷
ISBN 978-7-307-05532-2/D·727 定价：21.00 元

序

黄　进

　　2000 年，教育部确定武汉大学国际法研究所为普通高等学校人文社会科学重点研究基地。对武汉大学国际法研究所来说，这不仅是对它成立 20 年来学术发展的充分肯定，而且是它"而今迈步从头越"的极为重要的发展机遇。

　　按照教育部当时的设计，进入普通高等学校人文社会科学重点研究基地建设计划的高校研究机构，应当具有"国家级水平"，它们要通过深化科研体制改革、组织重大课题研究和加大科研经费投入等措施，围绕体制改革、科学研究、人才培养、学术交流和咨询服务等任务的落实，打下坚实的科研基础，形成明显的科研优势和特色，而且还要在经过若干年的建设后，使其整体科研水平和参与决策的能力居于国内领先地位，并力争在国际学术界享有较高的学术声誉。

　　为了实现基地建设的总体目标，并抓住机遇充分发展自己，武汉大学国际法研究所除了在人才培养、学术交流及资料信息建设、咨询服务和体制改革方面始终自强不息、追求卓越外，还在科学研究方面通过组织重大科研项目、产出重大研究成果，不断促进国际法基础研究和应用研究协调发展，构建国际法知识创新体系，提升自己的整体学术水平。"国际商事争议解决机制研究"这一课题就是我们组织的第一批基地重大科研项目之一。

　　众所周知，在全球化背景下，人、财、物和信息的跨国流动日益频繁，国际商事争议的产生不仅不可避免，而且争议的数量大为增加，争议的类型更加多样化，争议的复杂性也有所发展。所以，建立和健全国际商事争议解决机制对于构建和谐世界日显重要。

　　目前，国内对国际商事争议解决这个课题的研究，仍然还停留在传统的理论和制度层面，应该说存在一些深层次的问题。首先，原有的研究不够全面，多注重国际民事诉讼和国际商事仲裁问题的研究，而忽视了和解、调解等选择性争议解决方式（**Alternative Dispute Resolution** 即 **ADR**）的研究，没有能够反映制度创新的实际状况。其次，原有的研究具有一定程度的非整合性，一方面，对各种民商事争议解决方式的研究是独立进行的，缺乏深层次的比较研究和整合；另一方面，从国际法治的整体制度架构来看，对各种争议解决制度之间的互动关系没作深入的分析。再次，原有的研究对投资、贸易、海事、知识产权等具体商事领域的争议解决机制缺乏进行分门别类的研究。最后，原有的研究对新出现的商事争议解决方式，如网上仲裁等，也缺乏系统的研究。上述表明，对国际商事争议解决机制进行全面的、综合的、系统的、深入的以及分门别类的研究实属必要。

针对目前国内对该课题研究存在的问题，"国际商事争议解决机制研究"项目设计着重从如下两方面对该课题进行研究：一是对国际商事争议解决机制进行综合研究，从整体上探讨国际商事争议解决机制的各种基本问题，分析和总结国际商事争议解决机制的共性、互动性和整合性；二是对国际商事争议解决机制进行分门别类研究，具体探讨国际投资争议解决机制、国际贸易争议解决机制、国际海事争议解决机制、国际知识产权争议解决机制、国际金融争议解决机制、统一域名争议解决机制、电子商务争议解决机制、国际体育争议解决机制等特别机制的个性和特点。本课题的研究不仅希望在理论上有所突破，有所创新，有所贡献，而且希望在实务方面有助于参与国际商事交往的当事人，特别是我国的当事人，能够深刻认识国际商事争议解决机制及其利弊，善用相关机制，快捷地化解争议，以保证其进行国际商事交易的安全和便利，从而促进建立正常的国际商事交往秩序。同时，也希望我国的立法、行政、司法、仲裁以及其他相关机构能够认同和参考我们的研究，我们的研究成果对其工作有所裨益。

正是基于上述考虑，我们课题组决定编辑《国际商事争议解决机制专题研究丛书》，将本课题项下的部分专题研究成果予以出版，以飨读者。本丛书的顺利出版，离不开武汉大学出版社的大力支持和帮助。借此机会，我们衷心感谢武汉大学出版社对本丛书的厚爱！

2006 年 8 月 20 日于武汉大学国际法研究所

目　　录

内 容 摘 要

　　调解作为选择性争议解决方式（Alternative Dispute Resolution，简称ADR）的典型代表，在当代各国的争议解决实践中扮演着越来越重要的角色，成为国际商事争议解决机制的有机组成部分。本文主要在现有相关立法和实践的基础上，综合运用比较以及理论与实践相结合等方法，对国际商事调解的有关法律问题进行较为系统的研究。

　　本文共分为七章。

　　第一章主要论述了调解的普遍性法律问题。在现代社会，调解被公认为ADR中最具代表性的一种方式。尽管调解的各种定义彼此各异，但调解为产生争议的当事人提供了一个解决争议的方式，通常表现为当事人在一个中立的第三者的帮助下，解决他们之间的争议。虽然与"调解"一词相对应的英文表述有"conciliation"和"mediation"两个，但一般认为它们更多地只是表达的习惯不同，两者可以互相换用。调解不仅可以根据不同标准进行分类，而且具有当事人进入和参加程序的自愿性、中立第三者的介入与协助、程序的便捷性和灵活性以及契约性等本质特性。与其他争议解决方式尤其是与诉讼相比，调解具有独特的制度价值，并有控制冲突等功效。因此，效益与和谐是调解最基本的价值追求。

　　第二章结合联合国国际贸易法委员会的《国际商事调解示范法》考察了国际商事调解的含义。在判断调解的国际性方面，主要综合采用实质性连结因素认定标准和争议国际性认定标准，并且当事人自己也可以决定其调解是否属于国际调解。对"商事"一词应作广义的解释，以涵盖因各种商业关系而发生的事项；国际商事调解中之"调解"也是一个广义概念，泛指争议当事人邀请某个人或若干人组成的小组协助其友好解决争议的各种程序。同样，依据介入调解的第三者的性质可以将国际商事调解分为民间调解等几类，而民间调解这类国际商事调解是本书研究的重心。在综述联合国国际贸易法委员会的《国际商事调解示范法》以及中国、英国等国有关国际商事调解的立法和实践的基础上，本章认为，调解在世界上正处于蓬勃发展的态势，国际社会正致力于调解法制化的尝试和努力，这在一定程度上反映了人们对调解与法治的关系的理解，也印证了"所有的调解都或多或少地处于法律的阴影之下"的论断。

第三章主要探讨了国际商事调解在现代社会兴起的根源。首先，在解决商事争议中，较之于诉讼与仲裁，调解具有降低争议解决的成本、维系当事人之间的商业关系、适应性强、保全当事人的商业信誉、为当事人提供一揽子解决争议问题的机会、彻底解决争议等程序优势，因此，采用调解既能缓解法院在解决争议方面的压力，又能克服诉讼审判以及仲裁的弊端，高质量地解决争议，从而适应了社会的客观需求。其次，在东方社会由于法的传统观念、儒家思想以及"和"的社会观念等传统文化的影响，在西方社会则由于多元化争议解决机制并存的理念、法治与人治关系相互包容的思想以及成本效益观的共同影响，使得无论在东方还是西方，社会主体对调解都存在着强烈的主观诉求。在上述两方面的综合作用下，商事调解必然在现代社会兴起。

第四章分析了国际商事调解的基本原则和程序保障。由于当事人意思自治、合法性与合理性相协调以及调解人的独立与公正等原则反映了调解的客观需要及其规律，因而是调解必须遵循的几项基本原则。调解的灵活性是其最重要的程序利益，要受到当事人的自律和第三者的权威与公正性的制约，在当事人的自律和第三者的公正不能得到充分保证的情况下，这种灵活性就很容易被恣意滥用所取代，调解也就失去了其正当性。因而，灵活性既是调解的程序利益也是调解的致命弊病所在。因此，有必要建立一定的程序规则，为调解提供最基本的程序保障。调解的程序保障主要涉及调解当事人的行为规范、调解人的资格、权责与中立性以及保密等方面的问题。但在调解的程序保障上有一个度的问题，否则，为此制定的过度的规则就会侵蚀灵活性这个调解最重要的程序利益，因而应努力寻求程序保障与程序利益的协调，并以最低限度的规则和最大限度尊重当事人的意思自治作为行动指南。

第五章阐释了国际商事调解程序的相关问题。在严格的法律意义上，由于合意是调解的本质要素，调解具有一种反程序的外观。因此，与其说调解程序，毋宁说是调解的过程，与诉讼程序甚至仲裁程序所指称之"程序"并不能在法律意义上完全等同，之所以仍然使用程序一词，更多的是出于一种约定俗成的表达习惯，冠以"程序"名称的有关内容准确地说应该是指调解过程中的带有一定的普适性的做法。调解程序基于当事人之间的合意而开始。从理论上讲，调解的实质性启动尚取决于对争议事项可调解性的判断，在一般意义上，只要是商事性质的争议事项都可以以调解方式解决。其实，调解实践中对于个案的可调和性也很重视，即当事人相互之间的权利要求是否存在弹性处理的空间，这往往决定了调解解决争议能否获得成功。在调解程序进行中，确定调解员、进行调解前的准备以及进行调解会议是几个关键性的环节。调解程序可能因为当事人达成和解协议或调解不成后的放弃这两种情况而终止。而且，调解员在促进当事人的沟通以及程序或实质性的一些事项上发挥着重要的作用，这通常又取决于调解员的个性品质及其调解技能。

第六章对国际商事调解的协议进行了探讨。调解协议是当事人达成的将其争议交付调解解决的合意，主要有合同中的调解条款和独立的调解协议书这两种表现形式。调解条款与合同其他条款既具有相关性，又具有一定的独立性，因此，即使合同其他条款无效，也不影响调解条款的效力。调解协议书不仅具有独立性，而且具有广泛的适用性，既适用于合同订立前后发生的一切与合同有关的争议，也适用于非合同争议。调解协议一般只能延缓而非排除司法或仲裁管辖权，加上当事人有权单方面退出调解程序，因此很难从法律上规定调解协议的强制执行力。调解的处理协议是否具有法律效力及其能否强制实施这个重要问题直接关系到调解作为一种独立的争议解决方式的生命力。和解协议对当事人的约束力至少与合同相等，但由于和解协议毕竟是当事人处理其争议的结果，其对象和客体是争议的民商事法律关系，与一般意义上的以某一实体民商事法律关系为其对象的合同有所不同，这使得在其强制实施问题上具有一些特殊性。因此，对和解协议的执行力问题的解决，目前主要将和解协议通过仲裁程序转化为仲裁裁决，利用国际上现存的行之有效的承认和执行外国仲裁裁决的制度保障和解协议的法律效力。

第七章对中国国际商事调解进行了回顾和展望。在回溯中国古代以及近现代调解制度的流变的基础上，重点考察了当代中国国际商事调解的实践和立法现状，揭示其成功的实践经验以及立法上的缺失，得出了在现代法治社会将调解纳入法制轨道已然是一种潮流的背景下，有必要进行我国商事调解立法的建构的结论。在商事调解的立法建构上，目前国际上主要有在仲裁立法中规定商事调解的有关问题、制定统一调解法以适用于所有种类的调解以及制定单一的商事调解法三种立法模式。在对这几种立法模式以及我国的有关实践和立法进行综合考量的前提下，我国应以制定一部单一的商事调解法为宜，而且它应该既适用于国际商事调解也适用于国内商事调解。在立法指导思想上，应将借鉴国际上关于商事调解的立法和整合本土资源结合起来，并充分体现调解所具有的自愿性、灵活性等本质属性。在立法内容上，这部商事调解法应涵盖商事调解的基本原则、法律的适用范围、调解机构、调解程序、和解协议的法律效力以及联合调解等内容。

关键词：争议　调解　联合国国际贸易法委员会　国际商事调解示范法

Abstract

Conciliation, as the typical representative for Alternative Dispute Resolution (ADR), plays a more and more important role in the practice of dispute resolution among states and constitutes one of the organic compositions in the international commercial dispute settlement system as well. Based on the existing legislation and practices, this dissertation, by using the comparative approach and combining theory with practice synthetically, attempts to research the legal issues on the international commercial conciliation.

The dissertation is divided into seven chapters.

Chapter 1 mainly expounds the universal legal issues in the conciliation. Conciliation is regarded as the most typical representative for the ADR in nowadays society. The conciliation provides a kind of approach to resolve disputes, not considering the concrete differences among the various definitions of conciliation. The normal way is that the parties to disputes resolve their disputes by the assistance of a neutral third party. There are two ways to express the "调解" in English, namely conciliation and mediation. In spite of arguments on their meanings, they can be alternatively used in general. The conciliation can be classified into different types from different perspectives. The essential and specific properties of the conciliation are the voluntary of the parties to accept and join the procedure, the involvement and assistance of a third party, the facilitation, the flexibility and contractability. Therefore, compared with the other ways for dispute resolution, especially with the lawsuit, the conciliation has its own specific institutional value. Besides, its functions and effectiveness can also be reflected by succeeding in controlling conflicts. All in all, conciliation emphasizes the benefit and harmony as the most basic value pursued by the conciliation.

Chapter 2 firstly observes the concept of the international commercial conciliation on the basis of *the Model law on* International Commercial

Conciliation issued by the United Nations Commission on International Trade Law. Then, it puts forward that the international judgment for conciliation mainly adopts the comprehensive one built on the standards of the material connecting factors and that of disputes internationally recognized and permits the parties to determine if their conciliation is covered by international conciliation. The term "commercial" should be understood in its general meaning so as to embrace all the issues related to the business. The conciliation in the international commercial conciliation is also a concept in general which refers to the various procedures for solving the disputes in good faith initiated and organized by the parties to disputes by inviting a person or some persons to assist them in the dispute resolution. Likewise, in accordance with the nature of the third party, the international commercial conciliation can be divided into different kinds, including the nongovernmental ones. The international commercial conciliation, which belongs to the nongovernmental ones, is the main issue illustrated in this dissertation. This chapter also sets forth the legislation and practices of the international commercial conciliation around the world and considers that the conciliation is now in a state of growth. Moreover, the international community is now attempting to make the conciliation be a legal system. In a sense, this attempt reflects the understanding of the relationship between the conciliation and the rule-of-law, and also confirms the thesis "all the conciliation is more or less under the shadow of law".

Chapter 3 inquires into the reasons of the rise of the international commercial conciliation in the contemporary society. The first reason lies in the advantages of the conciliation in solving the commercial dispute when compared with the procedures of lawsuit and of arbitration. Such advantages are reducing the cost of dispute settlement, maintaining the business relation between parties, enjoying effective adaptability, safeguarding the business credit standing of the parties, providing the opportunities to solve the series of disputes and settling the disputes completely. Therefore, the adoption of the conciliation can not only relax the pressure of the court in solving the disputes but also overcome the disadvantage of lawsuit and arbitration, thus the high – quality resolution for disputes meets the objective necessity of the society. The second reason rests with the influence of the traditional legal ideas, the Confucian thoughts and the "harmony" sense in the eastern society and that of the ideas of the times including existing of various dispute revolution systems, attaching importance to the benefits and relations in the western society, which made the social subjects themselves eager to utilize the conciliation in solving their disputes. Upon the aforesaid subjective and objective aspects, the rise of the commercial conciliation surely has its inevitability.

Chapter 4 analyzes the basic principles and procedural safeguards in the international commercial conciliation. The autonomy of will of the parties, the adjustment of the legitimacy and the reasonability, the independence and justification of the conciliators, which show the objective needs and the law of the conciliation, should be the basic principles compulsorily abided by in the process of conciliation. The flexibility of the conciliation is the most important procedural interest, which is restricted by the self-control of the parties to disputes as well as the authority of the third party. If the self-control of the parties and the authority of the third party cannot be enough ensured, this flexibility may be easily abused and thus lead to the loss of justice. Thus the procedural interest of the conciliation is, to a large degree, the fatal disadvantage of itself. It is imperative to establish a set of certain procedural rules in order to provide safeguards for the conciliation. The procedural safeguards mainly touch the behavior regulations of the parties, the qualification, the rights and obligations and the neutrality of the conciliator, and etc. It is necessary to pay attention to the degree of the procedural safeguards of the conciliation, otherwise, the extreme rules will be in erosion of the procedural interests. Thus, coordinating the procedural safeguards and the procedural interests should be pursued in line with the guidance of the least rules and the most respects for the authority of the will of the parties.

Chapter 5 mainly expounds the issues concerning the procedures of the international commercial conciliation. In the strictly legal sense, the conciliation shows the appearance of anti-procedure which is determined by the consent of the parties to disputes, the key element of the conciliation. In this sense, it is not so much a procedure of conciliation as the process of it, and this process should not be equal to that of lawsuit or arbitration in the legal sense. The reason for using the term of "procedure" mainly lies in the fact of the term "usage" which has been accepted through common practices. The dissertation names it "procedure" herein to illustrate that it refers to the universal and applicable ways of the conciliation. The procedure of the conciliation begins with the consent between the parties. Theoretically, the actual initiation of the conciliation is determined by the judgment on the conciliatability of the disputing issues. In a general sense, the disputing issues relevant to the commerce can be solved by way of conciliation. As a matter of fact, the conciliation also attaches importance to the reconcilability of the individual case in practice, namely the flexible room for the parties' requirements for rights. The determination of the conciliator, the preparation of the conciliation and the convening a conference for the conciliation are the key links in the process of the conciliation. The procedure may be cancelled due to the settlement agreement between the parties or to the abandon themselves to the unsuccessful conciliation. The conciliator plays an important role in the aspects of urging the parties to exchange ideas and requirements and of the procedural or essential issues in the process of conciliation. However, the role of the conciliator is also determined by his/her personal character and his/her skills.

Chapter 6 inquires into the issues relevant to the conciliation agreement which emphasizes the initiation of the conciliation and the settlement agreement which stresses on the treatment of the conciliation. The conciliation agreement is a kind of agreement which is reached between the parties to be willing to hand over their dispute to the conciliation. In general, this kind of agreement has two forms: the conciliatory articles in the contract and the independent conciliatory agreement. The conciliation articles as a whole has its own independence as well as relation with the other articles in the contract. So, even if the other articles of the contract are ineffective, this does not influence the effect of the conciliation articles. The conciliation agreement can be stand by itself and be adaptable. This means that it can be applicable not only to the disputes before or after the contract in practice but also to the non-contract disputes. The conciliation agreement can postpone but not exclude the judicial or arbitrary jurisdiction in general. Moreover, any party has the right to claim their withdrawal from the conciliation. Therefore, it is very difficult to regulate the coercive power of the agreement in legal ways. As to the settlement agreement, the key problem is whether it has the legal effect and can be implemented compulsorily. This directly influences the vitality of the conciliation which is an approach to independently solve the disputes. At least, the restriction of the settlement agreement is similar to that of the contract. But due to the fact that this kind of agreement is after all the result reached by the parties, the object is the legal relation in civil and commercial issues involved in disputes. In general, this is different from the contract which regulates the substantial legal relation. All these make the settlement agreement be specific in compulsory implementation. There is a practice for the solution of the implementation of the settlement agreement, namely, transforming the agreement into the arbitration award through the arbitration procedure. By this way, the legal effect of the settlement agreement can be guaranteed by using the system of the recognition and implementation of the foreign arbitration award in the international community.

Chapter 7 traces back and looks forward into the future of the international conciliation in China. On the basis of tracing back the change of the ancient, modern and contemporary conciliation systems, this chapter observes the practice and legislation of the Chinese commercial conciliation and puts forward its successful practical experience and the imperfectness of the relevant legislation. So, it is imperative for China to construct the legislation on the commercial conciliation because it has been a trend to put the conciliation into the legal system in the contemporary rule-by-law society. At present, there are three models of legislation on the commercial conciliation: first, the issue concerning conciliation is provided in the legislation on arbitration; second, uniform law on conciliation is made in order to adapt to all kinds of conciliations; third, independent commercial conciliation law is enacted. On the basis of comprehensive consideration of the above models and of Chinese relevant practices and legislations, it is better to draft a single commercial conciliation law which can be implemented in both international and domestic commercial conciliation. In the respect of guiding ideology for legislation, it is necessary to combine the legislation on commercial conciliation around the world with the domestic experiences and embody the essential nature of the authority of will of the parties and that of flexibility. As far as the contents of the legislation are concerned, it should cover the basic principles, the scope of application, the bodies, the procedure, the legal effect of the settlement agreement as well as the coordinated conciliation.

引　言

有社会就有矛盾、争议或纠纷，① 纵观人类社会发展的历史，产生于各类社会主体之间的形形色色的争议总是与人类的社会生活相伴而行。从法学以及法律实践看，争议是因权利义务关系受到侵犯或者权利归属不明等情况而发生的。每个社会都为解决争议而建立了各项制度，其性质、结构和运作都是对该社会的文化、哲学、社会模式以及经济政治组织的一种反映。防止争议需要规范，解决争议需要制度。社会上所发生的所有争议并不都是通过法院的审判来解决的。社会处理争议的方式一般有两种：一是当事人合意方式，主要为当事人之间的和解与妥协；二是第三人作为介入方居于当事人之间处理争议，诸如斡旋、调解、法院或仲裁机构的裁决等均属此类。在后一种方式中，以调解解决矛盾争议古已有之，可谓源远流长；而通过法院诉讼的方式解决争议的历史亦很久远，诉讼同法一起产生，因为诉讼本身就是法律实施的重要途径。调解与法院诉讼虽同属于第三人介入解决争议的方式，但是在法律社会学的理论中往往将它们建构为两种相互对照的争议解决机制。

由于争议的性质、争议解决的制度设计及文化背景不同，各国在争议处理方式的选择偏好和类型分布上具有很大差异。但在考虑处理争议的成效时，不同方式以及各种方式之间的不同组合是可以互相比较的，只是这种比较需要统一的分析框架。在设定这种统一的分析框架时，必须考虑最基本的一些对立概念，例如合意本位与强制本位，当事人主义与职权主义，程序规范导向与实体规范导向，手续简便化与手续严格化，情节重视

---

① 本书出现的"纠纷"、"争议"甚至是"争端"等几种表述，其中文含义应该说并无实质区别，且其在本书中使用时均与英文单词"dispute"相对应。但是为了全书在术语使用上的一致性，行文时尽量使用"争议"一词，但如果所引文献中用同义的其他表述时，从其表述。

与法条重视，常识偏向与专业偏向等。① 任何一种关于争议处理的制度或理论都可以在由这些对立概念构成的坐标上进行定位和比较。

一般而言，司法诉讼并不是一个优先选择，人们首先会力图避免争议，回避不了时多采取协商和交涉的办法去化解之，以尽量避免与争议无关的任何人卷入，通过自行谈判来解决其争议。如果经过双方的努力没有结果时，就会向第三者求助，这时存在着各种争议解决机制可供使用，调解是有第三者介入状况下的双方交涉；仲裁是在交涉基础上的第三者判断；当这些非正式的社会控制方式都无效时，则采用诉讼作为最后手段。② 而且，以中国为代表的东方社会对于调解往往情有独钟。为世人所公认的是，在中国以及其他东方国家，在很多世纪前即已存在调解的实践，以至于许多比较法学家都把调解的利用作为区分远东法系的重要依据之一。③ 在进入现代法治社会后，调解在经历了自身的创造性转化后仍然在东方展现其在解决争议方面的独特魅力。即使是西方，在早期的争议解决实践中也可以找到调解的印迹。例如，挪威早在1797年就建立了遍及城乡的调解组织，并成为解决民事案件的诉讼前必经程序。丹麦则在1816年就仿照挪威建立了相同的诉讼外调解制度。德国历史上就曾强调法官的和解劝试义务，1844年曾在离婚程序中设立和解劝试义务，这一制度在其现行的家事审判程序中仍可以看到。甚至在美国，调解也有很长的历史，早在1636年，位于波士顿西南的狄德汉姆的清教创立者在其盟约里就提供了一种非正式的调解体系。在美国初期的弗吉尼亚，立法机关就已经注意到了诉讼具有费用昂贵、耗时过长等缺陷而鼓励其居民采用包括调解在内的其他方式解决争议。其后，在19世纪初期，美国西海岸的中国移民、中西部的斯堪的纳维亚移民以及纽约的犹太移民都建立起了调

---

① 参见季卫东：《当事人在法院内外的地位和作用》，载［日］棚濑孝雄：《纠纷的解决与审判制度》（代译序），王亚新译，中国政法大学出版社1994年版，第3页。

② 季卫东：《程序比较论》，载《比较法研究》1993年第1期，第15页。

③ 参见［法］勒内·达维德：《当代主要法律体系》，漆竹生译，上海译文出版社1984年版，第483页；［德］K·茨威格特、H·克茨：《比较法总论》，潘汉典、米健、高鸿钧、贺卫方译，法律出版社2003年版，第507～514页。

解委员会以解决他们各自社区内所产生的争议。① 不过，西方社会真正开始关注调解却是在 20 世纪 70～80 年代的时候，以英美法系国家掀起的一场所谓 "选择性争议解决方式（Alternative Dispute Resolution，简称 ADR）"②的运动为标志，其影响力持续至今。调解被公认和推广为 ADR 的最重要途径之一，也有不少西方学者对调解进行了跨文化的研究。许多律师已把业务扩展到调解领域，提供专业性或自愿性服务的调解机构如雨后春笋。

考证起来，东西方在调解的发展路径上存在着很大区别。东方循着历史的足迹在前行，虽然其间有过彷徨和犹疑以至于对调解作出过一定程度的修正；而西方则主要是在现代基于解决争议的多元化需求的背景之下去发展调解，其间也曾有过反复，但又逐渐热心并终至醉心于调解。在这个过程中，东西方相互影响、相互融合，最后殊途同归。在当代的东西方社会，调解在争议解决中都发挥了重要作用已成为一个不争的事实。在商事领域，由于商事关系中当事人的自治性正好契合了调解所高扬的当事人自治的程序特征，因而采用调解解决争议尤其具有优越性，国际商事争议也越来越多地通过调解的方式予以解决。如今，商事调解在世界范围内引起广泛的关注，立法与实务两个方面的实践都昭示了这一点。但是，相对于诉讼和仲裁而言调解在现代法治社会毕竟是一种新型的争议解决方式，还有很多法律问题有待理论上的进一步探讨，例如，调解的内涵和外延、调解中调解人和当事人的有关权责、作为调解结果之和解协议的法律效力等问题。而对于调解进行理论探讨的终极目的是服务于有关的立法和实践，在这个意义上，理论的研究也就获得了实践的价值。

---

① *See* Peter Lovenheim, Becoming a Mediator—An Insider's Guide to Exploring Careers in Mediation, Jossey-Bass, 2002, at 6-7. 美国总统亚伯拉罕·林肯有一段名言，即："劝阻诉讼吧，尽可能地说服你的邻居达成和解，并告诉他们那些名义上的胜利者因损失了诉讼费和浪费了时间而成为真正的失败者。"足见美国在社会心理上对调解予以认同的历史也很悠久。

② ADR 的中文表述常见的有 "选择性争议解决方式"、"替代诉讼的争议解决方式"、"非诉讼解决机制"、"代替性纠纷解决程序"、"法院外纠纷解决方式"、"诉讼外纠纷解决方式"、"审判外纠纷解决方式" 等。抛开这些译法在名称上的差异，ADR 就是泛指法院诉讼之外的各种争议解决办法。本书以下统一使用 ADR 这个简称。

第一章　　调解概述

第一节　调解的含义

调解含义的界定，不能脱离现代社会以及调解与 ADR 的关系这个背景。

一、选择性争议解决方式（ADR）概说

ADR 发轫于 20 世纪 70 年代中期的美国，并随即在美国备受关注而引发了一场 ADR "运动"。① 之后，ADR 在欧洲大陆各国、日本、韩国、澳大利亚等国逐渐盛行起来。由于 ADR 方式的灵活性与多样性，对 ADR 的分类不可能详尽无遗，但从目前来看，一般认为诸如调解、仲裁、调解—仲裁、小型审判、早期中立评估、事实发现、简易陪审团审判、租借法官等都是 ADR 的方式。② 这些具体的 ADR 方式的共同特点已被公认，主要有自愿性、保密性、前瞻性、灵活性、简便性和可复合性等特点。值得注意的是，尽管已经创设了多种 ADR 技术并经常性地使用，但对于什么是 "ADR" 并没有固定的定义。在英国，还没有一个获得公认的 ADR 概念，在英格兰和威尔士实行的《民事诉讼程序规则》在语义上把 ADR 笼统地解释为 "在标准审判程序之外的所有解决争议的方法的总称"。③ ADR 这个术语应该是涵盖解决争议过程的一个广阔领域，在这个领域内，每种方法都是相对于诉讼的另一种选择，当事人、律师和法官经常采用目

---

① *See* Christian Bühring-Uhle, Arbitration and Mediation in International Business: Designing Procedures for Effective Conflict Management, Kluwer Law International, 1996, at 264.

② 甚至还有将这些方式都统称为调解的，但必须明确的是，本书只是在狭义上使用 "调解" 一词，即特指一种具体的 ADR 方式。

③ 参见木兰、李诚蓉：《英国的争议解决——ADR（其他争议解决方式）的影响》，载《仲裁与法律》2000 年第 6 期，第 22 页。

前的 ADR 程序或创造一种新的方法，不断满足解决法律争议的整体需要。因此，为了涵盖这些新方法，ADR 技术还在不断地扩展，ADR 最大的特点也就在于其方式的多样性、灵活性，① 也正是在这个意义上，任何使 ADR 制度化和规范化的想法都是不符合 ADR 的宗旨及其所追求的目标的。

ADR 在当代已逐渐成为解决民商事争议的主流方法，诉讼往往成为"选择性的"或"替代"，而这些其他争议解决过程却是"正常情况"。② "在所谓适合审判的纠纷中，通过当事者之间的交涉、第三者之间的斡旋及调解、仲裁等'准司法机关'而达到解决的，与通过审判解决的相比，占压倒性多数。"③ ADR 术语已经被广泛地接受为一种非诉讼程序中的捷径。而且，一段时期以来，ADR 还成为有关会议和文献出版物的热门话题。例如，根据中国和澳大利亚两国司法部 2002 年 2 月 28 日签订的司法合作备忘录框架，2002 年 11 月 20 日至 22 日，在北京举行了中澳"纠纷解决替代方式与现代法治"专题研讨会，有关论文已结集出版。④ 此外，ADR 还呈现出职业化趋势，表现为出现了一批专门提供 ADR 服务的律师和机构组织。尤其在美国，律师如果忽视了通过 ADR 为当事人挽回利益的可能性，将被视为失职，有些州还制定了职业的 ADR 程序规则。⑤ 但是，ADR 的出现也并不意味着要削弱传统的法院体系。ADR 这种方法通常用于那些诉讼不是最佳解决方式的案件，有时也可以与诉讼方式混合使用，这是因为此时当事人双方既想探究其他替代方式，同时也想保留在任何情况下重新采用传统诉讼方式的权利。⑥

---

① 参见 ［美］克丽斯蒂娜·沃波鲁格：《替代诉讼的纠纷解决方式（ADR）》，载《河北法学》1998 年第 1 期，第 58 页。

② *See* Christian Bühring-Uhle, Arbitration and Mediation in International Business: Designing Procedures for Effective Conflict Management, Kluwer Law International, 1996, at 262.

③ ［日］棚濑孝雄：《纠纷的解决与审判制度》，王亚新译，中国政法大学出版社 1994 年版，第 2 页。

④ 本刊记者：《中澳"纠纷解决替代机制与现代法治"研讨会在北京举行》，载《中国法律》2003 年 2 月号。

⑤ *See* Cochran, *Must Lawyers Tell Clients about ADR*? Arbitration Journal, No. 3, 1993, at 8-13.

⑥ 参见 ［美］克丽斯蒂娜·沃波鲁格：《替代诉讼的纠纷解决方式（ADR）》，载《河北法学》1998 年第 1 期，第 58 页。

需要指出的是，理论上对于 ADR 中是否应包括仲裁的问题，学者们的意见并不一致。有观点认为应将仲裁排除在 ADR 之外："……ADR 是一种无需由法院或仲裁庭作出具有约束力裁决的解决争议的程序。也就是说 ADR 是以某种形式的协商来解决争议的程序，其目的是解决矛盾，没必要分清当事人孰对孰错。将是非曲直搁置一边，由当事人依据他们可以协商的基础来解决争议。"① 还有观点认为，ADR 是诉讼的替代办法，在国内层面上，仲裁也可以归类于诉讼的替代办法；但是，在国际层面上，将 ADR 限制在不同于传统的国际商事仲裁形式的程序范围内是合理的。② 诚然，从 ADR 的本意及其发展历史来看，仲裁应该包含于 ADR 之内，因为 ADR 是指诉讼外而非仲裁外的争议解决方式，仲裁和诉讼之外的其他争议解决方法一样，也是以当事人的意思自治原则为基础，以灵活、快捷、方便的程序为当事人提供争议解决服务，并逐渐成为法院诉讼外的重要争议解决方法。但是由于仲裁已经发展为具有一套严密程序的争议解决方式，其法律化程度越来越高，它在逐渐接近于法院的诉讼程序，这在国际商事仲裁中体现得尤为明显。③ 因此，在这个意义上，仲裁以外的其他争议解决办法更适合于充任 ADR 的实验品。就各国的实践情况而言差别也很大，比如在法国仲裁就不属于 ADR 方式，而在美国 ADR 的含义则极为宽泛，它包括传统诉讼方式外的几乎所有争议解决方法。

与仲裁是否属于 ADR 存在争议的情况不同的是，调解这种传统的非诉讼程序被公认为现代 ADR 中最具代表性的一种方式。究其原因，主要是由于 ADR 程序的灵活性与当事人的自主性，以及 ADR 在程序上的快捷、成本低廉等相对于诉讼的优势，在调解这种方式中得到了最完美的体现。不过，调解的具体形式和运作方式又因地因时存在着不同程度的差

---

① ［法］戴维·E·瓦格纳：《运用调解和其他可选择性争议解决方式（ADR）解决国际商事争议》，载中国国际商会仲裁研究所编译：《国际商事仲裁文集》，中国对外经济贸易出版社 1998 年版，第 197 页。

② *See* Christian Bühring-Uhle, Effective Conflict Management, Kluwer Law International, 1996, at 261.

③ Pieter Sanders 教授通过对 60 年以来仲裁实践的总结指出，联合国国际贸易法委员会的《国际商事仲裁示范法》已在世界范围内得到普遍采用，各国仲裁立法呈现出趋同和完备的发展趋势。*See* Pieter Sanders, Quo Vadis Arbitration? —Sixty Years of Arbitration Practice, Kluwer Law International, 1999, at 353-354.

异。① 例如，有些国家通过立法建立了较系统的调解组织，构成司法体系的一个重要组成部分；有些国家的调解则只是作为非正式的民间性组织或活动而存在；有些国家的调解是一种区别于其他争议解决方式的特定制度；有些国家则把调解作为一系列非诉讼程序的总称；有些国家调解应用广泛，并区分为诸如民间调解、行政调解、律师调解、法院调解等不同形式；有些国家的调解在形式和范围上则比较单纯和狭窄，等等，不一而足。

二、调解的一般含义

（一）调解的不同定义方法

探讨国外学者对调解的定义方法，有助于理解调解的含义。在对调解下定义时，一些学者使用一些强调一定的价值追求、原则及目标的观念上的术语来定义调解，这种方法被称为"概念论者的方法"。此种方法给调解下的定义通常有高度标准化了的内容却可能没有反映调解的实际情况。典型的概念论者对调解的定义是："调解可被定义为调解参加人在一个或者多个中立的人的协助下，系统地确定发生争议的问题以找到不同的选择，考虑替代的方式，并在一致同意的前提下自愿达成一个能满足他们需要的解决方案。"② 在英国，概念论者通常给调解下如此定义："调解是一个中立第三人为当事人之间的磋商提供各种方便和机会，并且指导当事人合意地解决他们之间的问题的程序。"③ 概念论者的定义包括了调解想要实现的许多理想，但是却无法准确地反映调解实践中的各种不同做法，因而这种定义其实具有许多可疑因素。在很多情况下，调解并未将争议中的问题系统地分离出来并考虑最有效解决争议的那个可供选择的方案，它仅仅只是为了达成妥协的解决而进行的讨价还价。调解与其说是能满足所有当事人的需要，毋宁说是能快速、有效地处理案件。另外，像"中立"、"一致同意"等词语也会存在一些问题，亦即在定义调解时，如果不对上述词语所表达的含义的程度进行分析就可能会产生一些误解。

---

① 参见范愉：《非诉讼纠纷解决机制研究》，中国人民大学出版社 2000 年版，第 176 页。

② J Folberg and A Taylor, Mediation: A Comprehensive Guide to Resolving Conflict Without Litigation, Jossey-Bass, 1984, at 7.

③ Laurence Boulle and Miryana Nesic, Mediation: Principles, Process, Practice, Butterworths, 2001, at 5.

调解的第二种定义方法不是根据理想化了的概念或理论，而是根据实践中所发生的情况来对调解作出定义。这种方法被称为"描述性的方法"。描述性的定义中内容标准化的程度较低，因为在描述性定义者看来，在多姿多彩的调解实践中那些概念论者们所热衷的调解的价值、原则和目标是经常被忽视或被放弃的。一个典型的描述性定义通常是："调解是一个当事人与调解人①一起讨论并试图解决当事人之间的歧义的争议解决程序。"② 英国学者 Karl Mackie 对调解的定义是："在中立第三方的介入下，争议当事人就争议解决达成协议的一种形式。"③ Pieter Sanders 教授将调解定义为："当事人在一其行为受调解规则指导的中立第三方即调解人的帮助下，就他们之间的商事争议达成和解协议的一种程序。"④ 这两种定义采用的都是此种描述性的定义方法。

调解的第三种定义方法则尝试从以下几个方面来探讨调解的定义问题：承认调解能够同时根据其在运用中所体现的特点以及它的深层理念来进行定义；在定义中应该包含那些在调解这个名称下绝大多数实践所具有的一些共同特征；列举某些仅仅是在一些调解实践中所追求的目标，这是由于调解实践存在着多样性的特点；使用调解的目的也会对其定义产生影响；探讨一些有争议的调解的特点。这种方法还特别强调了调解的核心特点：它是一个由当事人作出决定的程序；在此程序中当事人得到一个第三人即调解人的协助；调解人努力促进作出决定的程序；调解人帮助当事人达成他们都同意的解决结果。因此，在某种意义上也可以说调解是一个作出决定的过程，而不是一个争议解决程序。因为调解并不总是用于争议的解决，甚至在与争议的解决有关时，即使当事人作出了有关决定也不能说争议已经得到了解决。在争议的解决这样的意义上去定义调解是不确切的

---

① 在本书中，可能会出现"调解人"与"调解员"两种表述，在使用"调解人"一词时，主要是泛指调解程序中扮演居中调解角色的中立第三方，而"调解员"一词则是在具体指称这个第三方时使用，并且主要是指机构调解中的调解员。不过，这也仅具相对的意义。

② Laurence Boulle and Miryana Nesic, Mediation: Principles, Process, Practice, Butterworths, 2001, at 7.

③ Karl Mackie and Others, The ADR Practice Guide: Commercial Dispute Resolution, Butterworths (2nd ed.), 2002, at 48.

④ Pieter Sanders, The Work of UNCITRAL on Arbitration and Conciliation, Kluwer Law International, 2001, at 69. *See also* Peter Lovenheim, Becoming a Mediator – An Insider's Guide to Exploring Careers in Mediation, Jossey-Bass, 2001, at 1.

和容易引起误解的。而着眼于作出决定来定义调解还有利于调解的形象及其可接受性，因为对于许多对调解程序半信半疑的人而言，作出决定比解决争议的提法更让他们放心，因为后者很容易使人联想到斗争与妥协、胜利与失败；而作出决定则不会让人想到上述言外之意并且可能使某些当事人放心地进入调解程序。在所有调解的案例中，当事人都有作出决定的机会，这是调解程序的主要目标。在当事人并未就实体问题达成和解的案例中，他们仍然可以就程序问题作出决定，例如下一次在何地解决他们的问题。就其实质而言，调解应是一种协助作出决定的形式，这使得调解人不能将有约束力的决定强加于当事人，由此也提出了调解人在提供帮助时应受到某种限制的问题。据此，这第三种方法所作的定义是"调解是一个作出决定的过程，在这一过程中，当事人得到调解人的协助，调解人试图改善做出决定的过程并协助当事人达成一个双方均同意的结果。"①

综上所述，概念论者的定义为调解的使用者和从事调解实践的人强调了调解不同于其他作出决定的程序的、为调解程序所特有的较高目标和价值，这是它的优点，但是它的缺陷则是忽略了调解的实践情况，它是观念上的定义而不是经验的定义。描述性的定义方法的优点在于它是建立在实践的基础之上的，反映了客观现实，其缺点则是由于没有反映调解的价值追求以及忽视了调解的深层的理念而使得这种定义流于表面化，因而也是无益的。因此，第三种关于调解的定义方法由于提供了一个更为广阔的了解调解的视野，它对于调解所作的定义是更为合理的和更有价值的。尤其可取的是，这种定义方法强调调解是一个作出决定的过程，实际上强调了调解的有用性（无论是否达成了完全的和解），以及与其他程序相结合的调解的价值，因而在这个意义上，这种定义方法可以被认为是一种"实用型"的方法。

在有关中文著述里，关于调解的具有代表性的定义有如下一些，它们的侧重也各有不同，基本上可以分别归属于上述的某一类定义方法之列。

《中国大百科全书》（法学卷）对调解的含义作了如下解释："双方或多方当事人之间发生民事权益纠纷，由当事人申请，或者人民法院、群众组织认为有和好的可能时，为了减少讼累，经法庭或者群众组织从中排解

① Laurence Boulle and Miryana Nesic, Mediation: Principles, Process, Practice, Butterworths, 2001, at 5.

疏导、说服教育，使当事人互相谅解，争端得以解决，是谓调解。"①

江伟教授把调解定义为："在第三方主持下，以国家法律、法规、规章和政策以及社会公德为依据，对纠纷双方进行斡旋、劝说，促使他们互相谅解，进行协商，自愿达成协议，消除纠纷的活动。"②

胡旭晟教授的定义是："所谓调解，就是指双方发生纠纷时，由第三者出面主持，依据一定的规范，用说服、教育、感化的方式进行劝解、说和，使当事人双方深明大义，互谅互让，协商解决纠纷，以息事宁人、和睦相处，维护社会的安定与和谐。"③

范愉教授认为："……调解是在第三方协助下进行的、当事人自主协商性的纠纷解决活动。调解是谈判（交涉）的延伸。二者的区别在于中立第三方的参与；而其中的中立第三方，即调解人的作用也是区别于审判和仲裁的关键因素——调解人没有权利对争执的双方当事人施加外部的强制力。"④

在香港，调解被定义为是"一种自愿的、非约束性的、私人的争议解决程序"。⑤

上述中外关于调解的定义或去宣示调解的价值追求、原则等，或只是对调解进行描述而已，或侧重于实用而注重揭示其使用价值，显然，它们是存在差异的，但是，诸如中立第三人的参与、争议解决、达成协议等却是共同的关键词。因此，有的时候对调解的定义往往通过列举调解的一些要素的方式来进行。例如1999年美国统一州法全国委员会（NCCUSL）在其《统一调解法》（建议稿）有关调解定义的第1部分的说明报告中，通过提出三个使调解区别于其他争议解决程序的特点来解决调解的定义问题，即第一，调解人不代表任何一方当事人的利益；第二，调解人在当事人自己磋商解决其争议时起协助作用，他无权作出对当事人有约束力的裁

---

① 《中国大百科全书》（法学卷），中国大百科全书出版社1984年版，第589页。

② 江伟、杨荣新主编：《人民调解学概论》，法律出版社1994年版，第1页。

③ 胡旭晟、夏新华：《中国调解传统研究——一种文化的透视》，载《河南省政法管理干部学院学报》2000年第4期，第22页。

④ 范愉：《非诉讼程序（ADR）教程》，中国人民大学出版社2002年版，第150页。

⑤ Christopher Wing, *Delvelopments of the Hong Kong International Arbitration Center*, MEALEY'S International Arbitration Report, vol. 15, No. 12, 2000, at 37. 转引自王生长：《仲裁与调解相结合的理论与实务》，法律出版社2001年版，第47页。

定，协商得到特别的强调以使调解区别于任何裁判程序；第三，调解人由一个合适的机构或当事人进行指定。不过，NCCUSL 于 2001 年 6 月正式公布的《统一调解法》却放弃了建议稿中罗列调解的特点来进行定义的方式，它直接将调解定义为"一个由调解人促进双方当事人的沟通和协商以协助他们就其争议自愿达成解决协议的程序"。在这个定义中，值得注意的是强调了"协商（negotiation）"以使调解区别于诸如仲裁等具有裁判权的程序；该定义还使用了"协助（assist）"以取代早先的草稿中的"指导（conduct）"一词，用以强调与仲裁不同的是调解人无权在调解过程中作出决定。① 可见，该定义还是强调了调解的特点，因而它所揭示的是调解的普遍性意义。

　　基于上述分析，可以肯定的是，在存在着多种调解定义的情形下，就调解的带有普遍意义的含义而言，应该包括如下几方面的内容：第一，调解为产生争议的当事人提供了一个解决问题的方式，其常态是当事方可以在一个中立第三方的帮助下，解决他们自己的争议。第二，调解是以争议当事方自愿采用此种方式为基础，调解人从不将自己的意愿强加给当事方，相反，调解人的工作是促使双方保持交流，并通过促进更困难的争论点的磋商来推动当事方向一致意见迈进。第三，包括争议发生之前有约定的调解和争议发生之后约定的调解在内，调解通常都是由作为调解人的第三者应争议当事方的请求，尽量协调当事方的分歧，并达成和解协议而解决争议的一种方式。

　　（二）关于"调解"一词所对应的英文术语问题

　　与"调解"这个中文名词所表述的程序相对应的英文术语有两个，即"mediation"和"conciliation"。但是，在关于这两个术语是否具有完全相同的意义的问题上国内外学者存在着争论。有人主张"conciliation"是两个或多个当事人之间的协助型协商的一种形式，在其中，一个当事人之外的人即"conciliator"为促进当事人之间和解的达成而以各种方式介入协商过程。不过，这也只是一个笼统的定义，实际上对此也并无一致的看法。在所有有关"conciliation"和"mediation"的异同问题的观点中，都提到两者在很多方面具有相重叠之处，例如它们都具有灵活的程序。②

---

　　① NCCUSL, *Uniform Mediation Act*: *Reporter's Notes*, World Trade and Arbitration Materials, vol. 14, No. 4, 2002, at 111.

　　② *See* Laurence Boulle and Miryana Nesic, Mediation: Principles, Process, Practice, Butterworths, 2001, at 79.

即使如此，仍然有人主张"conciliator"和"mediation"应有不同的定义，并且将"mediation"与仲裁分置于一根轴上相对的两端，而"conciliation"则是处于这根轴的中心位置，因而就第三人的介入程度而言，"conciliation"要比"mediation"深入，亦即"conciliator"比"mediator"更多地介入了争议的解决中，能发挥更积极的作用，前者的作用包括就当事人陈述的案情的相对优劣之处发表意见并就可能达成的解决办法的内容提出意见或建议，而后者则只是一个促成当事人自行拟定并达成解决办法的方式以给当事人之间的对话提供便利。① 在韩德培教授主编的《国际私法新论》中将"调解"与"斡旋"分别定义并分别对应英语里的"conciliation"和"mediation"，即：

> 调解（conciliation）通常是由调解人征询双方当事人的意见，看他们是否愿意通过和解解决其争议。如果双方当事人都同意，调解人在研究有关文件后，把双方当事人召集在一起，由当事人阐述自己的看法。调解人除听取各方当事人的看法外，还可就当事人所持意见分别与各方当事人进行讨论，确定当事人的最低和解条件。在此基础上，调解人将为当事人提出解决争议的方案。与斡旋（mediation）不同的是，调解人不仅参加当事人之间的讨论，而且根据当事人的意见提出它认为合理公正的和解条件。②

可见，该书也认为"conciliator"对争议的介入程度比"mediator"高。我国也还有学者将乌拉圭回合达成的《WTO 解决争端谅解》（DSU）第5条规定中的"conciliation"对应"调解"，而将"mediation"与"调停"相对应。③ 此外，我国台湾也有学者将"调解"与"调停"相区分，而分别对应"conciliation"和"mediation"，并认为调解是由调解员积极介入协商，是当事人双方了解自己的立场和争议所在，并进一步寻求解决方法，这种方式在国际间广为运用。而调停与调解虽在本质上没有差别，

---

① See J Reikert, *Alternative Dispute Resolution in Australian Commercial Disputes: Quo Vadis*? Australian Dispute Resolution Journal, vol. 22, No. 1, 1990, at 33.

② 韩德培主编：《国际私法新论》，武汉大学出版社 2003 年版，第 512～513 页。

③ 参见赵维田：《WTO 争端解决的非司法手段》，载王公义、唐荣曼主编：《中国·澳大利亚"纠纷解决替代机制与现代法治"研讨会论文集》，法律出版社 2003 年版，第 148 页。

但其区别是存在的，主要在于两者的目的不同。调解的目的是促使当事人真正了解解决争议的最大利益之所在，并比较说明调解的优势，是当事人自觉自愿地采用调解方式解决争议；而调停是劝导当事人有所妥协，放弃一部分的控诉，来换取其他利益。由此可见，调解的目的是积极主动地了解问题的症结，而调停中比较注重于消极妥协。①

另一种相反的观点是："conciliation 是一个第三者努力将当事人集合在一起，并协助他们弥合争议的一种程序"，而"mediation 被认为是自愿的、非拘束力的、私人的争议解决程序"。因而，"mediator"的职责是帮助当事人寻求和达成商定的和解，并且以各种方式为当事人的协商进程提供便利和协助，他允许当事人控制谈判的进程，克服情绪上的障碍，协助当事人明确争议的问题和寻求各方都接受的方案，他还可以帮助当事人评价各自的是非曲直。因此，在履行职责时，"conciliator"远比"mediator"消极得多。②

事实上，对"mediation"和"conciliation"的严格区分在现代争议解决体系中并没有什么实际意义。有些学者就倾向于将"mediation"和"conciliation"解释为具有相同的含义，认为由于在"mediation"和"conciliation"中都有诸如"中立"、"自愿"、"介入"等等公认的难以确定的变量，要对它们作出有意义的区分是不大可能的，即使是在认为"conciliator"比"mediator"更为积极时，实际上评价型"mediation"就如同"conciliation"一样都是干涉主义的和准裁决的。而且，在"mediation"和"conciliation"之间的区别并没有充分到能够对它们分别作出相互独立的定义的程度。这两个术语是可以互换的，它们都是指同一种争议解决程序，两者之间并无明晰的界限。③

---

① 陈焕文：《国际仲裁法专论》，台湾五南图书出版公司1994年版，第32～33页。

② 转引自王生长：《仲裁与调解相结合的理论与实务》，法律出版社2001年版，第46～47页。

③ *See* Pieter Sanders, The Work of UNCITRAL on Arbitration and Conciliation, Kluwer Law International, 2001, at 71; *See also* Laurence Boulle & Miryana Nesic, Mediation: Principles, Process, Practice, Butterworths, 2001, at 80. 一种有趣的现象是，在有些著作和在有些国家中，"conciliation"一词是在另一个意义上来使用的，即将之描述为"通过现场访问、临时会谈、建议、研讨会等方式在当事方之间建立起积极的社会关系的程序"。*See* The Consensus Building Handbook—A Comprehensive Guide to Reaching Agreement, Sage Publications, 1999, at 629.

　　联合国国际贸易法委员会（以下简称为 UNCITRAL）为研究调解示范法条文而成立的工作组经过研究，也发现 "mediation " 和 "conciliation" 这两个用语经常是交替使用的，在意义上并无明显的差别。不过，工作组在起草以及已正式发布的《国际商事调解示范法》的名称中使用了 "conciliation" 一词，但同时又认为它是一个广义的概念，即无论是调解（conciliation）、调停（mediation）或类似含义的措辞都是该示范法所指称之调解，即其涵盖了公正不倚的独立人士帮助争议所涉当事人解决争议的各种程序。① 在《香港仲裁条例中》，"conciliation" 被认为是包含了 "mediation " 的含义。② 有研究成果表明，从世界主要仲裁机构调解规则的用词情况来看，两个术语使用的频率差不多，而在仲裁调解立法上则多用 "conciliation" 一词。有时候就是在同一个国家，其仲裁规则使用 "mediation " 一词，但它们的法律条文中却使用 "conciliation" 这个术语。③ 不过，这也不是绝对的，例如，前述美国统一州法全国委员会所制定的《统一调解法》就使用了 "mediation " 一词。可见这两个术语可以互换使用或交叉表达调解的意思。

三、小　　结

　　应该肯定的是，虽然关于调解的定义林林总总，但它们还是存在一些共性的，例如，它是一个（通过达成和解协议的方式）作出决定的过程，在这个程序中有一个中立第三者的参与，当事人双方在这个中立的第三方

---

　　① 《联合国国际贸易法委员会国际商事调解示范法》第 1 条第 3 款。

　　② 《香港仲裁条例》第 341 章第 2 (1) 条。

　　③ 参见王生长：《仲裁与调解相结合的理论与实务》，法律出版社 2001 年版，第 50～51 页。据该书介绍，在调解规则中，《联合国国际贸易法委员会调解规则》、《国际商会调解规则》、《中国国际经济贸易仲裁委员会仲裁规则》、《韩国商事仲裁院仲裁规则》、《加拿大不列颠哥伦比亚仲裁中心仲裁调解规则》、《日内瓦工商会仲裁规则》、《印度仲裁院仲裁规则》等主要仲裁调解机构的仲裁调解规则中都用 "conciliation" 来表达调解的意思；而《美国仲裁协会商事调解规则》、《斯德哥尔摩商会仲裁院调解规则》、《世界知识产权组织调解规则》、《新加坡国际仲裁中心调解规则》则用 "mediation " 来表达调解的意思。在仲裁调解立法上《百慕大国际调解仲裁法》（1993）、《香港仲裁条例》（1991）、《尼日利亚仲裁调解法》（1998）、《新加坡国际仲裁法》（1994）、美国《加利福尼亚州国际商事争议仲裁调解法》和《得克萨斯州国际争议仲裁调解法》、澳大利亚《新南威尔士州国际仲裁法》、《加拿大国际仲裁法》、《联合国国际贸易法委员会国际商事调解示范法》等都采用 "conciliation" 来表示调解。

的协助下解决其争议。而且，关于"mediation"和"conciliation"这两个术语，随着调解在全世界范围内的蓬勃发展，人们更注重的是调解在争议解决中的实用价值，因而更倾向于认为它们只是表达和习惯的不同而已，不必总在具体的措辞用语上纠缠不清，两者之间是可以互换的。不过，也很难因此而得出调解具有一个明确的肯定无疑的、并为各国理论与实践都接受的定义的结论。换言之，在给调解作定义时有许多困难，因为并不存在一个能与 ADR 的其他争议解决方式有着十分清楚的界限的调解模式，而使它能区别于诸如早期中立评估、事实发现、简易程序等。造成这种状况的原因有如下一些：第一，在定义调解时往往使用一些诸如自愿 voluntary、中立 neutrality 等可以灵活地进行解释的术语，这些术语从来就没有确定性；第二，调解还处于发展其统一的理论基础以及能被公认的一些使其区别于其他程序的本质特征的过程中；第三，不同的人在不同的意义上使用调解这个术语，即类似于经济、政治和个人利益等因素都会使得人们站在各自的立场上去定义和描述调解；第四，调解的实践是多种多样的，它的使用目的不同，且其具体运用的社会和法律环境也往往不同；第五，在调解实践中，调解人所具有的知识背景、所获得的培训、调解的技巧以及调解的风格都存在很大的差异。因此，就目前的实际状况而言，调解在理论上的定义和在实践上的定义具有同等重要的意义。现实生活中的调解实践、调解的积极倡导者的意向、调解的教育专家和培训指导者关于调解的态度和信念、那些著名的调解人的调解实践是怎样的，这些因素都会影响到对调解的定义。而且调解的程序也往往在商事争议与家事争议、私人的与机构的、收费的与免费的、调解人是律师或非律师以及有无职业顾问参与的相互对照的调解实践中逐渐地成形。也因此，出现这样的情况就在所难免了，即有时人们谈论所谓"传统的调解程序"或是"调解的标准模式"抑或"正统的调解"，也提及正统调解模式之外的其他经改造过的或偏离正统的或降低了标准的调解模式。① 总而言之，在定义调解时确实有着某些限制性条件，但是因此而宣称存在着一个狭窄的所谓统一的调解定义的时机还没有成熟。这也与 ADR 在定义上的不确定性的状况相联系。

① Laurence Boulle and Miryana Nesic, Mediation: Principles, Process, Practice, Butterworths, 2001, at 1-2.

第二节　调解的类型

根据不同的标准,对调解可以作不同的分类,常见的分类有以下几种:

一、根据介入调解的第三方的性质所作的分类

根据介入调解的第三方的性质,调解可分为:民间调解、行政机关调解以及法院调解(又具体分为法院附设调解和法院诉讼中的调解)等几类。①

(一)民间调解

民间调解是指在非司法性和非行政性的民间组织、团体或个人的主持下进行的调解。民间调解在一般意义上具有介入争议解决过程早、调解人与当事人之间具有特定地域联系的特点。具体而言,民间调解包括社会团体、自治组织、行业协会、盈利性机构、律师主持下的调解以及私人调解等多种形式,其中尤以律师调解、仲裁调解以及调解机构的调解为典型。

律师调解往往又可以分为两类。其一,单向咨询,即由律师向当事人提供法律意见,预测判决结果,分析诉讼利弊,促使当事人考虑放弃诉讼,与对方达成和解。实践中,律师出于自身的利益考虑,往往不愿意推动调解,而是希望当事人进行诉讼,因此有些国家会采用相应的措施促使律师推动当事人和解。其二,由律师或律师事务所作为中立第三人主持调解。近年来,由于制度改革和观念的变化,许多国家和地区的律师或律师事务所都积极地参与或主持调解,对解决争议发挥了重要作用。目前,在我国,律师运用调解解决争议的作用还没有得到充分发挥。

广义的仲裁调解包括以下几种形式:(1)仲裁机构在仲裁程序中所进行的调解,这种做法最早源于中国国际经济贸易仲裁委员会的早期实践,是中国仲裁的一个重要特点。② 具体的实践是,仲裁庭在做出裁决前,可以对所审理的案件进行调解,当事人自愿调解的,仲裁庭应当调解;调解是在当事人完全自愿、案件事实基本清楚的基础上进行;仲裁庭可以通过灵活的方式促使双方当事人自愿达成和解,调解达成协议的,仲

---

① 参见范愉:《非诉讼纠纷解决机制研究》,中国人民大学出版社 2000 年版,第 180 ~ 185 页。

② 参见王生长:《仲裁与调解相结合的理论与实务》,法律出版社 2001 年版,第 80 页。

裁庭应当制作调解书或根据协议结果制作裁决书，仲裁调解所达成的调解书与仲裁裁决书具有同等的法律效力。（2）由仲裁机构主持的调解，此种情形下，调解是一个独立进行的程序，这就与第一种形式相区别。很多国家的仲裁机构都受理当事人只申请调解的案件。（3）美国的"调解—仲裁"（Med—Arb）方式，即先进行调解，调解失败后再转入仲裁程序，调解员一般继续担任仲裁员。目前人们对这一方式存有较大的异议，支持者认为仲裁员在争议解决中应该发挥更积极的角色，可以先通过帮助当事人和解，只有在调解失败后，才转入仲裁做出裁决；反对者认为，仲裁员是争议的裁判者而不是中立的调解人，两者的角色是冲突的，不能共存。

调解机构的调解是指由专门的调解机构所主持的调解，例如中国国际商会调解中心的调解。这是一种非常重要的民间调解形式。

（二）行政机关调解

所谓行政机关调解，主要包括两类：一是行政机关在日常管理或指导工作中附带性的争议解决；二是行政机关为解决特定争议专门设立的行政性非诉讼程序。其中，后者是当代重要的 ADR 方式。在附带性争议解决中，行政机关一般只主持调解，促成争议当事人达成和解。行政机关的调解具有权威性、高效率和低成本的优点，而且调解达成的协议的履行也有一定的监督保证，因此具有重要的实践价值。

（三）法院调解

1. 法院附设的调解

法院附设的调解是指调解机关设立在法院的一种调解制度。这是 20世纪逐渐发展起来的也是极受重视的一个制度，其作用在于，即使争议已到达法院，仍有可能将其解决在诉讼程序之外。日本的调停、我国台湾地区的调解以及美国的法院附设调解都属此列。此制度的主要作用是将调解与诉讼严格区别开来，分别按照其自身的运作规律和特有的方式进行。这种设计有利于充分发挥调解的特长，并且不致影响诉讼程序中特有的对抗性和规范确认功能，因而具有相当大的合理性。美国在这方面的实践有代表意义。美国 1990 年《民事司法改革法》授权联邦法院进行法院附设调解的试验。在美国的许多州诸如佛罗里达、田纳西、密歇根、加利福尼亚等都有法院附设的调解，这些法院往往鼓励当事人采用法院所提供的调解的方式解决争议，以减少法院的案件数量，缓解法院的诉讼压力。有些法院还给当事人提供调解员名单以供他们进行选择，许多在法院附设调解中工作的调解员都是律师，也有一些是退休法官。① 美国的法院附设调解可由当事人申请，也可由法院指定进行，并依此分为任意型与强制型两大类。在美国各地法院所进行的调解试验中，较为著名的有"密歇根式调解"，又被称为"丝绒锤"（The Velvet Hammer），比喻调解像丝绒锤一样，打在要求过高的当事人身上，迫使其降低要求。②

2. 法院诉讼中的调解

法院诉讼中的调解，通常认为有两种情况：一为中国民事诉讼法中所明确规定的法院调解制度；二是国外法院的诉讼上和解制度。我国的法院调解制度是指在人民法院审判组织的主持下，双方当事人自愿平等协商，达成协议，经人民法院认可后，终结司法程序的活动。据此，法院调解是在诉讼过程中进行的，当事人在法官主持下自愿达成调解协议③，调解协议经法院审查确认并送达当事人签署后生效，它具有同判决书一样的效力，一方当事人不履行调解协议的，另一方当事人可以请求人民法院强制执行。在我国，法院调解还是法院审结案件的一种方式，调解过程往往体现出一定的职权性。目前只有中国的民事诉讼法规定了法院调解，由于此种法院调解制度属于"调审合一"的模式，法官既是调解人又是调解不成后审判案件的法官，双重身份必然带来调解被异化的结果，这是因为当事人的合意程度在法官的职权的威压下将大打折扣，造成合意的贫困化。反之，调解也会对审判造成一些负面影响，例如软化了程序法对法官的约束等。因此，学者们对中国的法院调解制度提出了种种改革的主张。④ 而在通常的意义上，国外法院诉讼上的和解是指在诉讼系属中，当事人双方于诉讼期日，在法官的参与下经协商和让步而达成的以终结诉讼为目的的

---

① *See* Peter Lovenheim, Becoming a Mediator—An Insider's Guide to Exploring Careers in Mediation, Jossey-Bass, 2002, at 57-58.

② 参见［美］弗尔博格、李志：《美国 ADR 及其对中国调解制度的启示》，载《山东法学》1994 年第 4 期，第 50 页。

③ 此处之调解协议是特指作为调解结果之处理协议，调解协议有时也指当事人达成的将争议交付调解解决的协议，亦即调解的启动协议。

④ 例如，有的主张变目前的"调审合一"为"调审分离"，或主张直接以诉讼上的和解制度取代法院调解制度。详细的论述可参见章武生、吴泽勇：《论我国法院调解制度的改革》，载《诉讼法论丛》第 5 卷，法律出版社 2000 年版；李浩：《关于建立诉讼上和解制度的探讨》，载《清华法律评论》第 2 辑，清华大学出版社 1999 年版；李浩：《民事审判中的调审分离》，载《法学研究》1996 年第 4 期；王亚新：《论民事、经济审判方式的改革》，载《中国社会科学》1994 年第 1 期。

合意。因此，虽然在立法上调解与和解属于不同的概念，但是如果从形式与功能上看，西方国家的诉讼上和解与我国的法院调解并无不同：无论是法院调解，还是诉讼上和解，本质上都是通过当事人合意解决争议；和解与调解均发生在诉讼过程中，法官在调解或促进和解中均发挥着重要的作用；和解或调解成立后与确定判决效力相同。这些共同之处表明它们在民事诉讼中发挥着基本相同的功能。①

二、根据调解的功能所作的分类

根据日本法学家棚濑孝雄对调解功能的分析，可将调解分为判断型调解、交涉型调解、教化型调解和治疗型调解。② 与此相类似，在有的著述中将调解区分为四种模式，即和解型调解、协助型调解、治疗型调解和评价型调解。③

（一）判断型调解

以发现在法律上正确的解决方案为第一目标的调解称为判断型调解。在判断型调解中，调解人主动寻求合乎法律规定的解决方案，并向当事人展示其判断，双方当事人以该判断为中心寻求合意，进而解决争议。调解人的判断本质上是对审判结果的一种模拟。这种模拟有助于当事人认清自己的"胜算"以及可能的争议解决结果，从而促使当事人考虑通过和解解决争议。但是，这种审判模拟与程序严格的诉讼制度毕竟相差甚远，其解决方案的正当性和公正性也难以与判决相比拟。从目前情况看，大部分司法性 ADR（如法院调解）实际上都是以判断性（评价性）为基本模式的。对于期待得到法律上的解决方案，但又想避免诉讼延迟和高成本的当事人来说，这种调解方式是较好的选择。

（二）交涉型调解

交涉型调解是指当事人双方在估量可能的解决结果以及解决成本的基础上寻求对自己最有利的解决方案的调解类型。这一类型的调解是基于当事人在衡量所期待达到的目标和所愿付出的成本之后，通过自身的权衡选

---

① 参见熊跃敏：《诉讼上和解的比较研究》，载《比较法研究》2003 年第 2 期，第 75～77 页。

② 参见［日］棚濑孝雄：《纠纷的解决与审判制度》，王亚新译，中国政法大学出版社 1994 年版，第 52～69 页。以下关于根据功能进行分类的各种调解类型的阐述主要参考了该书的有关内容。

③ *See* Laurence Boulle and Miryana Nesic, Mediation: Principles, Process, Practice, Butterworths, 2001, at 27.

择而进行的。交涉型调解以自愿为原则，调解程序、调解方案的提出等事项的决定权均在双方当事人。在功能方面，交涉性调解的重心在于降低争议解决成本，并不以发现法律真实为目的，因此较为简易、经济，易为当事人所采用。但是，交涉型调解的结果往往取决于当事人拥有的资源以及讨价还价的能力或技巧，因此具有较大的不确定性。在现代社会中，交涉型调解是绝大多数争议，尤其是商事争议的基本调解模式。

（三）教化型调解

教化型调解是指以发现调解自身特有的正义或所谓另一种正确的解决作为主要任务，谋求争议"圆满的解决"的调解类型。这种调解类型的优点在于调解过程不需要具有专业法律知识或受过专门法律训练的专家参与，因而可以节约争议解决的资源和成本。但前提是必须存在着特定的共同体和人际关系，而且双方当事人还必须认同所适用的社会规范。如果不具备这两个条件，则调解可能收效甚微。依托于社区和共同体的自治性调解，特别是解决邻里纠纷、家事纠纷和人事纠纷的调解大多属于这一调解类型。

（四）治疗型调解

以调整、恢复人际关系为主要宗旨的调解为治疗型调解。治疗型调解把纠纷视为人际关系的一种病理现象，并试图通过广义的人际关系调整方法来治疗病变。治疗型调解更像是一种心理治疗，经常适用于解决邻里纠纷、家事纠纷和人事纠纷。与教化型调解不同，治疗型调解的调解人不是地方或共同体的权威，而是专门的心理或社会问题专家。此外，二者依据的规范、采用的方法和力图达到的目的也都截然不同。

应该肯定的是，由于调解在定义上所存在的不确定性以及调解实践的多样性，将调解区分为如上的四种模式是有用的，便于对调解实践的整体把握。不过，这几种调解模式彼此之间并非绝对的泾渭分明，而且也不是刚好与实践中的调解类型一一对应。实际中的调解也许同时显现出两种或多种模式的特点，因此，一个调解刚开始时可能是协助型模式，但随后却转变为判断型模式了。存在着不同的调解模式以及没有一个单一的模式的观念，能为理解和处理纷繁的调解定义问题提供帮助。许多关于调解或对调解进行讨论的著述在观念上都有一个交涉型或协助型调解的模式，并且有时将它称为"纯粹的调解"或"正统的调解"。然而在实践中，其他三类模式影响着交涉型或协助型调解并与之相抗衡。

除了以上两种分类标准外，根据达成的调解协议是否具有强制执行力，可将调解分为有强制执行力的调解（如法院诉讼中的调解）和无强制执行力的调解（如民间调解）；可以从调解是否独立存在的角度可将其划分为独立性的调解和非独立性的调解；从调解的方式上可将调解分为临时调解和机构调解，等等。①

第三节　调解的本质特性及其功效

一、调解的本质特征

（一）自愿性

许多学者都非常强调调解对所有当事人的自愿性，即自愿是调解的核心要素之一，促使当事人通过合意解决其争议是调解的一个重要特征。好的调解是将自愿作为第一要旨，并且正是自愿使调解这个程序具有了正当性。② 强调自愿性也符合调解作为选择性争议解决方法所具有的可选择性的特点。通常，自愿是与强制相对而言的。例如，在诉讼中当事人的参加和参与是被迫的，并且当事人必须遵守判决结果，否则将受到制裁；而与此相反，调解的启动、调解规则的适用、调解员的选定、调解程序的进行和终止以及调解结果的履行等都取决于当事人的意愿。调解人虽然在调解过程中可以进行劝解，促使当事人达成谅解，并且还可以提出具体的解决争议的方案，但调解人所作的一切仅具建议性质，最终的决定是由当事人自己作出，调解人并不能把自己的意志强加在当事人身上。还应指出，即使在有些情况下，法律规定在启动某一个争议解决方式之前，必须进行强制性调解，但所谓的强制性调解也不应被理解为侵害了调解的合意本质，因为和解协议的达成及其履行仍取决于当事人的自愿。

调解的自愿性还增强了调解对于争议当事人的吸引力。例如，在进入调解程序后，自愿主义允许当事人在达成和解之前的任一阶段共同或单方面宣布退出调解程序，亦即如果当事人不希望继续调解，那么调解就必须终止。这已为调解组织的调解规则以及有关调解的立法所认同。因此而排除了当事人因选择了调解而不能采用其他争议解决方式的思想障碍，同时也避免了其继续支付无意义的争议解决成本，因而争议当事人愿意采用调

---

① 黄河主编：《中国商事调解理论与实务》，中国民主法制出版社 2002 年版，第 4～5 页。

② See C. Moore, The Mediation Process: Practical Strategies for Resolving Conflict, Jossey-Bass, 1996, at 15.

解也就在情理之中了。

（二）介入性

与协商谈判相比较而言，调解最大的特点就在于第三人的介入与协助，这对于当事人之间争议的解决具有重要作用。由于缺乏经验以及意见分歧较大等原因，当事人往往难以通过直接协商达成协议，而借助于第三人的协助则较容易在某些问题上进行妥协，从而达成和解，解决争议。需要强调的是，调解程序本身就是一种人际间信赖关系的延伸，因此，要取得当事人的信任，第三人就必须是中立的。同时，中立这个概念也具有使调解正当化的重要功能。在最广泛的意义上，中立包括以下几个因素：（1）调解人对于争议的处理结果没有直接的利益，即他是一个公正无私的参与者；（2）调解人对争议事前并不知悉；（3）调解人并不认识当事人或事前跟他们有联系；（4）调解人将不直接或间接地对当事人进行评价；（5）调解人不使用其专门知识去影响当事人作出的决定；（6）调解人对当事人将是公平的、公正的和不带偏见的，他不代表任何一方当事人，也不偏向任何一方当事人。不过，在现代调解中，对第三人的中立性要求往往被限定于促成当事人达成和解协议方面，亦即"中立"这个词通常用于与结果有关的场合，而不用于调解程序。对于调解的进行，第三人往往不是中立的，而是积极地引导程序的进行，使得当事人更容易地达成和解。① 在调解实践中，为保证第三人（调解人）的中立性，通常第三人应当遵守一定的行为规则，同时，当事人也拥有对第三人的选择权。

（三）灵活性

调解具有程序上的灵活性，这使之在解决争议时具有便捷性与合理性。② 调解程序是非正式性的，便利与常识性是调解的程序优势，在当事人主张、事实的证明责任及运作方式上都具有很大的灵活性，当事人可以根据争议的特点、彼此的关系以及各自的需要选择适用的程序。因此，调解往往是在一种非对抗性的、和谐的气氛中进行，争议双方完全可以自由地阐述自己的观点和意见。各方当事人可以根据自身的利益和条件进行充分的协商和交易而达成双方都能接受的协议。调解一般不公开进行，当事人无须顾虑暴露商业秘密和个人隐私。此外，调解在争议处理过程上的灵活性还体现在其所适用的规范方面，即除依据现行法律法规外，调解还可

---

① *See* H Brown and A Marriott, ADR Principles and Practice（2nd ed.），Sweet and Maxwell, 1999, at 129.

② 范愉主编：《ADR 原理与实务》，厦门大学出版社 2002 年版，第 312 页。

以以各种有关的社会规范作为解决争议的依据和标准，如地方惯例、行业标准、乡规民约、公共道德准则、通行的公平原则等。在调解中，调解人并不总是试图运用现有的法律规范来解决双方的争议，而是对争议双方提出的观点和要求策划一种妥协与和解的方法。① 总之，调解程序的灵活性是使其区别于其他争议解决方式的一个重要特征。

（四）契约性

契约性也是调解的本质属性之一，贯穿于调解的整个过程，诸如调解程序的启动、调解员的选任、调解规则的适用、和解协议的达成以及调解的终止等事项，当事人都可以通过合意的方式达成契约来处理。尽管第三人介入调解过程，并事实上影响调解的进行，但如果调解成功，当事人之间所达成的和解协议仍是建立在当事人合意的基础上，仍属于当事人的自治性权利处分行为，因而在本质上它是当事人之间的契约。不过，根据有关国家法律的规定，如果调解由司法或准司法机构主持，或者和解协议经过法院确认，则和解协议对当事人的约束力就具有与生效判决相同的效力，并可以强制执行。例如，我国的法院诉讼中调解就是直接由法院主持的调解，其达成的调解协议相当于诉讼中和解，具有生效判决的效力。又如，在我国台湾地区，适用乡镇市调解程序而达成的调解协议在经过法院审核后生效，并且调解协议因此而从当事人之间的合同转为正式的司法文书，产生相应的法律效力。因此，在这种情形下，调解具有了司法性。但是，大量的民间调解达成的和解协议一般均只是视为一种以争议解决为目的的合同，法院在诉讼程序中可以根据合同法的原则对其做出确认、撤销或宣告无效等裁判，只是这么做时也会产生一些问题。②

综上所述，自愿性、介入性、灵活性以及契约性是调解最为重要的四个特性，它们共同构成了调解的质的规定性。不过，也不能不看到，在如上调解的诸特性中所包含的变量是相对较多的，在以下这些方面，都存在着可变的因素，即：当事人双方参加调解的合意程度；当事人选择调解人的自主程度；调解人的资格、专业知识及技巧对其独立性和中立性的影响；调解人对调解介入的程度和性质，尤其体现在建议、说服当事人方面；调解人对当事人在公正和合理的标准方面所负的责任；在什么程度上当事人自己达致双方合意的和解；能在多大程度上彻底讨论过去的矛盾而

---

① ［英］罗杰·科特威尔：《法律社会学导论》，潘大松等译，华夏出版社 1989年版，第 239 页。

② 关于调解所达成的和解协议的有关问题详见第 6 章的有关论述。

且考虑将来的利益；和解结果对法院可能作出的判决的反映程度；和解结果的法律地位，等等。凡此种种，也使得对调解很多方面问题的探讨都无法作出非此即彼的结论。

二、调解的功效

调解的功效就是其所能发挥的作用。从总体上来说，调解的功效并不仅仅在于争议的解决，它往往还在很多别的方面起到积极的作用，因而要认识调解的独特价值，有必要全面了解调解的功效。

（一）界定争议的问题

有时运用调解的唯一目的就是确定哪些是争议问题而哪些不是；或者调解虽以失败告终，却由于这一过程使得当事人之间的争议问题得以明确。

（二）解决争议

调解可用于解决两个或多个当事人之间的争议。通常，当事人在调解中达成和解协议可以实现对其争议的彻底解决（resolve①）。

（三）控制冲突

在冲突持续的情况下，调解在一定程度上能控制冲突。调解可以通过为当事人的交流、互动建立起适合的规则、组织和程序来达到抑制冲突的目的，这甚至在当事人之间诚意很少的情况下也能实现。调解通过对当事人当前行为的引导，为将来通过其他方式解决争议提供有利的环境。② 在这种情形下，调解能够提供可行的路子来缩小当事人之间在诸如宗教、文化等方面的差异，而不是去解决它们之间的差异。

（四）帮助签订合同

在合同签订的过程中可以运用调解。③ 谈判合同的当事人可以在以下几方面借助于调解人的帮助：营造一个积极的氛围；确定利益和优先事项；增进当事人之间的交流；控制破坏性的情绪；就可供选择的范围进行自由讨论；形成提案；缩小选择的范围；说明和记录协议。在这种情况

---

① 英文里 settle 与 resolve 在意思上有一些区别，常用前者而非后者，因为前者表示当事人之间公开的冲突的终结，而后者则暗含了对冲突终结的情感上的认同。但通常是许多争议在心理和情感的层面上从未得到过解决。

② See W Faulkes, *The Dispute Resolution Industry—Defining the Industry and Establishing Competencies*, Australian Dispute Resolution Journal, No. 5, 1994, at 287.

③ See R Buckley, *The Applicability of Mediation Skill to the Creation of Contract*, Australian Dispute Resolution Journal, No. 3, 1992, at 227.

下，调解并非用于解决已存在的争议，而是在当事人进行合同谈判期间对程序进行控制，去决定合同条款并为当事人之间在他们将来的合同关系中所产生的争议提供解决的途径。调解人通过协助所有当事人而不是任何一方当事人起到一种润滑剂的作用。调解常用于合资合同、购买合同等合同的谈判。美国曾报道过一个成功调解的案例即在美国通用公司和日本丰田公司进行合资的谈判中，交涉型调解的运用导致双方合资关系和在弗吉尼亚的合资汽车生产厂的建立。尽管原则上当事人双方都同意进行合资，但是在谈判合同条款时存在两个障碍：一个是来自于工会的反对；另一个是丰田公司所提出的以合适的方式经营合资厂的要求。一位前美国劳动部部长被指定担任调解人，在经历了为时 17 个月的调解后，所有的争议都得到了解决。在本案的情势下，这个即将成立的合资企业所具有的合作经营的性质、进行合资的双方当事人之间对合资的诚意以及合资企业的长期性都是运用调解的重要因素。①

（五）阐明政策

公共权力机构在制定有关规则和规章、政策、标准时可能会运用调解。在这种情形下，调解服务于那些一般公众中受到影响的、特定的有利害关系的成员，使他们能参与并影响决策制定过程。调解可能会产生最终的政策，或者其决定可能为有权最终起草规章的政府机构所参考。在一些国家，环境、卫生和安全标准都是通过这种程序逐步形成的。例如，运用调解，在某一行业里不同的利益集团可以通过磋商而对某个有关条款提出修正建议。

（六）预防冲突

在调解发挥交涉和制定政策的作用时都包含了阻止冲突的成分。在更普遍的意义上，调解可以协助当事人去预测会产生什么问题、不公平和困难，并且设计解决这些问题的方法和程序。大的公共或私人组织都很有可能发挥调解这方面作用的。

（七）调解的其他功能

调解还可在其他方面发挥作用。例如，调解可以被用作教育的工具，即通过调解，直接或间接地教育或训练当事人，教给他们将来能够用以作出决定的方法。在冲突频发且当事人的争议解决技巧又很有限的情况下调解的这种角色尤显重要。调解的这种功能如果成功实现的话，它会培育当

---

① J Reikert, *ADR in Australian Commercial Disputes: Quo Vadis?* Australian Dispute Resolution Journal, vol. 22, No. 1, 1990, at 31.

事人成功管理其事务的自信心。又如，当事人能够通过调解得以成长，因为当事人在此过程中具有了一定的识别能力。[①] 在管理更多地是依赖合意而非权威的场合，调解还具有成为管理工具的潜在可能性。此外，一些当事人在诉讼程序中还将调解作为一个过滤机制，即通过调解去考量对方的各种事实情况、论点及证据，以便决定该如何处理有关问题。

尽管调解能在上述方面发挥作用，但其主要功能仍是解决争议，即主要用于协助或促使当事人自己作出决定以解决他们之间的争议问题。总之，调解是正在发展中的争议解决产业的一个部分，其作出决定、解决争议问题的体系、方法和技术正经历着实践的检验并处于发展之中。

第四节　调解与其他争议解决方式

在阐述调解的很多问题时，通常需要将调解与其他争议解决方式特别是诉讼、仲裁以及协商等进行对比，即这种对比是关于调解的诸多论断的基础。

一、调解与诉讼

（一）诉讼程序的特点及其缺陷

民事诉讼的本质可以归纳为对抗与自主。社会冲突的司法救济，决定了诉讼的对抗制性质以及对抗制的对抗本质；民事诉讼以解决私权纠纷为目的，决定了对私人自主。虽然民事诉讼是解决私权纠纷的程序，但诉讼程序却并不仅仅是当事人及律师私人的事情，民事诉讼中的平等和对抗原则绝不仅仅是形式上的平等，对实质性平等和社会公正的追求必然要求法院进行程序管理。自然主义是民事诉讼的本原性基础，借助经验主义哲学、基于自然主义演化而来的"法律的正当程序"是对抗制民事诉讼的基本理念。对抗制是民事诉讼的本质与主流，法院的司法管辖权不过是民事诉讼运行的车轮。[②] 由是，民事诉讼程序实际上就是审判程序。审判程序是按照公正而有效地对具体争议进行事后的和个别的处理这一轴心而展

---

① See J Antes, *Is a Stage Model of Mediation Necessary*? Mediation Quarterly, Vol. 16, 1999, at 291.

② 参见徐昕：《英国民事诉讼与民事司法改革》，中国政法大学出版社 2002 年版，自序第 4 页。

开的，其主要特征表现为：① 第一，存在着作为判决依据的一般性法律规范，审判只是对这种预定规范的适用而已。诉讼当事人和法官的活动都是围绕如何使法律不致误用或歪曲的问题而展开。第二，为了保证法律思考和对话的合理性，需要设定法官与当事人公开进行讨论的条件。这里最重要的是如何保证议论主体的对等地位的问题。对话的合理性主要取决于两个说服过程：一个是当事人通过法庭辩论说服法官的显在过程；另一个是法官在此基础上考虑如何说服当事人各方、上级法院、社会一般成员的潜在过程。第三，审判一般只涉及过去的要件事实，只注意决定的前提和权限等条件是否具备，亦即判决的对象仅限于特定当事人之间已经发生的具体纠纷的事后性解决，以明确法律上的权利、义务、责任的归属和内容。上述分析是从法律的正确适用的角度来说明审判程序。与此相关联但又有其特殊性的是证据制度，即举证责任以及证据的取得、鉴定和理解也是诉讼中极其重要的问题。因此，民事审判制度的最基本特征之一便是它的形式主义与理性主义。

由于民事诉讼机制被设计为一种极其缜密的、必须由职业法律家参与运作的、严格依据实体规范和适用严格的程序作出非黑即白的判决过程，即所谓"判决型"诉讼程序结构，② 因此，这种程序结构一方面能保证实现社会正义、维护国家司法权的权威，也巩固了判决在纠纷解决机制中的核心地位；但另一方面，这种程序构造自身也呈现出某些缺陷：③ 首先，从判决所依据的法律规范来看，在现行司法制度构架下，判决采取运用一般的法律规范来解决个别纷争的形式，其具体过程是，只有符合法律规定的要件事实被认定，才能认可规定的法律效果。但实体法规范的不确定程度相当高，从而动摇了诉讼的合理性与判决正当化的前提条件。在纷争高度复杂的现今，适用既存的法律规范并不总是能妥当解决诉讼中的问题；而试图通过预先制定规则，准确地规制未来的纷争实际上也是异常困难的。因此，在诉讼中，特别是在现代型诉讼中，作为判决正当化前提的实体法规范自身的正当性受到怀疑。其次，从判决所要解决的纠纷对象层面来看，民事诉讼是以特定的当事人之间有关具体的权利义务关系纷争的

---

① 参见季卫东：《程序比较论》，载《比较法研究》1993 年第 1 期，第 16 页。

② 参见王亚新：《论民事、经济审判方式的改革》，载《中国社会科学》1994 年第 1 期，第 11～12 页。

③ 参见熊跃敏：《诉讼上和解的比较研究》，载《比较法研究》2003 年第 2 期，第 81～82 页。

最后个别解决为目标，而并非着眼于纷争的全体。即使是纷繁复杂的纷争也要作出一刀两断的判决，以保障权利的强制性实现。但是现实的纠纷往往并不仅仅体现在法律上的权利义务的对立，经济上的、道德上的乃至心理上的很多因素也掺杂其中，即便通过判决就法律上的争点做出裁断，纷争自身未必由此就能得到全面解决，在某些情况下反而更容易激化。最后，从判决所适用的程序的层面来看，"判决中心型"模式以当事人主义为原则，在公开主义、口头主义、直接主义等专门技术性、形式性的诉讼原则支配下，以当事人的主张、举证活动为中心而展开。这种专门性、技术性的程序活动，是以当事人力量对等为前提的。对于当事人之间力量不均衡的诉讼，在法官严守中立的情况下容易导致实质的不平等。而且，基于事实认定和法律适用相连结而产生的要件事实论的裁判实务，更进一步增强了这种专门性、技术性和形式性。诉讼中的纠纷处理过程很难得到一般人的理解和亲近感，并往往使当事者不能真正地参加到程序中来。

诉讼制度的上述局限性在社会经济高速发展的今天日益凸显。案件数量的激增、诉讼费用的高涨与诉讼程序的迟延被西方社会称为三大诉讼痼疾，它既是这种"判决中心型"诉讼制度的产物，同时也扩大了自身的缺陷。20 世纪中后期以来，世界上很多国家进入"诉讼爆炸"① 年代的事实即是诉讼的宿疾发展至极端的体现。

（二）调解相较于诉讼的制度价值

调解本质上是一种以合意为核心要素之一的争议解决方式。合意是私法上意思自治原则在争议解决领域的延伸。在民事实体法上，当事人可以自由地创设他们之间的权利义务关系，只要不违反强行法规定，国家一般不予干预，此谓"私法自治"原则，乃市民法之灵魂。在民事活动中，当事人之间发生了争议，同样可由当事人自己予以解决，国家一般不主动介入，民事诉讼上的"不告不理"和"当事人处分权"原则都是私法自

---

① "诉讼爆炸"尤以美国为甚，其法院可谓积案如山。这除了诉讼程序自身的缺陷——诉讼程序的复杂性和迟延性——导致并加剧了诉讼案件激增之外，还与美国有关诉讼观念的转变有关。最初美国普通法体系像其他民族的法律体系一样把诉讼视为一种恶，至少是一种必需的恶。但是，至 20 世纪 70 年代，法学院中关于诉讼的时代思潮开始转变而对诉讼进行支持和赞赏，认为它是对权利的主张。这一进程到 1977 年由于联邦最高法院以 5 票对 4 票决定正式承认不再将诉讼视为恶的新观念而达至顶点，致使好讼之风盛行。参见范愉：《诉讼的价值、运行机制与社会效应》，载《北大法律评论》第 1 卷第 1 辑，法律出版社 1998 年版。此外，美国的联邦立法和司法创设了大量新的联邦法上的权利从而也引发了大量诉讼案件。

治在民事诉讼领域的反映。但是，合意作为调解这一程序或争议解决方式的一种本质特征，与审判程序的裁定不同，它意味着当事人在一定条件下自己设定自己最希望的相互关系这样一种自动调整功能。直言之，与第三者作出有拘束力的判决、无论当事人意愿如何都必须加以贯彻的审判不同，调解因为给了当事人拒绝的权利，因此可以不必在通过审查证据逐一认定事实以及法律规范的辩论解释上花费时间，也可以不用花钱请律师来处理复杂的程序，当事人能一下就进入所争议问题的核心，谋求争议的圆满解决。此外，与审判必须严格依照法律规范这样的普遍标准不同，调解中合意的形成基本上是以当事人个人关于是否有利、是否有理的评价标准为基础，因而通过调解解决争议能够更贴切地反映当事人所处的实际情况。①

　　调解赋予当事人的另一种自由是寻求实体利益与程序利益之间的平衡。② 尽管立法和司法者都力图使判决达到形式合理与实质合理的理想状态，然而现实生活的复杂性以及审判自身的缺陷却使这一理想状态难以真正实现。已如前述，审判（诉讼）是一个严格按照程序以发现真实为目的的过程。一般而言，发现真实的要求在审判中始终处于最优位，为查明事实，它往往不惜巨大的程序耗费。一个争议标的很小的案件可能为了庭审、调查证据而耗时、耗资甚巨。这样，即便是当事人一方胜诉而获得的实体利益也因其巨大的程序代价而变得意义甚微，这甚至会影响当事人其他权利的自由行使而导致人民疏远司法之恶果。③ 程序既可以使审判和判决获得正当性和形式公正的外观，也难以避免有时会因此而付出过分的代价以致减损其自身价值。因而，对于某些案件，有必要寻找一种平衡实体利益和程序利益的争议解决方式，调解便赋予了当事人追求平衡两种利益的机会。由于调解既不进行严格的程序步骤与事实调查，也不关心调解之结果是否完全合乎客观的"真实"即实体法，因此可以节约大量程序上的利益以保障当事人对实体利益的追求。

　　审判的一个规则是仅对争议的事实关系进行审理并作出裁判，而对当

---

　　① ［日］棚濑孝雄：《纠纷的解决与审判制度》，王亚新译，中国政法大学出版社 1994 年版，第 46 页。

　　② 参见王建勋：《调解制度的法律社会学思考》，载《中外法学》1997 年第 1 期，第 28～29 页。

　　③ 邱联恭：《程序选择权之法理——着重于阐述其理论基础并准以展望新世纪之民事程序法学》，载民事诉讼法研究会编：《民事诉讼法之研讨》（四），台湾三民书局 1982 年版，第 642～643 页。

事人之间的其他事实关系则漠不关心。亦即诉讼对象被诉讼结构所限定了，如果对诉讼对象予以扩大一方面会动摇现行判决结构的基础因而很难付诸实施；另一方面还由于审判的复杂程序和高昂花费也决定了它无法对当事人之间的全部关系予以综合考察和评估，而只能囿于争议的事实关系部分。然而，争议当事人在社会生活中的关系往往是复杂的和多重的，出现的争议常常只涉及他们关系的很小一部分，如果审判只对这一部分关系作出了"非白即黑"的裁判，则往往会影响到当事人其他部分的关系，因而法院的裁判常常不能令他们满意，因为它太注重争议的内容而对当事人的整体利益和长远利益考虑不周。调解不仅考虑到双方的争点，而且常常将他们之间的整体关系纳入关注的视野，它并不太援用可能导致他们关系永远破裂的"无情"的法律规范，而是从大局和长远利益出发来谋求一种合情合理（或许并不完全合法）的解决方案。这不仅有利于他们将来的发展，而且对于整个社会而言都是有利可图的。

此外，诉讼要求严格按照事先存在的法律规范作出裁判，法官的自由裁量权被限制在尽可能小的范围内，僵硬和陈旧的法律规范时常无法解决形形色色的争议，因而在现代型诉讼中，作为判决正当化前提的实体法规范自身的正当性受到怀疑。面对这种情形，就需要具有衡平功能的调解代替严格"依法办事"的审判，因为调解更多的是关注当事人的实际状况和他们的具体要求，往往能够从客观上权衡利弊，寻找较为合乎情理的解决办法。所以，当法律规范的严格援用实际上会带来有悖常理的后果时，调解可以凭藉其衡平功能使案件得到圆满处理。

综上所述，较之于诉讼调解具有如下制度价值：在参加方式上，诉讼注重证据与论证，调解则重交涉与调整；就程序指挥者的作用而言，诉讼中是对论据的评价和原理的宣示，调解则是对当事者良性互动的促进；在预期结果上，诉讼是根据要件事实和正当理由进行决定，调解是协商解决以实现社会的和谐。

二、调解与仲裁

（一）仲裁的特点及其缺陷

尽管商事领域的仲裁实践已经很成熟，仲裁法制的发展也相对比较完备，但中外学者对于仲裁的定义和解释也有很多种，而且关于仲裁的性质也众说纷纭。抛开这些学理上的差异，仲裁最基本的含义应该是：争议的当事人在自愿的基础上将争议提交非司法机构的第三者审理并作出对争议各方有拘束力的裁决的一种解决争议的法律制度。① 由此可见，仲裁的几个最基本的元素分别是：第一，仲裁是一种解决争议的法律制度。这种方法不是一种简单的、随机的方法，而要遵守一定的程序，这种程序可能来自当事人的协议、仲裁员的决定或者来自法律的规定。第二，仲裁是双方当事人自愿选择的一种方法。意思自治原则是仲裁的基础，是否同意仲裁、仲裁如何进行，以及是否接受仲裁员的裁判，均是当事人合意的表现。因此，就仲裁的大原则而言，当事人的合意在仲裁中具有举足轻重的意义。当事人一方的单方意愿只能驱动该方当事人行事，对仲裁的整体并不具有实质意义。如果当事人双方共同同意了通过仲裁方式解决争议，并且合意由第三者裁判并受该裁判约束，该协议一经达成，对双方当事人均有约束力，任何一方不得反悔；惟有双方共同协议才能推翻以前的协议。第三，它是由第三者以私人身份独立裁判的一种争议解决方法。仲裁的原动力是第三者的知识、阅历和决定权。发生争议的双方当事人由于认识的差距、理解的不同，他们无力自行解决争议而愿意将自己处分民事权利的权力出让给第三者，由第三者去行使。第三者行使的权力是争议双方共同让与的，因此对双方当事人只能保持一种等距离的关系，不得偏向任何一方当事人，也与任何一方当事人不存在事实上或法律上的利害关系，简言之，仲裁员应当是一个中立的第三者，同时也是双方当事人合意的决定者。第四，它是一种第三者裁判能最终解决争议的一种方式。即第三者的裁判为当事人各方事先接受，对当事人各方有约束力。在这里，"事先接受"是问题的关键，唯有如此，第三者的裁判对于当事人的约束力才能得到保障。因为第三者作出的决定可能会对一方不利而对另外一方有利，也有可能对双方都有不利之处，如果允许当事人在收到第三者决定后单方不接受该决定，则第三者决定成为一纸空文，也不符合约定必须遵守的原则。此外，第三者的裁判是具有执行力的法律文书，国家法院承认其效力并依法执行，第三者的裁判才能够成为当事人争议的终结者，最终解决当事人之间的争议。没有国家法院的承认和执行，第三者裁判对当事人形成不了任何威慑力，而很可能又开启了当事人新一轮争端的闸门。

在仲裁中，当事人的合意要素和私人要素决定了仲裁不同于诉讼，也正因为如此，关于仲裁的众多中外著述中常常列举出诸多关于仲裁的优越之处，例如，仲裁是自愿的、专业的、保密的、一裁终局的，仲裁的结果可以依照法律规定强制执行，涉外仲裁裁决还具有跨国执行的效力等等。

---

① 宋连斌：《国际商事仲裁管辖权研究》，法律出版社 2000 年版，第 2 页。

尤其是从商业的角度看，当事人在仲裁中可以保持商业秘密，所需花费的时间和费用都较少，而且裁决结果具有的执行力使当事人之间的争议的解决获得了保障，因而商业争议的当事人乐意选择仲裁也就在情理之中了。但是，在仲裁程序之下裁决完全由第三者作出，第三者的裁决仍然是建立在对争议的是非曲直的界定上面，在程序上和法律适用上都有着较严格的要求；并且由于国际社会坚持不懈的努力（以联合国国际贸易法委员会的国际商事仲裁示范法为代表），各国仲裁立法渐趋一致的同时也渐趋完备，在仲裁的程序正义得以充分保障的同时也使其呈现出了诉讼化的倾向，即仲裁程序开始后当事人就如同进入了法律竞赛，聘请律师、准备材料而使程序复杂化，仲裁程序也随之变得费时、费力、费钱，从而逐渐丧失其优势而变得与诉讼相似。① 对仲裁更为直白的批评是："经过多年的发展之后，人们发现仲裁并不比诉讼更有效率、更省钱。在很多情况下，仲裁吸收了诉讼程序最糟糕的因素，大大拖延了时间、增大了成本。这些糟糕的程序包括不必要的冗长复杂的答辩、大量的证据开示、浪费时间的口头听证以及具有在后面的程序启动前往往不能抓住纠纷的关键等毛病。"②

（二）调解与仲裁的区别

从表面上看，仲裁与调解都包含了当事人的合意这个要素，并且这两种争议解决方式中都存在着一个当事人之外的第三者，这个第三者是独立的、不偏向任何一方当事人的。但是，调解与仲裁之间决定性的区别在于独立第三者所扮演的角色不同。仲裁中，仲裁员必须保持其独立性和公正性，他应当事人的要求对当事人提交仲裁的争议作出有约束力的裁决，而且该裁决必须是（至少看起来是）一项独立公正的裁决。而调解中的情形则有所不同，独立第三者的任务是促成争议双方达成在其看来较为明智的妥协。这并不意味着该独立第三者可以以一种偏袒的方式解决争议，而是独立性和公正性原则对于仲裁人和调解人的意义或要求是有区别的。如果说对仲裁人的独立和公正的要求是既体现在实体也体现在程序事项上，

---

① *See* Christian Bühring-Uhle, Arbitration and Mediation in International Business: Designing Procedures for Effective Conflict Management, Kluwer Law International, 1996, at 334.

② ［澳］吉姆·雪利：《商业纠纷解决机制的发展——从亚洲的视角》，载王公义、唐荣曼主编：《中国·澳大利亚"纠纷解决替代机制与现代法治"研讨会论文集》，法律出版社 2003 年版，第 79 页。

那么，调解人则只要在程序上独立公正即可，因为从本质上来看，调解中第三者的任务并非裁决，而是设法促使争议双方自行达成协议、解决争议，至于这项协议是否符合公正的要求则在所不问，这属于当事人自己决定的事项。调解与仲裁中独立第三者角色的不同，导致了二者另一个显著的区别，即仲裁裁决具有一定法律强制性，如果一方当事人不愿履行裁决时，有关当事人可向法院申请强制执行。而调解并不必然产生一个有强制执行力的裁决，并且，调解人不能强迫当事方达成协议，也无权将自己的决定强加于当事方。争议当事方若不能通过调解解决其争议，仍可求助于仲裁。

施米托夫在论及调解与仲裁程序的区别时一针见血地指出：

　　　　两种程序有不同目的。如果当事人同意调解，他们希望在作为调解人的第三人的积极协助下友好地解决他们之间的争议，或者他们至少希望能够友好地解决争议。然而，如果他们同意仲裁，那他们就采取相反的态度，要求对他们之间的争议作出裁决，尽管此项裁决是由他们自己选择的私人裁判员而不是由国家指定的法官作出的。因此，仲裁比调解更加接近于法院的诉讼程序。①

因而，在与仲裁的对照中，调解显示了其诸多特质。

三、调解与协商

协商与调解关系最为密切。协商有时被认为是一种独立的争议解决程序，也可以作为其他程序（包括调解）的一个要素。这也说明，无论争议是发生在两个还是多个当事人之间，协商是显而易见的、也是最容易获得和最迅即的处理争议的方式。大多数的协商都是由当事人自己通过诸如谈判、折中和调适等传统的程序去直接处理争议的问题，商业企业之间、个人和政府之间或者邻居之间的协商都是如此。在关于形式的要求、时间、当事人参与、焦点以及结果等方面，协商这种程序有着极大的灵活性，尽管协商的结果有时要受到法律和社会准则的影响。协商一般有三种类型：第一，独立型协商（unassisted negotiation），这是由当事人独自进

---

　　① ［英］施米托夫：《国际贸易法文选》，赵秀文译，中国大百科全书出版社1993年版，第663～664页。

行的协商；第二，支持型协商（supported negotiation），即在有些情形下，专家、律师或者专家谈判代表作为智囊分别代表各自的当事人也参加到协商中来；第三，协助型协商（assisted negotiation），即在另外一些情形下，局外人卷入了协商并非作为当事人的智囊，而是为了促进当事人之间的磋商。调解是协助型协商的主要形式。并非争议的直接当事人而又参与了磋商过程的调解人，使调解与独立型协商相区别。无论调解人是应当事人之邀还是由于某一机构的指定，他的主要职责是协助而非支持当事人进行协商。协商没有标准的格式，但是所有形式的调解都提供了某种磋商的运行框架。调解通过一定程度的程序和调解人对程序的引导为协商添加了一定的形式。因此，协助型调解模式给协商带来了许多本质上的改变。调解人能在如下诸多方面提供协助：提出并贯彻协商的指导方针；提供协商的框架和动力；改善当事人之间交流方式；给当事人传授解决问题的技巧；使当事人面对争议未得到解决的后果。调解程序和调解人与独立型协商相比较，更趋向于缓和一些极端的行为，促进创造性可选择方案的产生和增进有关问题的更有效率和价值的解决。在这些方面，调解与协助型协商之外的其他协商类型在性质上是完全不同的。

第五节　调解的基本价值追求

在争议解决方法愈来愈受到人们关注的年代，争议解决机构和争议解决者致力于探究和实践新的争议解决方法，商业交易的当事者愿意寻求和使用新的争议解决方法，法学家和社会学家不懈探寻解决争议的社会基础和法律架构，立法者竭力为争议解决方法铺垫法治之路，这些必然引发人们思考争议解决方法的价值和存在的必要性，期望其所蕴含的价值能够满足人们的特定需要。需要的终点就是人们所追求的价值目标。对价值的揭示有助于确定一种争议解决方式的存在意义，从而有助于人们在选择争议解决方式时作出迅速而准确的判断。在对调解的含义、特性、功效的揭示以及将调解与其他争议解决方式相比较的基础上，应该可以得出调解所蕴含的基本的价值追求是效益与和谐的结论。

一、效益

有观点认为，公正和效益是包括调解在内的 ADR 所具有的最重要的价值之一。① 但是实际上人们之所以热衷于调解，倒并不是因为它体现了公正。调解是当事人合意的最大体现，介入程序的调解人并没有就争议根据法律进行裁判的权力，因此也就不必遵循严格的法律规则，他只是协助当事人进行协商。调解程序的主要目的是解决争议，并不一定非要在当事人彼此之间分出绝对的对错和输赢。调解并不纠缠于当事人之间过去发生了什么，而是立足于将来，力图一个双赢的解决。② 与此相反，如果某个处理争议的程序以追求公正为最高目标，它就要尽量去发现案件的客观事实，确保法律适用的准确性。加之，争议解决的公正性一般需要严格的程序作为保障，所以需要在证据的开示、质证等方面设置严格的规则，需要设立多个审级，也因此动用的人力、物力越多就越利于公正的实现，③ 所支付的包括时间、金钱等在内的争议解决成本必然很高。很显然，调解的情形与此截然不同，灵活、快捷、低廉、不公开等是其特点及优势。因此，调解必然不是将公正作为其追求的基本价值目标。

那么调解的基本价值追求到底是什么呢？通过对调解的特性、作用等的考察，以及与其他争议解决方式进行的比较，可以肯定的是：效益是调解的一个基本价值准则。效益原本是经济学中的一个术语。在经济学中，效益被解释为投入与产出、成本与收益之比值。投入、成本越少，产出、收益越多，效益就越高，反之就越低。在宏观经济学上，经济效益的高低成为经济学家评判经济运行优劣的重要标尺；在微观经济学上，经济效益的好坏成为商人成败的自然表征。具体到争议解决上，调解讲求效益是指调解要考虑节约争议解决成本，目的是通过调解解决争议而使资源效益达到最大化。

在法治社会，诉讼程序的设计虽然自始就考虑到正义和公平、效益和效率的关系，并且把程序公正和既判力等概念作为平衡公平与效率的基点。但就理念而言，诉讼程序的着眼点始终是放在正义、权利的实现以及权力的合理行使等方面的。"尽管好像是用不着特意指出的理所当然的事情，但实际上把成本问题考虑在内的学说非常少见。"④ 法院和诉讼的存

① 参见范愉：《非诉讼纠纷解决机制研究》，中国人民大学出版社 2000 年版，第 363～365 页。

② See Peter Lovenheim, Becoming a Mediator—An Insider's Guide to Exploring Careers in Mediation, Jossey-Bass, 2002, at 3.

③ 参见陈桂明：《诉讼公正与程序保障》，中国法制出版社 1996 年版，第 9 页。

④ ［日］棚濑孝雄：《纠纷的解决与审判制度》，王亚新译，中国政法大学出版社 1994 年版，第 207 页注［4］。

在是为了实现社会正义和保障公民的权利，它归根结底是法治本身的象征。为此，国家有义务无条件地提供作为争议解决和维护正当秩序机关的司法资源，而不应以成本之类的理由拒绝为社会主体提供司法救济。尤其是战后新自然法学的复兴，极大地推动了通过诉讼确认和发展权利的思潮和实践，出现了以权利主张进行社会再分配的动向，这也间接成为诉讼激增的一个重要因素。但是，20 世纪后半期以来，诉讼的增长使"迟到的正义"和"难以实现的正义"日益尴尬地成为法治社会无法抉择的难题。此时，随着西方经济学对法学的渗透、融合以及在此基础上经济分析法学的形成，法律效益（包括程序效益）越来越受到法学理论界和立法界的重视。经济分析法学把功利主义的成本—效益分析应用到了法治的每一个领域，因此，在考虑司法和诉讼程序时，成本与效益已由一个讳莫如深的要素变成了最具说服力的理由。效益最大化的原则还对权利这一法治的最核心概念发起了挑战，它归结出这样几个结论：① 首先，个人权利并不是绝对的和无价的，相对于社会的整体利益和为追求这一权利所付出的资源与社会成本而言，其价值可以作出衡量和舍弃；其次，个人的权利可以由其主体根据利益的综合权衡放弃、交换和交易，在争议解决过程中，成本的计算与权利的主张同样重要，而根据效益原则放弃权利、作出妥协，较之坚持无效益的权利主张可能更合乎理性；再次，社会和国家在司法救济上的投入不应是无限的，而应该根据成本效益原则设计或改革诉讼程序，并通过价值规律限制诉讼的增长和滥讼的倾向；最后，应该根据成本—效益原则建立和发展诉讼外争议解决方式，即使这些方式在某些方面不尽符合程序正义的标准。由此，经济分析法学的功利主义的计算与人们对于正义与权利的神圣追求就存在着巨大的价值落差了。根据这一原则所设计的诸如控辩交易等司法程序，确实有悖最基本的公平理念，如果将成本—效益作为惟一的价值标准，就无法保证司法的本质不发生蜕变。因此，司法始终应坚持以公正作为最高的价值准则。但是，对于一个社会来说，成本和效益又确实应该成为维持其正常运行的一个基本尺度。在争议解决问题上，为了尽可能将诉讼所产出的负价值限制在一个较低的、合理范围内，努力实现有限的司法资源的效益最大化，同样具有争议解决功能而成本相对较低的诉讼外争议解决方式，就是符合这一标准的合理选择。这从另外

---

① 范愉：《非诉讼纠纷解决机制研究》，中国人民大学出版社 2000 年版，第340 页。

一个角度看也预示着调解等 ADR 程序对效益的追求具有某种必然性。①

调解的效益取向具体表现为：首先，调解是当事人自愿选择的解决争议的程序，而且由于当事人在调解中始终握有争议处理的控制权，争议的最终解决又是以达成双方当事人合意的和解协议的形式来表现，这些都使得争议能得到令当事人双方都满意的彻底的解决，从而使当事人和社会都能得到较大收益或避免较大损失。第二，作为一种程序便捷的争议解决方式，调解具有很大的适应性，因而解决争议的成功率很高，从而使得对调解这种争议解决资源的利用能达至最大化。第三，就不公开性而言，调解与诉讼案件的公开审理原则形成鲜明对照，使当事人在尽可能小的范围内解决争议，最大限度地保护当事人不想公开的经营秘密，如产品成本与价格、企业面临的财政困难、客户资料等。同时，调解不公开进行还有助于促使当事人平和而迅速地解决争议，为当事人继续合作留下可能性。争议通过调解得到迅速、合理的解决，降低了争议解决的成本，有助于调解为当事人发挥最大的效益。最后，调解以当事人达成和解协议为第一要旨，所以介入调解的调解人只是履行促进当事人磋商之责，而不会过多地关注当事人过去发生的一切在法律上正当与否，换言之，他不会把注意力放在诸如法律的权利、法律证据等问题上，而更关注眼前的情势、调解的目标以及和解的机会等。有经验的调解人还善于通过创造和谐的氛围巧妙地使当事人双方所表达的观点获得正当性。② 这样，当事人的脸面都得以顾全，也避免了在诉讼中由于顾虑胜负得失给当事人带来的压力和影响。因此，调解特别利于当事人结束过去向前看，使争议对当事人的潜在利益的影响降至最小。

综上所述，调解对于效益的追求具有必然性，也是其获得发展的在价值层面上的缘由。

二、和谐

和谐指宇宙中的和谐、人与自然之间的和谐以及人与人之间的和谐。古代中国人在整个自然界寻求秩序与和谐，并将此视为一切人类关系的理

---

① 范愉：《非诉讼纠纷解决机制研究》，中国人民大学出版社 2000 年版，第 340～341 页。

② *See* Eileen Carroll and Karl Mackie, International Mediation—The Art of Business Diplomacy, Kluwer Law International, 2000, at 12.

想状态,① 这在中国山水画中也有反映。在儒家看来,和谐是一种至上的理想,而"礼"则提供了实现这一理想的途径。中国关于解决社会争议的传统看法便受到这种和谐观的极大影响,何种解决争议的方式最利于实现和谐,那么它就是最好的。中国传统社会曾经存在过多种特殊的司法形式,比如春秋决狱、家族司法、调解等等,而其中,调解尤其具有独树一帜的风格和意义。如果说"春秋决狱"主要是文人士子们的作为,属于雅文化或"精英文化"之列,而"家族司法"主要是乡绅耆老们的生活,属于俗文化或大众文化之列,那么不论是何种形式的"调解"(或称调处)② 由于均贯穿了"息讼"、"德化"以及"和谐"等原则与精神,便成为文人士子与乡绅耆老们共同的事业,属于雅俗与共的主流文化之列。调解因之成为一种长久的文化传统。③ 而诉讼在中国古代则被视为一种消极的社会现象,因为它偏离、扰乱了和谐的社会关系。因此,发端于中国的调解除了追求效益之外,它的另一个基本价值取向就是和谐,即追求和谐的人际关系和社会秩序。当代无论是东方社会还是西方社会的调解,尽管并不是调解的原始形态的完全复制,但是,它们却都传承了蕴含于调解中的一以贯之的对于和谐的追求,也正是这种价值追求赋予了调解以强大的生命力。

　　调解对于和谐的追求其实在很大程度上也是在与诉讼相对比而言的。调解与诉讼这两种活动的本质截然不同。诉讼是对抗性的,经常使冲突恶化。而调解主要是以一种合作性的事业,帮助当事人治疗冲突的创伤,重修旧好。诉讼导致法庭对当事人作出具拘束力的判决,而判决是不以当事人的意志为转移的,通常当事人一方赢,另一方则输掉官司。判决之前,每方当事人及其律师都要尽力说服法庭自己是对的、对方是错的。相反,调解则是调解者促进当事人双方达成一个双方都自愿接受的协议的过程,而尝试达到一个能满足当事人双方的需要和利益的协议,这本身就是一个合作性的事业。协议本质上是双方意志的汇合,这种意志的本身便有助于恢复当事人之间的关系,因为它预设了一定程度的互相沟通、理解和信任。诉讼缺少的是当事人间的真正沟通,因为诉讼的结构仅强调每一方与

---

① 参见梁治平:《寻求自然秩序中的和谐》,中国政法大学出版社 2002 年修订版,第 208~209 页。

② 中国古代的调解一般有官府调解、官批民调、民间调解等形式。

③ 参见胡旭晟、夏新华:《中国调解传统研究——一种文化的透视》,载《河南省政法管理干部学院学报》2000 年第 4 期,第 20 页。

法庭的沟通。因此，出现了"法律对抗主义对社会生活的殖民化"的论调。① 调解的好处是，争议双方可能参与到一种真正的、非强制性的对话之中，从而达至一种基于其共同价值观念和共同利益的认识。

　　总之，成功的调解在当事人之间结束了争议，以明确的和解协议取代了以往纷繁复杂而又充满了矛盾的法律关系，在当事人之间建立了合意的和全新的关系；成功的调解在当事人之间产生约定的债权债务关系，满足双方的经济利益；和解还自然激发当事人履行协议的诚意，在绝大多数情况下当事人之间能够持续配合自动履行协议，满足相互之间的合理期望。当我们透过这些表象时所看到的就是人际关系和社会关系因调解得以修复而日臻和谐的景象。

---

　　①　参见陈弘毅：《调解、诉讼与公正——对现代自由社会和儒家传统的反思》，载《现代法学》2001年第3期，第9页。

第二章　国际商事调解的立法和实践

第一节　国际商事调解的含义及其类型

近些年来，随着日益增长的国际贸易，国际性的商事争议相应增加，人们迫切需要一种"耗时短，费用低"的争议解决办法。伴随着 ADR 运动的蓬勃发展，国际商事争议的当事人越来越多地使用调解这一手段解决其争议，调解这一程序也越来越受到法官、律师、仲裁员和法律界其他人士的重视，日益成为一个热门话题。

一、国际商事调解的含义

顾名思义，国际商事调解主要是指自然人、法人和其他组织之间因商事交易而产生的具有国际因素或涉外因素的调解。国际商事调解在广义上既包括作为一个独立程序的机构调解或临时调解，也包括结合于其他程序中的调解，如诉讼程序中或仲裁程序中的调解；而在狭义上，国际商事调解仅仅是指前者。① 联合国国际贸易法委员会（UNCITRAL）的《国际商事调解示范法》有关该示范法不适用于"法官或仲裁员在司法程序或仲裁程序中试图促成和解的案件"② 的规定，实际上意味着该法仅适用于狭义的国际商事调解。在国际商事调解这个概念中，"国际"和"商事"的确切含义是什么，即何种调解为"国际"调解，何种争议或关系是"商事"性的，调解具体所指是什么，都是在理解狭义上的国际商事调解的含义时需要明确的。

在将国际商事调解与国际商事仲裁进行比较时会发现，就前者而言，无论是其实践还是立法都还处于一个较低的水平。在立法方面，目前除了

---

① 本书一般是在狭义上使用"国际商事调解"一词，但是也会在一些特定的情况下涉及广义的国际商事调解。

② 《联合国国际贸易法委员会国际商事调解示范法》第 1 条第 9 款。

一部由 UNCITRAL 制订并于 2002 年 11 月由联合国第 52 次全体会议通过的《国际商事调解示范法》（仅具给各国的立法提供参考之功效而其本身并无任何法律效力）之外，就主要是散见于各国仲裁法或民事诉讼法之中的有关规定了。因此本章将结合国际商事仲裁的有关情况和 UNCITRAL 的调解示范法的规定来阅述该问题。

（一）"国际"的含义

各国在判断仲裁的国际性时，往往采用两个认定标准：① 一是以实质性连结因素（material connecting factors）作为认定标准，包括仲裁地点、当事人的国籍、住所或居所、法人注册地、公司中心管理地等，这类标准有时又被称作地理标准（geographic criterion）或者法律标准（juridical criterion）。二是以争议的国际性质作为认定标准。不少国家在仲裁实践中愈来愈感到，仅仅基于仲裁地点、当事人的国籍、住所或营业地等这类简单的连结因素来确定仲裁的国际性这样一个复杂的问题，过于粗浅而不足以全面地说明或涵盖国际商事的多样性，于是以争议的国际性质作为认定标准便应运而生，即对争议的性质进行分析，当争议涉及国际商事利益时，再将其仲裁视为国际仲裁。

1985 年 UNCITRAL《国际商事仲裁示范法》中将"国际"定义为：

"仲裁如有下列情况即为国际性仲裁：

（A）裁协议双方当事人在签订该协议时它们的营业地位于不同的国家；或

（B）下列地点之一位于当事各方营业地点所在国之外：

（a）仲裁协议中或根据仲裁协议确定的仲裁地点；

（b）履行商事关系大部分义务的任何地点或与争议的标的具有最密切联系的地点；或

（c）当事各方明确地同意，仲裁协议的标的与一个以上国家有关。"②

此定义在一定范围内结合了实质性连结因素认定标准和争议国际性质认定标准。定义中的（A）、（B）以及（a）是以当事人营业地和仲裁地为认定标准，（b）和（c）则以争议的性质和所涉及的国际商事利益为认定标准。此仲裁示范法在世界范围内已为许多国家和地区采用，因而其对

---

① 参见韩健：《现代国际商事仲裁法的理论与实践（修订本）》，法律出版社 2000 年版，第 2～20 页。

② 《联合国国际贸易法委员会仲裁示范法》第 1 条第 3 款。

争议的国际性的上述判断标准应该具有普遍意义。

UNCITRAL《国际商事调解示范法》中对于"国际"的界定与其仲裁示范法中的规定相类似，即：

"调解如有下列情形即为国际调解：

（a）订立调解协议时，调解协议各方当事人的营业地处于不同的国家；或者

（b）各方当事人营业地所在国并非：

（i）履行商业关系中大部分义务的所在国；或者

（ii）与争议标的事项关系最密切的国家。"①

"对于本条而言：

"（a）一方当事人拥有一个以上营业地的，与调解协议关系最为密切的营业地为营业地；

（b）一方当事人无营业地的，以其惯常居住地为准。"②

"本法也适用于双方当事人约定其调解是国际调解的或者约定适用本法的商事调解。"③

调解示范法在这里实际上确定了区分国际调解和国内调解的检验标准，原则上示范法只适用于其所界定的国际调解。该调解示范法对于达到国际性标准的规定仍然是将实质性连结因素认定标准和争议国际性质认定标准在一定范围内相结合的一个综合标准。除此之外还增加了一款颇具特色的规定，即当事人自己可以决定其调解是否为国际调解。该种规定旨在鼓励当事人选择适用该示范法，同时也强调调解中当事人的意思自治无处不在，以使调解尽可能地区别于其他争议解决程序。

区分仲裁的国际性质和国内性质，在许多国家具有特殊的重要意义，这是因为在这些国家将国际仲裁与国内仲裁严格分开，一起因跨国关系或涉外关系方面的争议而引起的仲裁，往往可以免除国内仲裁所必须遵从的一些法定限制。在仲裁法制发展得比较完备的国家里，一般都准许国际仲裁中的当事人享有较国内仲裁中的当事人更多的自由权。不少国家还出于国际经济交往的需要和本国经济利益的考虑，积极支持国际商事仲裁，它

---

① 《联合国国际贸易法委员会国际商事调解示范法》第 1 条第 4 款。

② 《联合国国际贸易法委员会国际商事调解示范法》第 1 条第 5 款。可以表明某一营业地与调解协议有密切关系的因素包括：称为争议标的的商业关系的义务的主要部分履行地是该营业地，或者争议标的与该营业地的关系最为密切。

③ 《联合国国际贸易法委员会国际商事调解示范法》第 1 条第 6 款。

们在国际商事仲裁中所持关于争议可仲裁性的标准要比在国内商事仲裁中所持的标准灵活宽松得多。在判定是否违反公共秩序方面，除了要求在国际商事仲裁中将公共秩序条款的适用缩小到最低限度外，还在国际商事仲裁实践中就公共秩序的范围作出了狭义的解释。此种做法对国际商事仲裁中作出的仲裁裁决的有效性以及裁决的承认和执行有着直接的重要影响。但是，在调解中区分其国际、国内的性质，其意义可能不如仲裁那么重大，这一点在调解示范法中也有所体现。该法以注释的形式规定："拟立法实施本示范法使其适用于国内和国际调解的国家可能希望考虑对文本作下列更改：删除第 1 条第 1 款中的"国际"一词；删除第 1 条第 4、第 5 和第 6 款。"① 可见示范法的立法旨意并不仅局限于国际商事调解。究其原因，主要是因为调解是一个当事人充分自治的争议解决方式，调解程序的启动、进行以及终结都由当事人自己操纵和控制，因而许多在一项仲裁是国际的或国内的时候可能会有不同后果的情况，并不一定会在调解中发生。例如，同是作为争议解决结果的载体，仲裁裁决具有法律所规定的强制执行的效力，而和解协议由于是由当事人自己达成的，对于其是否应具有法律效力以及具有何种性质的法律效力都还在争论之中，实践的做法也各不相同。仲裁区分国际国内可能关涉仲裁裁决的有效性或其承认与执行问题，而在调解中并不一定就会出现类似情况。再加之在调解是国际或国内的都可以取决于当事人的约定时，这种区分就更不具有太大的意义了。

（二）"商事"的含义

"商事"一词是国际经济贸易交往中一个重要的惯常用语。在国际商事仲裁中，争议的商事性质的确定，将关系到争议事项能否通过仲裁方式解决，也就是仲裁协议是否有效的问题。而仲裁协议是否有效，又会影响到有关的仲裁裁决能否得到承认和执行。因此，无论是在大陆法系国家还是在英美法系国家，特别是在加入了有关国际仲裁公约而又提出商事保留的国家，"商事"的定义具有重要意义。在调解中，确定争议是否为商事性质也是很重要的，因为虽然调解在国内的层面上可以广泛用于解决民商事争议，但是，在国际的层面上，应该说也只有商事争议才具有可调解性，具有国际因素的民事争议由于在很多方面关涉一国的重大公序良俗，是不适合使用调解这种非正式性的争议解决方法的。

在仲裁领域，一般说来，多数国家对"商事"一词都是尽可能作出广义的解释。不过，少数国家的法院也可能对"商事"作出狭义的解释。

_____

① 《联合国国际贸易法委员会国际商事调解示范法》第 1 条注释②。

UNCITRAL 在起草国际商事仲裁示范法的过程中，曾就"商事"定义问题展开讨论，但一直难以达成一致的意见。最后因无法形成正式条文，只好在最后通过的示范法中对"商事"一词作了注释说明，并列举了一系列被认为是商事关系的交易事项，即："'商事'一词应给予广义的解释，以便包括产生于所有具有商业性质关系的事项，不论这种关系是否为契约关系。具有商事性质的关系可以但是不限于下列交易：任何提供或交换商品或劳务的贸易交易；销售协议；商事代表或代理；保付代理；租赁；工程建造；咨询；工程；许可证；投资；融资；银行业；保险；开采协议或特许权；合营企业或其他形式的工业或商业合作；客货的航空、海洋、铁路或公路运输。"① 加拿大不列颠哥伦比亚省的《国际商事仲裁法》几乎原封不动地把《国际商事仲裁示范法》的注释纳入正式条文，使其具有国内法的强制效力。②

根据中国加入 1958 年《纽约公约》时作出的商事保留声明，中国仅对按照中国法律属于契约性和非契约性商事法律关系引起的争议适用该公约。所谓"契约性和非契约性商事法律关系"具体是指由于合同、侵权或者根据有关法律规定而产生的经济上的权利义务关系，例如货物买卖、财产租赁、工程承包、加工承揽、技术转让、合资经营、合作经营、勘探开发自然资源、保险、信贷、劳务、代理、咨询服务和海上、民用航空、铁路、公路的客货运输以及产品责任、环境污染、海上事故和所有权争议等，但不包括外国投资者与东道国政府之间的争端。③ 显然，中国关于"商事"的解释也是一种比较广义的解释。

既然在国际仲裁领域存在着对"商事"作扩大解释的倾向，在比仲裁更加灵活的调解领域中对"商事"作扩大解释也就是题中应有之意了。

---

① 《联合国国际贸易法委员会国际商事仲裁示范法》注释②。美国加利福尼亚的《国际商事仲裁和调解法典》第 1 条第 1297 款第 16 项，仿照《国际商事仲裁示范法》罗列了 18 项属商事关系的事项：提供或交换商品或劳务的交易；销售协议；商事代表或代理；协议或特许权；合资或其他形式的工业或商业合作；客货的航空、海洋、铁路或公路运输；建筑；保险；许可；保付代理；租赁；咨询；工程；金融；银行；资料或技术的转让；知识或工业产权、包括商标权、专利权、版权和软件程序权；专业服务。

② 加拿大不列颠哥伦比亚省《国际商事仲裁法》第 1 条第 2 款。

③ 最高人民法院 1987 年 4 月 1 日《关于执行我国加入的〈承认及执行外国仲裁裁决公约〉的通知》，载《中华人民共和国最高人民法院公报》1987 年第 2 号（总第 10 号）。

事实上，在 UNCITRAL 的《国际商事调解示范法》中，也是采取了与仲裁示范法相同的注释的形式来对"商事"一词进行了说明，即："对'商事'一词应作广义解释，以涵盖由于商业性质的所有各种关系而发生的事项，无论这种关系是否属于合同关系。商业性质的关系包括但不限于下述交易：供应或交换货物或服务的任何贸易交易；分销协议；商业代表或代理；保理；租赁；工程建造；咨询；工程；许可证交易；投资；融资；银行；保险；开发协议或特许权；合营企业和其他形式的工业或商业合作；航空、海路、铁路或公路客货运载。"① 这个规定的内容与仲裁示范法的完全一致，因此，可以肯定的是，国际商事调解中所指之"商事"也是一个广义的概念，它着重强调了在解释上的广度，并说明检验标准并非以本国法律所指的商事为依据。对于那些没有单独商法体系的国家来说这种解释尤其重要，而在有此种单独法律的国家之间这种做法则可以起到统一协调的作用。将调解局限于商业事项不仅反映出贸易法委员会拟定商业事项法律文本的传统任务授权，而且也是因为认识到非商业事项的调解触及不易实现普遍协调的政策问题的结果。不过，如果一个国家希望颁布与非商事争议有关的法规，则示范法中任何规定概不妨碍颁布国将示范法的范围扩展至商事领域外的调解。②

（三）UNCITRAL《国际商事调解示范法》中关于"调解"的定义

UNCITRAL 仲裁工作组在 2000 年 11 月 20 日至 12 月 1 日在维也纳召开的工作组会议上深入地讨论了调解的有关问题，并提出了《调解示范立法条文》共 12 条。有观点主张在罗列调解定义的各项要素时，应考虑到当事方的同意、争议的存在、当事方达成友好和解的意向，以及协助当事方努力达成友好和解的公正和独立第三方的参与。这些要素使调解一方面有别于具有约束力的仲裁，另一方面也不同于当事方或当事方代表之间的谈判。因此，根据提供考虑的措词，调解应视做由第三方一人或多人协助共同希望得到这类协助的当事方努力达成和解其争议的自愿协议的过程。尽管也有观点表示某些形式的调解不需要第三方的参与，但普遍的看法是，这类情况不在示范条文的范畴之内。随后，在 2001 年 5 月 21 日至 6 月 1 日在纽约联合国总部举行的联合国国际贸易法委员会仲裁工作组第

---

① 《联合国国际贸易法委员会国际商事调解示范法》第 1 条注释③。
② 《联合国国际贸易法委员会国际商事调解示范法及其颁布和使用指南》第 15 页，*See* http://www.uncitral.org/pdf/chinese/texts/arbitration/ml-conc/ml-conc-c.pdf.（2004/12/20）

34 届会议上，讨论了在第 32 届和第 33 届会议以及特邀专家会议讨论的基础上草拟的《国际商事调解示范立法条文》，共 16 条。在该稿中，将调解定义为："调解系指当事方请求第三人或一组人以独立公正的方式协助当事人设法和解解决起因于或关系到合同其他法律关系的纠纷的过程[不论其是以调解、调停还是类似含义的措词相称]。"① 在正式公布的 UNCITRAL 调解示范法条文中，将调解定义为："'调解'系指当事人请求一名或多名第三人（'调解人'）协助他们设法友好解决他们由于合同引起的或与合同的或其他的法律关系有关的争议的过程，而不论其称之为调解（conciliation）、调停（mediation）或以类似含义的措词相称。调解人无权将解决争议的办法强加于当事人。"②UNCITRAL 在其《国际商事调解示范法及其颁布和使用指南》中强调示范法所称之调解是一个广义的概念，是指某个人或若干人组成的小组协助当事人和睦解决争议的过程。在谈判、调解和仲裁这几项争议解决程序之间存在着根本性的区别。调解的一个基本特点是它以发生争议的双方当事人向第三方提出的请求为基础，它不同于仲裁之处是，仲裁中当事人委托仲裁庭解决争议和对争议作出处理，仲裁庭的裁决对双方当事人均有拘束力，而调解中当事人对过程和结果都完全拥有支配权，调解过程是非裁决性的。调解不同于当事人谈判之处在于其涉及第三人以独立和公正不倚的方式协助解决争议。在调解中，调解人本着满足争议当事人的需要和利益的目的协助当事人谈判达成和解，调解的过程完全是合意的，争议如何解决完全由当事人在中立第三方的协助下自行决定，中立第三方无权将一项解决争议的办法强加给当事人。实践中，用调解、调停中立评判、小型审判或类似的术语等表述方式来称呼由第三人协助当事人解决争议的程序。为采用调解方法解决争议，使用了各种技法和变换程序，示范法使用"调解"一词来涵盖所有这些程序。从业人员按照第三人使用的方法或第三人参与程序的程度来区分这些表述方式。但从立法者的角度来看，没有必要区分第三人使用的各种程序方法。在某些情况下，不同的表述方式只是语言上的不同用词而已，并非反映了所可能使用的每一种程序方法的独特性。③

---

① 参见唐厚志：《中国派代表团出席联合国国际贸易法委员会仲裁工作组第 34 届会议》，载《中国对外贸易》2001 年第 8 期，第 36 页。

② 《联合国国际贸易法委员会国际商事调解示范法》第 1 条第 3 款。

③ *See* http：//www. uncitral. org/pdf/chinese/texts/arbitration/ml-conc/ml-conc-c. pdf.（2004/12/3）关于调解的含义问题还可参见本书第一章第一节的有关论述。

不难看出，UNCITRAL 调解示范法最后采纳的调解定义实际上强调了以下几点：第一，在调解中有当事人以外的第三人的介入；第二，强调调解是一个当事人完全自主的程序，调解人只是起到协助（assist）当事人解决争议的作用，调解人无权将解决争议的办法强加于当事人；第三，调解是一个广义的概念，泛指争议当事人邀请某个人或若干人组成的小组协助当事人友好解决其争议的各种程序，而不管其是冠以"conciliation"或"mediation"或其他类似含义的称谓。这个定义应该说抓住了调解的核心特质，即中立第三人的介入、当事人自治等，而且也不去纠缠此程序在名称上的表述问题，因此是能够传达调解的最基本的含义并得到普遍的认同的。

二、国际商事调解的类型

国际商事调解的类型和一般意义上的调解一样，根据不同标准可作不同的分类，但是最有价值的还是根据介入调解的第三方的性质所进行的分类，因为这对于界定本书重点讨论的国际商事调解的类型而言至关重要。据此，也可将国际商事调解分为民间调解、法院附设调解以及法院诉讼中调解等几类。

在民间调解这一类别下，国际商事调解又有几种具体形式：一是由专门的调解机构所主持的国际商事调解，例如，英国的"争议解决中心"（CEDR）的调解，中国国际商会设立的调解中心的调解等；二是国际商事仲裁机构进行的国际商事调解，具体而言，或将仲裁与调解结合起来而在仲裁过程中进行调解，例如中国国际经济贸易仲裁委员会开展的仲裁与调解相结合的实践；或如同瑞典斯德哥尔摩商会仲裁院那样专设一个调解庭来主持调解。

国际商事争议的调解也可以通过法院附设的调解制度来进行，或在诉讼的过程中就国际商事争议进行调解。

不过，本书主要涉及属于民间调解性质的国际商事调解，尤其是其中作为独立程序的那一类。

第二节　国际商事调解立法情况概览

由于调解人的作用仅在于为当事人之间的对话提供便利而不是作出裁决，所以不必设置在仲裁中所存在的那类程序上的担保，例如禁止调解人与一方当事人单独举行会议，或调解人负有将收到的一方当事人的所有信息无条件向对方当事人披露的义务。因此，调解程序的灵活性和能够根据个案的情节和当事人的愿望调整程序被认为是调解的特质。这也导致了一种普遍观点，认为这种程序如此依赖于当事人的意愿，所以并无从立法上加以规定的必要，立法规则反而会不适当地限制和损害调解过程，合约规则被认为是可提供确定性和可预见性的适当方法。不过，1980 年通过的《联合国国际贸易法委员会调解规则》却是为了向当事人提供一套适合解决国际商事争议的国际统一规则而拟定的。许多机构使用该调解规则作为范本，起草其各自的调解或调停服务规则。许多国家都通过了关于调解的法律，这些法律一方面始终意识到需要维护调解的灵活性，但通过法律是为了解决从业人员的顾虑，因为从业人员担心仅凭合约解决方法不能完全满足当事人的需要。调解过程中当事人最关心的是其在调解程序中所作出的某些陈述或承认将被确保不会在其他程序（例如司法程序或仲裁程序）中被利用作为对抗该当事人的证据，合约解决方法被认为不适合达成这一目标。加之，在某些诸如为调解达成的和解协议的执行提供便利、调解人在其后的司法或仲裁程序中的作用、调解人的指定过程、调解程序所适用的广泛原则等问题上，合约也不认为是合适的解决方法。因此，只有通过立法才能获得促进调解所需的可预见程度和确定程度。为尽可能展示调解在世界范围内的规范化倾向的全貌，以下关于调解立法的概览中所称之立法并非仅指具有法律约束力的规范性文件，而是把本身并不具有法律效力的示范法、有关机构制定的供当事人选择使用的调解规则以及涉及调解问题的仲裁规则也包括在内。

一、联合国国际贸易法委员会制定的《调解规则》和《国际商事调解示范法》

联合国国际贸易法委员会（UNCITRAL）作为联合国系统中国际贸易法领域的一个核心法制机构，其宗旨是进一步协调和统一国际贸易法，促进更加广泛地采纳现行示范法和统一法，而准备并促进通过新的国际公约、示范法和统一法是其具体工作之一。UNCITRAL 成立了六个工作组就委员会工作计划中的专题进行立法性筹备工作，其中第二工作组的专题是国际仲裁和调解。虽然 UNCITRAL 的调解规则和示范法都不具有法律的效力，但是，它们对于国际商事调解的立法和实践所产生的影响是非常深远的。在 UNCITRAL 调解示范法正式公布之前，世界各国的仲裁与调解立法中对于调解的规定大多以 UNCITRAL 的《调解规则》为基础，只是采纳的程度各异而已。而 UNCITRAL《国际商事调解示范法》的公布则预示着国际商事调解的立法将要得到长足的发展，这也是历史的经验所昭示的，因为 UNCITRAL 1985 年的《国际商事仲裁示范法》在世界范围内获得了认同，极大地促进了各国仲裁立法的发展与完善，以至于各国仲裁法已渐趋同成为不争的事实。也可以说，示范法是统一法规的工具。①

UNCITRAL 的《调解规则》是在联合国大会于 1980 年 12 月 4 日通过的第 35/52 号决议中发布的。该决议写道："大会认识到以调解作为友好解决国际商业关系上的争端的一种方法的价值；深信制定具有不同法律、社会和经济制度的国家都能接受的调解规则将大有助于建立和谐的国际经济关系。"因此，该决议建议"在国际商业关系上产生争端而当事各方寻求通过调解以友好解决争端时使用联合国国际贸易法委员会调解规则"。②

随着时光的推移，愈来愈多的实体进行跨国界交易，国际贸易和国际商业都得到了迅速发展，建立切实有效的争议解决制度就成为一种迫切的需要。伴随着 ADR 运动的蓬勃发展，使用调解作为一种解决商事争议的方法日渐增多，调解实践在量和质上都发生了很大的变化。UNCITRAL 的调解规则虽对调解立法和实践产生了很大影响，但是由于它只是一个供争议当事人选择使用的调解规则，其发挥作用的空间是有限的，加之经过这么多年的实践，也需要重新审视该规则，以便对之予以完善和发展。此

---

①　示范法是由学者、专家或其组成的职业团体、学术团体草拟的法律文本，用以推荐给各法域在立法时予以借鉴或采纳。示范法本身不具拘束力，立法者可以全部采用，也可以不采用。示范法的主要作用体现于不同法域之间的法律协调或统一化过程当中，通过制定示范法，由各法域借鉴或采纳同样的法律规则的方式来渐进地推进法律的统一化。示范法产生及发挥作用最具代表性的领域是国际商法、国际商事仲裁法、网络法等，它们都是自制性很强的法律领域，有助于提供示范法产生和发展的土壤。参见曾涛：《示范法比较研究》，武汉大学 2003 年博士学位论文，摘要第 1 页。就 UNCITRAL 该调解示范法而言，它是推荐给各国供纳入其国内法的立法文本，它不同于国际公约，并不要求颁布国通知联合国或通知可能也颁布了该示范法的其他国家。一国将该示范立法纳入本国法律制度时可以对该示范立法的条文予以改动或删除，而对国际公约，缔约国对统一文本进行改动（通常所称之"保留"）的可能性是很有限的。因此，对一国可能需要先对统一法规进行各种改动后才愿意将其作为国内法予以颁布的情形，示范法所固有的灵活性尤为可取，因而颁布示范立法的国家可能会多于加入公约的国家。不过，这也意味着在实现统一的程度和确定性方面，示范法可能不如公约，这就需要各国在将示范法纳入其国内法律制度时应在恪守示范法的基本原则的前提下作出改动或尽量少作改动。

②　*See* http://daccessdds.un.org/doc/RESOLUTION/GEN/NR0/388/43/IMG/NR 038843.pdf? OpenElement.（2002/12/8）

外，在许多国家，在不同的法规中分散规定了影响调解的法律规则，对诸如保密性和举证特权及其例外情形之类的问题采取不同的做法，因此，在此类问题上取得统一，有助于加强调解过程的完整性和明确性。正是在这种背景下，UNCITRAL 准备在调解方面寻求制订国际统一规范的可能性和现实性。当然，示范法制定的目标还包括鼓励各方当事人使用调解这种非裁决式争议解决方式，以降低争议解决成本，推动争议当事人之间保持一种合作的气氛，以防止出现更进一步的争议，并最终有利于国际商事往来的发展。

　　UNCITRAL 仲裁工作组是在其第 32 届会议上开始涉及调解示范法的问题的。这次会议的背景可追溯到 1998 年在纽约召开的 UNCITRAL 第 31 届会议及其间举行的《关于承认及执行外国仲裁裁决的公约》（《纽约公约》）40 周年纪念大会。当时的与会者对《纽约公约》、国际商事仲裁及相关领域的实践工作及其实际困难提出了诸多建议，随后，UNCITRAL 在其 1999 年第 32 届会议上收到一份题为"国际商事仲裁领域未来可进行的工作"的说明（A/CN.9/460）。委员会欢迎有机会讨论进一步制定国际商事仲裁法的可取性和可行性，普遍认为现在应该对各国颁布贸易法委员会的《国际商事仲裁示范法》所取得的广泛而有利的经验以及其《仲裁规则》和《调解规则》的使用情况进行评价并在委员会这个普遍论坛上对各种改进仲裁法律、规则和做法的设想和建议的可接受性作出评估。委员会责成其一个工作组进行此项工作，并将其定名为第二工作组（仲裁和调解），并决定了可由委员会审议以调解为首的 12 项工作专题。① UNCITRAL 还就近期的工作目标作出安排，在解决国际商事争议的非司法程序方面，就前述专题形成一定的国际规范，而不论拟制定的这种国际规范的形式是公约、议定书、示范法（对仲裁示范法的修改和补充）、示范解释办法或者业务指南。由此可见，制定国际商事调解的规范已提上 UNCITRAL 的议事日程。

　　本调解示范法是第二工作组在第 32 届、第 33 届、第 34 届和第 35 届这四届会议上拟定的。第 32 届工作组会议在 UNCITRAL 秘书处编写的

---

　　① See http://www.uncitral.org/pdf/chinese/texts/arbitration/ml-conc/ml-conc-c.pdf. (2004/12/19) 这 12 项工作专题分别是：调解；临时保全措施的可执行性；仲裁协议应以书面作出的要求；由起源国撤销的裁决的可能的可执行性；主权豁免；仲裁案件的合并审理；仲裁程序的保密性；为抵偿的目的提出索赔要求；缺腿仲裁庭的裁决；仲裁员的责任；仲裁庭判给利息的权力；仲裁程序的费用。

"可就解决商事纠纷的某些问题制定的统一规则：调解、临时保护措施、仲裁协议的书面形式"文件的基础上就这几个专题进行了讨论，在一些问题上取得了一致意见，在一些问题上存在着分歧。调解作为这次讨论的第一个议题，与会人员普遍认为：（1）"调解"应作广义的理解，泛指争端当事人邀请某个人或若干人组成的小组以独立、公正方式协助当事人友好解决其争端的各种程序；（2）拟起草的统一规则仅适用于商事事项；（3）支持当事人在调解期间所提供的资料的保密性应予以保证；（4）关于调解员的作用，同意拟订统一的指导原则是有益的。大多数人认为调解是一个自愿程序，和解协议不具有约束力。但是，在调解员可否在其后的仲裁程序或司法程序中充任仲裁员或法官、仲裁员可否进行调解工作、调解对时效的影响、调解中达成的和解协议的可执行性等问题上，意见分歧很大。最后的共识是，前两个问题可以由当事人约定。此次会议提出了一个共 12 条的调解示范法条文草案，基本概括了上述内容，它们涉及目前国际商事调解领域的基本法律问题。

UNCITRAL 秘书处在工作组第 32 届和第 33 届会议以及特邀专家会议讨论的基础上草拟了一套《国际商事调解示范立法条文》，共 16 条。这 16 条就调解的原则和做法作出了规定，其中包括调解的定义、国际的定义、商事的定义、调解的程序、调解员的人数、调解员的指定、调解的进行、调解员与当事人的联系、调解员向当事人透露双方的情况、调解的终止、时效期限、调解过程中提出的证据在仲裁和诉讼程序中的不可采性、调解员在仲裁和诉讼程序中担任仲裁员或作为一方当事人的代表或律师的可能性、在进行调解程序的过程中提交仲裁或诉讼的可能性、仲裁员在仲裁过程中充当调解员的可能性、通过调解达成的和解协议申请法院执行的可能性，等等。2001 年 5 月 21 日至 6 月 1 日，在纽约联合国总部举行了 UNCITRAL 仲裁工作组第 34 届会议，会议逐条详细地讨论了这 16 条条文。各国代表（包括我国代表）原则上一致同意这 16 条条文。但是，一些西方国家的代表提出，不必为仲裁员可以在仲裁程序中充当调解员这一事项单独设立一个条文（第 15 条），即"如果仲裁员提出可能进行调解的问题并经当事各方同意，而参与达成协议和解的努力，这与仲裁员的职能并无相悖之处"。而认为只要在其他条文中写上一句就可以了。

第二工作组在其第 35 届会议上完成了对条文的审查并审议了颁布指南草案。秘书处根据工作组的审议情况修订了示范法的颁布和使用指南草案案文并连同示范法草案一并分发给各会员国和观察员征求意见，并提交 2002 年 6 月 17 日至 28 日于纽约举行的委员会第 35 届会议审查和通过。

2002 年 6 月 24 日，UNCITRAL 以协商一致的方式通过了示范法，随后大会通过了有关决议，建议各国考虑到统一有关争议解决程序的法律可取性和国际商事调解实践的具体需要，应考虑颁布示范法。① 现正式公布的示范法总共 14 条，以强调当事人对进程和结果具有支配权为基础，载有定义、程序和关于有关问题的准则。该示范法从结构上分为三个部分：第一部分包括三条，第 1 条勾画出示范法的适用范围，使用一般性措辞定义了调解，并界定了调解在国际上的运用；第 2 条对示范法的解释提供指导；第 3 条明确规定除了第 2 条和第 6 条第 3 款之外，示范法的所有条款均可经由当事人的协议加以变更。第二部分包括第 4 条至第 11 条的内容，涵盖了调解所涉程序方面的问题，这些规则尤其适用于当事人未采用管辖调解的规则的情形，因此这几条规则在设计上属于缺省条文的性质，其目的还在于协助争议当事人，此时这些规则是作为当事人协议的一种补充。第三部分是示范法的其余条文，从第 12 条至第 14 条，涉及调解后的问题，目的是避免由于在管辖这些问题方面没有法定条文而造成不确定的情况。②

　　总体上讲，该示范法的主要规定和精神与前一次草案基本相同，但也有一些变化。在示范法的前一稿中载有涉及仲裁员担任调解人情形的规定，这种做法在一些法律制度中是允许的。这类条文所涉及的是仲裁员的职能和权限，以及各国之间各不相同并受到法律及社会传统影响的仲裁惯例。在仲裁员担任调解人的问题上不存在既定的惯例，某些实务说明，仲裁员在提出与争议有关的调解程序建议或参加这类调解之前应持谨慎态度。因而试图通过统一立法来将这些惯例统一起来是不合适的。尽管该条文最后被删除，但委员会一致认为本示范法的用意并不在于表明仲裁员可否在与争议有关的调解程序中发挥作用或参与这类调解，该问题应留给各方当事人和仲裁员在适用的法律范围内斟酌决定。③ 同时，示范法还在第 1 条第 9 款（a）项规定该法不适用于"法官或仲裁员在司法程序或仲裁程序中试图促成和解的案件"。该项规定将法官或仲裁员在判决一项争议

---

　　① *See* http：//www. uncitral. org/pdf/chinese/texts/arbitration/ml-conc/ml-conc-c. pdf.（2004/12/19）

　　② 对该示范法各个条文的具体内容采用在各个相关问题上分别涉及的方式来进行介评。

　　③ *See* http：//www. uncitral. org/pdf/chinese/texts/arbitration/ml-conc/ml-conc-c. pdf.（2004/12/19）

的过程中采取调解式程序的任何情形均排除在示范法的适用之外，这种调解程序可以是在有争议各方当事人的请求下或在法官行使特权或自由裁量权的情况下进行的。该项中表示的除外情形被认为是必要的，有助于避免不适当地干涉现行程序法。不过，示范法并不想指出法官或仲裁员是否可以在法庭程序或仲裁程序中进行调解，在有些法律制度中根据各方当事人的约定，仲裁员可以成为调解人并进行调解程序，但在其他法律制度中这并不是可以接受的做法。例如，中国就倡导在国际商事仲裁中仲裁与调解相结合，而美国、澳大利亚等国则认为仲裁与调解的结合会不可避免地扭曲和妨碍调解程序，损害调解的程序价值。这反映了对此问题在观念上的对立。此外，鉴于在司法上进行的调解机制受法院规则管辖以及示范法并不想涉及任何国家的法院管辖权，将这些方面排除在示范法的范围之外可能是妥当的。① 这也从一个侧面说明，在商事调解领域中还存在一些对立性很强的分歧，一部示范法只能说明在商事调解方面法律协调的第一步已经迈出了，以后的道路还很漫长，可谓"任重而道远"。

二、国内立法中关于调解的规定

随着 ADR 的出现以及逐渐被运用和推广，各国开始进行调解的立法活动，在这个方面最具典型意义的当属美国统一州法全国委员会（NCCUSL）② 所制定的《统一调解法》。在美国，由于丰富的调解实践，调解的提供者、调解服务的消费者以及对调解进行一定管理的有关方面因而产生了试图共同创制一个单独的调解统一标准的愿望。1998 年，NCCUSL 成立了一个起草委员会进行《统一调解法》的起草工作，并在1999 年和 2000 年分别公布了《统一调解法》的两次草案，最后，《统一调解法》于 2001 年 6 月通过并正式公布。此法为示范法，目前 NCCUSL 正致力于促进各州将它采用为法律。在《统一调解法》的起草过程中充

---

① *See* http：//www. uncitral. org/pdf/chinese/texts/arbitration/ml-conc/ml-conc-c. pdf.（2004/12/19）

② 美国统一州法全国委员会（NCCUSL）是一个具有广泛代表性的组织，它由每一个州的州统一法委员会组成，后者决定代表该州的统一法委员的数量和衡量标准。美国统一州法全国委员会成员有 300 多人，唯一的一个要求就是这些委员必须是法律界人士，这些委员以私人身份进行美国统一州法全国委员会的各项工作，没有任何工资或补贴。委员中绝大多数是法律从业者、法官和法学教授，尽管有些委员供职于各州立法机关。见曾涛：《示范法比较研究》，武汉大学 2003 年博士学位论文，第50 页。

满了论争，有些人主张一部统一法是没有必要的，另一些人则主张这样一部法是及时的和重要的。这部示范法一共 16 条，其有些规定引起了很大争议，虽然在委员会的要求下还是将它们保留了，但是起草委员会却建议各州不要采用。统一法包括调解的定义、法律的适用范围（排除了将该法适用于司法机关的调解等）、保密、非当事人参加调解等方面的内容，其中关于保密的规定很详尽。①　不论《统一调解法》被各州采用的前景如何，这部示范法对各州的调解立法必然会产生影响，即使是对其他国家的调解立法也会提供一些有益的借鉴。

此外，在调解的国内立法方面，还有一种现象值得注意，即往往在关于民事诉讼和仲裁的立法中规定调解的有关问题，而且目前既存的各国的调解立法也大多以这种形式出现。

1993 年和 1994 年英国商事法院发布的指导性的司法陈述（practice statement）指示法院可以在适当的情况下，鼓励当事人以诉讼外的方式来了结案件。法院的司法指示如下："如果在诉讼程序中的法官看来，他所受理的诉讼或者诉讼中的任何问题，特别适合于通过 ADR 技术尝试和解但当事人以前未曾通过此种方式尝试和解，法官可以邀请当事人采取积极步骤启动 ADR 程序。如果合适，法官可以在特定时期内暂停他所受理案件的程序，以鼓励和促使当事人采取此步骤。"②　这里所说的 ADR 技术，当然包括调解在内。1999 年 4 月在英国生效的新的民事诉讼规则（CPR）对调解起到了巨大的推动作用。在争议各方交换陈辞后，他们会请求法院确定开庭日。根据 CPR，除非争议各方至少考虑过调解，否则法院将不会确定该开庭日。如果某争议一方的律师未能对为何不采纳调解的原因给出令人满意的解释，该方将被法院判令承担仲裁费用和对方律师的费用，由此诉讼程序将被中止，争议各方将被判令离开法庭以及在大约两个月的时间内考虑调解。不过应该注意的是，法院是判令争议各方考虑调解，而不能判令争议各方进行调解。英国商业法庭 Justice Rix 先生在一份年终报告中对调解的评述其实代表了英国法院对包括调解在内的 ADR 的积极态度，即："人们普遍认为绝大多数类型的诉讼适用于 ADR 解决，问题的

---

①　*See* Richard Birke and Louise Ellen Teitz, *U. S. Mediation in* 2001, The American Journal of Comparative Law, vol. 50, Supplement, 2002, at 201-204.

②　Practice Statement（Commercial Case: Alternative Dispute Revolution）（[1994] 1 WLR 14）, reprinted in 62 Arbitration, 1996, at 164. 转引自王生长：《仲裁与调解相结合的理论与实务》，法律出版社 2001 年版，第 137～138 页。

关键在于识别哪些案件不适用于 ADR 解决而不是试图识别哪些类型的案件适用于 ADR 解决。"①

美国 1990 年的《民事司法改革法》（CJAR），堪称美国 ADR 发展史上的重要里程碑，它以联邦议会立法的形式对改革民事诉讼程序和推广包括调解在内的 ADR 作出了明确规定。这是自 1934 年美国将诉讼程序规则制定权授予法院之后，第一次以立法对司法程序进行调整，足见其重要性。该法令要求美国所有的联邦地区法院制定改革计划，即"减少费用及延迟计划"（Expense and Delay Reduction Plan），为此，各法院都把 ADR 的利用作为改革的重要组成部分。同时，确定了 5 个地区法院为实验法院（demonstration district）和 10 个先导法院（pilot district）作为民事司法制度改革的试点，要求其中 13 个法院采用 ADR，从而开始在全国的联邦法院范围大规模地推广应用法院附设 ADR。② 尽管 CJRA 推广 ADR 时没有倾向性，但是在实践中调解却成为最具代表性的一种 ADR 形式。1998 年的《争议解决法》更进一步要求每一个联邦法院都应该明确地考虑到调解这种程序。目前，实际上所有法院都在不同程度上采用了调解，以致调解已经被称为美国民事诉讼中不可缺少的部分，它甚至可能带来美国民事诉讼程序的一场革命。

在法国，法律明确规定了调解是法官的一项职能。在德国，法官在程序进行的任何阶段都可以作为友好调和人来调解案件，同样的规定也见诸瑞士、土耳其和墨西哥法律之中。总之，大陆法系国家在传统上是允许法官调解案件的。

在仲裁法中规定调解的例子有如下一些。荷兰 1986 年《民事诉讼法》第 1043 条明确规定仲裁员可以尝试调解："在程序的任何阶段，仲裁庭可以指令当事人亲自出庭，提供信息或尝试达成和解。"

加拿大 1991 年《仲裁法》第 35 条第 1 款明文规定："仲裁庭成员可以在仲裁过程中当事人各方同意的情况下，使用调停、调解或类似技术来鼓励争议事项的和解。"

1990 年澳大利亚《新南威尔士商事仲裁法》第 27 条第 1 款规定，当事人"可以授权仲裁员或公断人担任调停员、调解员或者他们之间的其

---

① 转引自木兰、李诚蓉：《英国的争议解决——ADR（其他争议解决方式）的影响》，载《仲裁与法律》2000 年第 6 期，第 23 页。

② 参见范愉：《非诉讼纠纷解决机制研究》，中国人民大学出版社 2000 年版，第 233~234 页。

他非仲裁中介……，不论是在仲裁程序开始前还是开始后，也不论仲裁程序是否继续进行。"

1994 年新加坡《国际仲裁法》也就仲裁程序中的调解的有关问题进行了规定，例如对担任过调解员的人的仲裁员资格问题作出规定。

香港地区 1990 年《仲裁条例》也明文规定，仲裁员可以在仲裁过程中担任调解员，并且在 2000 年香港《仲裁（修订）条例》中，其第 IA 部"适用于本地仲裁及国际仲裁的条文"的"本部适应"中，较为详细地规定了调解员的委任、仲裁员出任调解员的权力以及和解协议等问题。①

为了推动仲裁和调解事业的发展，印度于 1996 年制定了《仲裁和调解法》。根据该法第 80 条，仲裁员在当事人同意的情况下在仲裁过程中可以调解案件。除此，该法第三部分共 22 条专门规定了调解，比其他国家的仲裁立法中关于调解的规定更为详细。印度这部分调解立法是以 UNCITRAL 的调解规则为蓝本的，就调解的范围、调解程序的开始、调解员的人数、调解员的指定、调解员的作用、调解员与当事人之间的沟通、信息的披露、当事人与调解员的合作、当事人提出和解建议、和解协议以及其效力和地位、保密、调解程序的终止、求助于仲裁或诉讼程序、调解员在其他程序中的作用、费用等问题分别作了规定。

尼日利亚于 1998 年也制定了《仲裁与调解法》，该法关于调解的规定完全复制了 UNCITRAL 的调解规则的内容，共 6 条，规定得相当简明扼要。

1993 年百慕大《国际调解和仲裁法》共有 19 条专门用于规定调解，这些规定主要还是以 UNCITRAL 的调解规则为基础。

美国有四个州的仲裁立法是以 UNCITRAL 的《国际商事仲裁示范法》为参照而制定的，除了康涅狄格州之外，其他三个州即得克萨斯、加利福尼亚和俄勒冈的仲裁法中都有关于调解的规则。②

国际律师协会公布的《国际仲裁员道德规则》第 8 条"参与和解建议"项下规定："如果当事人请求或同意由仲裁庭提出建议，仲裁庭整体（或必要时首席仲裁员）可以向双方当事人同时提出和解方案，最好是在

① 参见宋连斌、林一飞译编：《国际商事仲裁新资料选编》，武汉出版社 2001 年版，第 138～139 页。

② See Pieter Sanders, The Work of UNCITRAL on Arbitration and Conciliation, Kluwer Law International, 2001, at 72.

各方当事人都出席的情况下提出方案。"这个规则虽然不是仲裁立法，但是它可以用来指导仲裁员的行为，因而也具有类似于立法的效果。①

三、商事仲裁机构的仲裁规则关于调解的规定

各国商事仲裁机构的仲裁规则虽不是法律，但是其中所包括的有关调解的内容或对调解的立法产生过影响，或是对有关调解立法作出的回应，因而也有必要对其概况加以综述。

中国国际经济贸易仲裁委员会现行的 2005 年仲裁规则进一步发展了仲裁中调解的有关规定，就仲裁委员会之外当事人通过协商或调解达成和解协议转化为仲裁裁决的问题，仲裁庭在仲裁程序中进行调解的启动、终止以及方式等问题，和解协议的有关问题，以及调解不成功时仲裁庭和当事人的义务问题等进行了集中和详尽的规定。②

世界上还有其他一些仲裁机构在其仲裁规则中直接或间接地规定了调解。

国际商会仲裁院（The International Court of Arbitration of International Chamber of Commerce，即 ICC）分别制定了《仲裁规则》和《调解规则》，对仲裁员和调解员的职能进行了划分，原则上仲裁员不担任案件的调解员。但是，仲裁员可以根据当事人达成的和解协议的内容作出和解裁决书。

世界知识产权组织大会（WIPO）于 1993 年 9 月 23 日一致同意在世界知识产权组织设立仲裁与调解中心（以下简称"中心"）。中心为解决私人间（即个人或企业）知识产权争端提供服务，并于 1994 年 7 月 1 日开始运转，WIPO 为此制定了《调解规则》、《仲裁规则》和《快速仲裁规则》。中心提供四种争议解决程序，其中有一种是调解加仲裁程序，该程序兼有调解和仲裁。若当事方同意接受该程序，则他们必须首先尽力通过调解方式解决争端，如果在指定的期限内经调解未达成解决方案（即调解失败），则争端被自动提交仲裁以作出有约束力的裁决。

印度仲裁院是印度的主要仲裁机构，该仲裁院制订有单行的仲裁规则和调解规则。其仲裁规则规定，在仲裁程序开始之前，当事人可以选择并要求仲裁庭进行调解并按照仲裁院的调解规则的规定来解决争议。据此，

---

① 参见王生长：《仲裁与调解相结合的理论与实务》，法律出版社 2001 年版，第 139～140 页。

② 详见《中国国际经济贸易仲裁委员会仲裁规则（2005 年）》第 40 条的规定。

可以进行先调解后仲裁的结合形式。

克罗地亚商会常设仲裁院《国际仲裁规则》在如下事项上涉及调解的问题，即当事人之间达成和解的，应由当事人和调解员签署和解记录；根据当事人的要求，如果当事人有有效的仲裁协议，仲裁院主席应指定调解员为仲裁员，仲裁员应根据当事人的请求，作出合意裁决书。"

瑞士《日内瓦工商会仲裁规则》第21条规定："仲裁庭可以在任何时候寻求对当事人争议的调解。任何和解协议在当事人同意的情况下均可以包含在裁决书之中，即仲裁庭可以根据和解协议的内容作出仲裁裁决书结案。"

加拿大不列颠哥伦比亚国际商事仲裁中心的《国际商事仲裁和调解程序规则》第11条第5款规定："如果仲裁协议规定（a）指定一名调解员；以及（b）调解员可以在调解程序未能达成和解协议的情况下也担任仲裁员，则任何一方当事人都不能仅因他在仲裁案件有关的一些或所有争议中担任过调解员为由而反对该调解员担任仲裁员。"

日本《国际商事仲裁协会仲裁规则》第49条第2款规定："如果仲裁庭认为适当，可以根据在仲裁程序中达成和解协议的当事人的请求，在仲裁裁决书中规定该和解协议的内容。"

新加坡《国际仲裁中心仲裁规则》的前言部分规定，新加坡国际仲裁中心的目标是为国际和国内商事仲裁提供设施与便利，促进仲裁和调解在解决商业纠纷中成为诉讼的替代方式，为国际仲裁与调解的法律实践培养一批仲裁员和调解员。这足见新加坡国际仲裁中心将调解视为与仲裁具有同等地位。根据该规则第17条和第28条第7款的规定，如果当事人就仲裁程序，包括仲裁中的调解程序达成协议，则仲裁员可以根据当事人之间的约定担任调解员，调解当事人之间的争议。

瑞典斯德哥尔摩商会仲裁院（The Arbitration Institute of the Stockholm Chamber of Commerce，即SCC）《仲裁规则》第1条规定，仲裁院可以根据仲裁院采用的其他规则协助当事人解决争议。规则第20条要求仲裁庭应公正、实际而快捷地处理案件，仲裁程序进行的方式可由仲裁庭根据仲裁协议、仲裁规则并充分考虑当事人意愿而定。规则第32条规定，如果当事人已达成和解，仲裁庭可以应当事人请求以裁决的形式予以确认。

伦敦国际仲裁院（The London Court of International Arbitration，即LCIA）在其《仲裁规则》第14条第1款规定，当事人可以就仲裁程序的进行方式达成协议，仲裁庭也有义务在任何时候考虑采用适合于仲裁案件情况的程序，避免不必要的拖延和费用，以便为当事人争议的解决提供公平而有效的方式。该规则第 22 条第 4 款还在仲裁员的逐项权力中明确列举了仲裁员的调解权，但当事人有特别书面协议的，仲裁员可以按照公允善良、友好调停或诚实信用的原则来判断案件的是非曲直。

美国仲裁协会（American Arbitration Association，即 AAA）《商事仲裁规则》也规定了仲裁过程中调解的可能性，即如果当事人的争议在仲裁过程中，得到调解，仲裁员根据他们的请求，可以在裁决中列入经同意的调解条款。①

四、专门的调解规则

这里所指的专门的调解规则有的是由仲裁机构制定的，有的则是由调解机构制定的。除此，一些国际组织为了推动调解的发展也制定了调解规则，以供当事人在采用调解解决争议时选择使用。这些调解规则虽然也不是法律而不具有法律效力，但是它们对于调解立法以及调解实务的意义是很重大的。例如前述 UNCITRAL 调解规则对一些国家的调解立法产生了直接的影响，有的国家甚至在关于调解的立法中照搬其规定。

国际商会仲裁院（ICC）分别制定了《仲裁规则》和《调解规则》，两者并行不悖。在其《调解规则》的前言中载明，调解程序独立于仲裁程序。该规则完全是选择性的，除非当事人有相反的约定。国际商会仲裁规则并不要求在仲裁之前必须进行调解；同样，调解规则也不要求调解失败后必须进行仲裁。调解员应遵循的原则等问题在该规则中都作了规定。

世界知识产权组织大会（WIPO）于 1993 年 9 月 2 日成立的仲裁与调解中心提供了通过调解解决争议的程序，该程序指：由一个中立的中间人作调解人，基于争端双方的要求，尽力帮助他们达成一个各方都满意的争端解决方案。调解人无任何权力将解决方案强加给当事方。世界知识产权组织为此制定了《调解规则》，就调解程序的有关问题进行了规定。

1999 年 4 月 1 日，斯德哥尔摩商会仲裁院（SCC）建立了一个调解机构——斯德哥尔摩商会调解庭，调解庭也颁布了自己的规则。该调解规则迎合了那些既不愿意通过司法程序，也不愿意通过正式仲裁程序解决争议的当事人的需要。调解规则由调解庭具体实施。调解庭是在斯德哥尔摩商会仲裁院的大力支持下建立的，反映了斯德哥尔摩商会仲裁院促进调解作为争议解决方式的意图。根据调解规则，调解期限为 2 个月，实行独任调

---

① 关于各国商事仲裁规则规定调解的情况主要参见王生长：《仲裁与调解相结合的理论与实务》，法律出版社 2001 年版，第 136～151 页。

解员制度，独任调解员由当事人共同选任，或者由斯德哥尔摩商会仲裁院任命。并且，提交调解的争议得到解决后，当事人可以选任该调解员为仲裁员，从而赋予该调解员将调解结果确认为具有执行力的形式——仲裁裁决的权力。①

美国仲裁协会（AAA）也制定了其商事调解规则。该规则在其引言中提道："如果当事人欲请调解员按照本规则解决现存争议，他们可以订立如下的调解协议：双方当事人现将下面争议按照《美国仲裁协会商事调解规则》提交调解（该条款还可以规定调解员的资格、费用支付办法、调解会议地点以及任何其他当事人所关心的事项）。如果当事人欲采用调解作为其合同争议解决程序的一个不可分割的组成部分，他们可以将下面调解条款连同标准仲裁规定插入合同中：本合同所产生的或与本合同或其违约相关联的争议，如果不能通过双方磋商解决，双方当事人同意在诉诸仲裁、诉讼或其他争议解决程序之前首先本着诚信精神按照《美国仲裁协会商事调解规则》以调解方式解决争议。"②

中国国际商会调解中心也制定有自己的调解规则，最新的调解规则自2005年7月1日起正式生效实施。该规则规定：中国国际贸易促进委员会/中国国际商会各调解中心是中国国际贸易促进委员会/中国国际商会组织设立的常设调解机构，调解中心根据当事人之间达成的调解协议和任何一方、双方或多方当事人的申请受理案件。③ 另外，规则还规定了其适用范围，即"适用于当事人之间在贸易、投资、金融、证券、知识产权、技术转让、房地产、工程承包、运输、保险以及其他商事、海事领域的争议的调解。"④

第三节   国际商事调解实践情况综述

为了从实践的视角获知国际商事调解在世界范围内的开展状况，本节选取一些调解实践相对发达的国家进行阐述。

---

① 参见李健男：《论瑞典的新仲裁机制——兼论现代国际商事仲裁的价值取向》，载《法学评论》2002年第4期，第125页。

② See http://www. arbitrationlawyer. cn/ShowArticle. asp? ArticleID =471. (2003/12/6)

③ 《中国国际贸易促进委员会/中国国际商会调解规则（2005）》第11条。

④ 《中国国际贸易促进委员会/中国国际商会调解规则（2005）》第2条。

一、美国和加拿大的调解

在美国，公认调解的特征是当事人的自愿参加，作出决定的权利掌握在当事人手中，调解人的作用是帮助解释争议的问题，消除沟通的障碍，寻找替代的方法，协助谈判人达成协议。美国在 20 世纪 60 年代的时候，调解无论是在规模还是范围方面都很小，那时候还没有专门的调解组织存在，调解人基本上处于自律的状态。但是，现在这个领域的状况已大异于从前，调解人如雨后春笋般增加，大型的民间组织、法院体系以及许多私人都提供调解服务，调解的适用扩展到民商事的很多领域。众多的机构和组织就调解程序和调解人制定了大量的规则。而且，调解人的从业人数、调解适用的领域都还在呈动态的增长趋势。回顾美国过去四十多年调解的发展历史，可以将之分为三个时期：20 世纪 60 ～ 70 年代初期为调解的"幼儿期"，调解作为一种诉讼外的争议解决方式而出现；20 世纪 70 年代起一直持续到整个 80 年代是调解发展的"青少年期"，调解从一个分散的实践发展成为一个产业并对法律的方方面面都产生了影响，在这个过程中，不堪负荷的法官、倡导改革的立法者、不满意的诉讼当事人、对仲裁绝望的人一起加入了调解的"大合唱"；自 20 世纪 90 年代以来调解进入了其"成年期"，这个时期最具标志性的事件当属 1990 年美国国会通过了《民事司法改革法》（CJRA）以及 2001 年 5 月公布的由美国统一州法全国委员会制定的《统一调解法》，这也是为有效地管理调解这个由"家庭小作坊发展而来的大型产业"以使消费者获得一个好的调解"产品"所必须。[①] 这些都使得调解在美国得到了稳健的发展而臻于成熟。

在民间机构所进行的商事调解中，美国仲裁协会（AAA）[②] 的实务具有典型的意义。AAA 鼓励采用各种自愿的方式解决争议。除了众所周知的仲裁之外，AAA 还是倡议调解和其他不公开形式解决争议程序的先驱，即美国仲裁协会虽为仲裁机构，但也大量提供调解服务。自 1926 年创立，

---

① See Richard Birke and Louise Ellen Teitz, *U. S. Mediation in* 2001, The American Journal of Comparative Law, vol. 50, Supplement, 2002, at 182-201.

② 美国仲裁协会（AAA）成立于 1926 年，是一个非盈利性的为公众服务的机构。AAA 的目的在于，在法律许可的范围内，通过仲裁、调解、协商、民主选择等方式解决商事争议。其受案范围很广范，从国际经贸纠纷、劳动争议、消费者争议到证券纠纷，无所不包。与此相应，AAA 有许多类型的仲裁规则，分别适用于不同类型的纠纷。美国仲裁协会的总部设在纽约，在美国一些主要州设有分部。20 世纪 90 年代，为开拓亚太业务，美国仲裁协会成立亚太争议中心。近年来，AAA 又把目光投向欧洲，并在欧洲设立了分部。

它一直鼓励采用调解作为解决争执的有效手段。即使是在 AAA 受理的仲裁案件中，也经常采用调解的手段来解决争议，具体情形是：第一，在根据美国仲裁协会仲裁规则开始仲裁程序后，在仲裁程序开始的初级阶段，仲裁庭组成之前，美国仲裁协会通常召集当事人开行政管理性的电话会议，在该会议上，美国仲裁协会的仲裁程序管理人员和当事人及其代理人讨论调解的可能性，这种调解往往能够达致 10% ~ 15% 的成功率。如果当事人不能同意调解或通过美国仲裁协会的调解不能达成调解协议，则美国仲裁协会迅速推进下一步的仲裁程序，组成仲裁庭审理案件。第二，在仲裁程序进行过程中，美国仲裁协会可以根据当事人的意愿进行平行的调解程序，调解由该案仲裁员之外的中立第三者进行。如果当事人达成和解协议，仲裁员可以终止仲裁或者以裁决的形式记录约定的和解条件。AAA的《商事调解规则》还被经常采用。此外，AAA 还是负责仲裁与调解的全国性的管理和协调工作的机构，并拥有全美最大的资料室。AAA 成立至今，在其受理的商事争议中 85% 是通过调解的方式解决的，调解案件的成功率达 95%。对美国 1000 家公司的最新调查结果表明，它们中的绝大多数表示，今后解决商事争议将继续采用调解的方式。① 此外，美国的公共资源争议解决机构（Center for Public Resources Institute for Dispute Resolution，即 CPR）成立于 1979 年，其会员包括众多北美、欧洲和日本的《财富》杂志 500 强企业，各大律师事务所和其他有关组织和人士，为目前美国最有影响力的非营利调解机构之一，它的一些成功的调解案例也已成为国际商事调解的经典案例而成为理论研究的很好素材。② 该机构

---

① 黄建京：《美、加调解机构掠影》，See http：//www. china-arbitration. com. (2003/8/9)．

② 在国际商标协会与美国 CPR 争议解决机构共同解决的一个成功的调解案例中，一家俄罗斯的公司（W 公司）与一家美国公司（A 公司）在销售伏特加酒的市场争夺中发生纠纷。涉及货物买卖、销售代理、知识产权（商标权）等问题。A 公司强调 W 公司侵犯了其商标权；W 公司指责 A 公司挤入俄罗斯市场，对其造成威胁。调解员通过其出色的工作，引导双方当事人从大局着想，达成和解：A 公司允许 W 公司使用 Octave 商标和八边瓶；W 公司允许 A 公司在俄罗斯经营伏特加，最终实现了比发生矛盾之前还要好的结果，即双方由对立走向合作，真正达到了"以和为贵，实现双赢"。从此案例中，在如何做一个合格的调解员、调解员的调解技巧（例如灵活机动的战略战术的采用等）等问题上，都能归纳出很好的经验从而大大丰富和促进了调解的实践。参见穆子砺：《以和为贵，实现双赢——从一个调解案例谈起兼论商事调解的发展方向》，See http：//www. china-arbitration. com/3a1. asp？id = 1745&name = 商事调解 &cateid = 38.（2006/7/9）

还积极与中国的调解机构进行合作，2004 年 1 月 29 日，与中国国际贸易促进委员会（CCPIT）/中国国际商会（CCOIC）调解中心合作成立了中美民间商事调解中心。

加拿大的国家级的仲裁与调解中心设在渥太华，该机构不以营利为目的，不直接受理案件，主要是负责制定统一的调解规则和协调地方各调解机构之间的关系，向地方调解机构提供信息，办理调解员的培训工作等。加拿大有 10 个省设有相应的仲裁、调解机构，相互存在着竞争关系。各省的调解机构分为四种类型：1. 类似于 BC 省的哥伦比亚仲裁中心，这样的仲裁机构是非营利性的，只是对仲裁和调解案件的管理，制定规范性的规定等；2. 私人机构，这种机构主要搞调解而不做仲裁业务；3. 个人或合伙，本人为仲裁员或调解员，直接与当事人进行接触，受理案件；4. 以公司的名义出现，以盈利为目的的受理仲裁和调解案件的经济实体。

1995 年，美国与加拿大、墨西哥三国共同签署了北美自由贸易协定，由美国仲裁协会、英属哥伦比亚国际商事仲裁中心、墨西哥贸易协会和魁北克商事仲裁中心成立了"美洲商事仲裁调解中心"，即通过仲裁和调解的方式，共同处理北美自由贸易协定项下的争议，包括：1. 政府间的贸易争议；2. 私人间或私人与政府间的争议；3. 有关反倾销和关税的争议。①

美、加调解机构中的调解员分为专职和兼职两种，一般由退休法官、律师、工程师等资深及有专业背景的人担任。调解员中没有现职法官及国家公务员。美、加调解机构所调解的范围包括：婚姻家庭、伤害赔偿、劳资纠纷、合同纠纷等所有民商事纠纷，而且可就纠纷中的某一部分进行调解，但不能对进行调解的那一部分再去仲裁或诉讼。美、加调解机构中的调解员在调解纠纷时的方式极为灵活，调解员可以召集纠纷的双方或只召集一方来调解，也可以通过交换材料或打电话进行调解。美、加调解机构的调解员，在主持双方当事人调解达成协议时，其职责即告完成，和解协议的签字是在双方律师面前，而调解机构并不在其上盖章，调解员也不签字。美、加调解机构的调解员，在主持调解纠纷时没有统一的收费标准，一般是根据调解员的经验、专业背景、经历等因素确定，采用按时收费的方式，一般为每小时 100～300 美元，这种费用是调解员收取的，而每方

---

① Dr. Luis Miguel Dlaz, *Mediation Furthers the Principles of Transparency and Cooperation to Solve Disputes in the NAFTA Free Trade Area*, Denv. J. Int' L L. & Pol' Y, vol. 30, No. 1, 2001, at 73.

当事人在提出调解请求时按照争议金额缴纳一定数额的行政管理费,并且一旦双方当事人同意调解,则行政管理费概不退还。①

二、英国的调解

英国在开展 ADR 方面是很成功的,其专门从事包括调解在内的 ADR 业务的比较著名的机构有:争议解决中心(Centre for Dispute Resolution,即 CEDR)、设在伦敦国际仲裁院(London Court of International Arbitration,即 LCIA)内的国际争议解决中心(The International Dispute Resolution Center)以及城市解决争议中心(City Disputes Panel)等。其中,又尤以争议解决中心(CEDR)最为著名。CEDR 是 1990 年 11 月建立的民间性争议解决机构,是由财团和专家支持的非营利性团体,目的在于推进和奖励 ADR 的利用。CEDR 致力于为商业界的合同争议提供一种灵活和低廉的争议解决方式,认为 ADR 技术的核心在于解决争议方法的质量,ADR 的解决较之法院的判决能够提供经过深思熟虑的创造性解决方法。其目标是准备向整个欧盟的委托人提供争议解决业务。CEDR 强调私法自治,其争议解决过程完全是民间性的,未经当事人合意,不得发表有关争议的一切信息,在为当事人提供调解与和解服务时,CEDR 作为中立者为双方保守秘密。CEDR 的主要程序是调解,采用非对抗形式,双方分别阐述自己的主张,调解人如对其论点不明确时,可要求作出说明,其目的在于尽可能以当事人的自治解决争议。1999 年英国的民事诉讼法有了一个重大变化(即"沃夫勋爵的改革"),即法官在审理一个案件之前,给出一些时间,要求当事人先行调解,当事人可以选择机构调解,亦可由专家调解,如果调解成功,双方达成和解协议,提交法院,由法官予以确认,发生法律效力。这对 CEDR 来说无疑是一个福音,使其发展更加迅猛而声名远扬。目前,CEDR 已是欧洲乃至世界最具影响的 ADR 中心。据有关资料统计,自 1999 年 4 月至 2000 年 3 月,CEDR 共受理了 550 个案子,其中 30% 为纯外国当事人,调解成功率在 85% 以上。案件受理的范围涉及所有商业领域及其他领域,如货物买卖、建筑工程、IT、电子通讯、金融、保险、雇佣合同、海事争议以及个人之间伤害赔偿、机构之间发生的争议等。② CEDR 建立了调解员数据库制度,即将英国的和其他国

---

① 《美国仲裁协会商事调解规则》第 17 条。

② *See* Eileen Carroll and Karl Mackie, International Mediation-The Art of Business Diplomacy, Kluwer Law International, 2000, at xi.

家的有一定专业背景和工作经验人士的有关资料储存在数据库里，供当事人在个案中参考选用，但在具体的调解案件中，当事人可以选择的调解员则不限于数据库里的人士。对于世界上知名的企业，也将其输入数据库，并与它们保持经常性的联系，一旦它们之间发生争议，CEDR 就会成为其首选的地方。CEDR 还在每年的夏季对调解员进行培训（夏季培训计划）。到目前为止，已有 10 000 多名来自世界各地的律师接受了 CEDR 的培训。现在，CEDR 的业务范围，已不仅限于调解当事人之间的争议，他们的工作甚至会影响到英国政府乃至欧盟的决策。在白宫、世界银行和欧洲委员会上，也常常会发现 CEDR 代表们正在演讲的身影。现在，CEDR 的受案和结案的数量，已远远超过了 LCIA，而其人员规模和办公条件，更是远在后者之上，其他情况，也完全达到了国际一流水准。①

中、英两国的调解、仲裁机构具有悠久的友好交往的历史。1997 年，中国贸促会/中国国际商会调解中心（原名北京调解中心）与伦敦国际仲裁院（LCIA）签订了合作协议。中英两国在调解、仲裁等领域里开展了广泛的交流与合作。

三、澳大利亚的调解

澳大利亚是一个多元化的移民国家，很早就开始利用 ADR，20 世纪 90 年代以来，开始出现推进 ADR 的热潮。在澳大利亚所使用的"调解"一词是广义上的概念，泛指争议产生后，争议双方之外的第三方介入协助争议双方达成协议，但协议不具备法律上的强制约束力。在调解方式下，由争议双方自主决定解决方法。澳大利亚现有的涉及国际商事争议的调解一般有如下几类：②

第一，诉讼之外的调解。历史上澳大利亚的调解产生于诉讼之外。当时它被作为一种争议解决办法的选择。当代意义上的调解产生于 20 世纪 80 年代各个州政府的社区立法项目。但是调解后来衍生出很多分支，向多元化方向发展。另一种诉讼之外的重要调解方式是在 20 世纪 90 年代初期开始发展于商务和商业交易中的。与前一种调解形式相比，这种调解方

---

① 参见穆子砺：《贸促会调解团访英综述》，载《仲裁与法律》2000 年第 4 期，第 38～39 页。

② 参见 ［澳］劳伦斯·博尔：《调解和处理办法——调解和相关法律规定：澳洲一方观点》，载王公义、唐荣曼主编《中国·澳大利亚"纠纷解决替代机制与现代法治"研讨会论文集》，法律出版社 2003 年版，第 8～15 页。

式的发展更多受到处理的速率、相对低的成本、机密性和如何更有效帮助商人们找出问题进而开始下一个交易等因素的影响。这种调解主要是个人或某种组织通过收费的方式提供服务。这是一种更加职业化的调解方式，调解员多为律师、原来的法官和商业人士。随着调解在商业领域的发展，它也引起了建筑行业的关注，很快在这个领域就出现了和仲裁不同，更接近于调解的争议解决方式。

第二，诉讼过程中的调解。澳大利亚早期调解的发展不受当时的行业及一些正规司法系统的官员的重视，某些人甚至对其怀有敌意。然而，一些法官逐渐地开始运用法院内部的调解系统，在当事人双方的意志下提供参考性的解决意见。在 20 世纪 90 年代初期，众多法院由于案例管理技巧的引入，实践和观念发生了一些变化。这里，案例管理指的是在某系统中，法官、书记员和庭审人员在民事诉讼过程中被赋予了一定幅度的自由裁量权，例如文书的交换，审限的要求。调解和其他一些争议解决程序成为案例管理的工具，法庭在征得当事人同意后，利用这些程序指导庭审活动。2000 年末诉讼过程中的调解方式发展成熟，国家所有的法院都获得了指导调解或其他争议解决程序的权力，甚至在当事人双方异议的情况下仍享有此项权力。法官、庭审人员、律师和经常牵扯诉讼的当事人如保险公司很快适应了现实中这种对众多争议决定开庭日期前必先进行调解的模式。如果仅从数量上看，这个模式是非常成功的。争议处理成功率介于50% 和 90% 之间。法院堆积的旧案得到了处理，诉讼超审限现象大大减少。调解已不再是诉讼之外的一种选择，而更倾向于一种诉讼过程中的选择。在某些案件中调解是由法院人员进行的，但大多数案件都是由外部的私人调解员进行调解的。这与澳大利亚的法院人员不能兼任调解员的宗旨是相一致的。很多法庭、委员会和其他一些争议处理机构在法院的带动下也引进了案例管理和强制性调解方式。

澳大利亚调解实践的所有这些发展带来了调解的制度化，调解也从少数变成了处理争议方式中的主流并得到了正规机构的支持。调解这种模式给澳大利亚的传统的占有统治地位的所谓对抗性的法律诉讼体制带来了一些变化，也使争议解决方面的文化受到了冲击。

在澳大利亚，提供调解等选择性争议解决方式服务的，大体有三种类型的机构：

（1）政府设立的公共性机构。例如，新南威尔士州由政府设立的公共性的争议解决机关公众司法中心，受理各种类型的争议。

（2）民间团体设立的争议解决机构。在解决商事争议方面最负盛名的是位于墨尔本的澳大利亚国际商事仲裁中心（ACICA）和悉尼的澳大利亚商事纠纷解决中心（ACDC），这两者都是成立于 20 世纪 80 年代用以发展 ADR 的机构。前者事实上是澳洲仲裁员协会的一个分支机构，提供调解服务，但是国际商事仲裁仍为其中心工作；后者是一个非营利性机构，宗旨是为澳大利亚国内外民商事纠纷的当事人提供包括调解在内的 ADR 服务，其分支机构遍及澳大利亚各州州府城市。从澳洲的实践看，商界对调解的运用多于仲裁。①

（3）法院附设的调解。在联邦法院和各州法院，都把调解作为案件处理的一环，根据需要加以采用。法院的调解一般有两种形态：一种是由法院委托调解组织进行处理；另一种则是法院自行依调解程序进行调解。

四、中国的调解

中国在商事调解方面取得了瞩目的成就，除了人民法院处理商事案件可以进行调解之外，中国国际商事仲裁机构将仲裁与调解相结合的实践受到了世人极大的关注，而中国国际商会调解中心的专业调解就更是成绩斐然。②

我国香港特别行政区对于调解也很重视，其仲裁法就有关于调解的规定。除了由仲裁机构进行的调解之外，香港还有类似于香港调解顾问中心这样的调解机构。该中心目标是"是要成为香港首个通过提供辅导、调解以及法律咨询的一站式服务，并以私人执业方式运作的调解中心"。该中心的服务宗旨和服务范围是：

> 希望通过辅导、调解及法律咨询的综合服务，协助各界人士解决冲突及纠纷，确保人际关系得到融洽的发展。致力为本地及国际社区人士服务，以解决各种冲突或纠纷，包括家庭、邻里、社区、业主、租客、商业团体、消费者、伤亡赔偿、建筑行业等方面的冲突或纠纷。致力推广调解成为一门普及的学问，以期将调解应用在个人成长以及处理人际关系上。举办各种初级及高级的调解课程，并提供适合一般大众和专业团体的调解训练；设立网站，免费提供网上调解冲突

---

① 参见李广辉：《试论澳大利亚民商事纠纷的解决机制》，载《河南省政法管理干部学院学报》2000 年第 2 期，第 106～107 页。

② 详见本书第七章第二节的内容。

的顾问服务，为对调解有兴趣的人士提供交流心得、经验的机会。①

有一则来自于《苹果日报》的报道，标题为"调解息纷争 省时达双赢 生意和事老钱途佳"，② 实际上传达的是社会主体对于调解予以认同的讯息。

五、世界知识产权组织（WIPO）的调解

1994 年关贸总协定签订的《与贸易有关的知识产权协议》（TRIPS）在其导言中明确规定"全体成员……承认知识产权为私权"。它确立了知识产权的民事权利性质，知识产权争议使用 ADR 方式解决的现实障碍逐步消失。世界上一些重要的国际商事仲裁机构诸如中国国际经济贸易仲裁委员会（CIETAC）和美国仲裁协会（AAA）等纷纷开始受理知识产权争议，世界知识产权组织（WIPO）更是建立了"仲裁与调解中心"（以下简称"中心"）。"中心"为解决私人间（即个人或企业）知识产权争端提供服务，并于 1994 年 7 月 1 日开始运转。中心提供了四种争端解决程序，即调解、仲裁、简易仲裁以及调解—仲裁程序。每一程序针对法院诉讼而言都是一种排他性选择。所有程序都是自愿性的，即只要任何被提交的争端的当事人通过合同自愿选择接受其中某个程序作为解决争端的方法，它们便将适用于该争议。

WIPO 在争议解决程序的设置上显然给予了调解以高度的重视，把它设置为与仲裁截然分开并具有同等层次的程序。这与调解在国际经贸交往中愈来愈受重视，并成为 ADR 方式中发展最快、使用最频繁的争议解决程序的潮流相契合。此外，知识产权争议还有一个突出特点，即与科学技术的发展紧密相联。近几年来，电子技术、计算机技术尤其是国际互联网络（Internet）的发展与应用使得知识产权产生了许多新问题。例如，侵权者未经版权人许可将作品非法上载而在 Internet 中广泛传播，使得版权侵权变得十分复杂。再如，愈演愈烈的域名抢注问题已成为世人关注的焦点，它对传统商标权制度与反不正当竞争制度都带来了较大影响。面对新技术的挑战，WIPO "中心"在现存争议解决机制基础上，加以适合于新技术环境的改革，推出了"在线争议解决程序（ODR）"。1997 年，"通用顶级域名备忘录"指定 WIPO 来管理该系统下的域名争议。WIPO 的在

---

① *See* http：//www. mediation. com. hk. （2003/3/6）

② *See* http：//www. mediation. com. hk/news/news15/index. htm. （2003/3/6）

线程序必将随着 Internet 的进一步发展而愈来愈受到人们的重视。①

小　结

对前述国际商事调解的立法和实践现状进行理性的思考，可以发现在现代社会中法治和调解之间的关系究竟是怎样的。尽管调解在争议解决方面独具价值，但是当它处于现代法治社会的语境中时，由于对法律权威至上精神的普遍认同，调解这种非正式的解决争议方式曾经遭受过非议。按照经典的法治理论，近现代法治社会的基本标志是：第一，强调规则的统治，即以明确的、普遍的、公开的、稳定的和逻辑一致的法律规范作为社会调整的惟一权威的、正统的标准和尺度，并在社会中确立正式的、公共性的法律体系的至上权威，根据法律全面调整或控制各种社会关系，实现社会的"法化"。第二，作为独立行使司法权的中立机关，法院根据既定的规则解决争议。第三，法律体系和诉讼程序的设计都以严格的形式理性为最高标准，运作过程严格遵循程序公正准则。② 纯粹根据这一理论，调解显然与法治社会格格不入，甚至对法治产生阻碍、破坏作用。比如，调解过程并不注重对法律规范的适用，有些情况下，社会规范以及其他民间习惯甚至占据着更为重要的地位；调解缺乏严格的程序保障；在双方权力严重失衡的情况下，往往导致一方当事人的利益受到损害；公权力难以有效地控制调解，难以有效防止当事人"规避法律"，等等。不过，在承认调解与法治的冲突客观存在的同时，也不应该把两者之间的冲突绝对化，甚至得出抛弃调解的结论。③ 因为法治在发挥其积极作用的同时也存在着其不可克服的局限性。例如，在 E·博登海默看来，法律具有保守性或滞后性、法律规范的僵化性以及规则的控制所导致的对社会发展和进步的阻滞等弊端。④ 而这些弊端都是与法治本身的特性或价值不可分割的。我国也有学者认为法治本身是具有局限性的，即指法律基于其防范人性弱点工

---

① 左冰、刘家瑞：《试析世界知识产权组织的争端解决机制》，载《华东政法学院学报》1999 年第 1 期，第 62 页。

② 参见范愉：《非诉讼纠纷解决机制研究》，中国人民大学出版社 2000 年版，第 328 页。

③ 参见范愉主编：《ADR 原理与实务》，厦门大学出版社 2002 年版，第 320～321 页。

④ 参见［美］E·博登海默：《法理学——法律哲学与方法》，邓正来译，中国政法大学出版社 1999 年版，第 332～340 页。

具的特质在取得其积极价值之同时不可避免地要付出的代价，是法律由于其技术上的特点不能完善地实现其目的的情况，因而法律的局限性可以归纳为不合目的性、不周延性、模糊性以及滞后性。① 正是因为法治的种种局限性，诉讼制度所面临的压力和所存在的固有弊端就必然成为法治社会所要面对的一个难题。由此，强调法律意识作为法治现代化进程的基本要素的重要性，并不意味着以国家司法制度统辖社会争议的解决是法治现代化的惟一方向。国家司法制度无法也从未实际地成为解决社会争议的惟一角色，无论是在法律不发达、私力救济盛行的古代，还是在把法律程序视为公民权利和自由社会最大保障的今天，始终存在着多样化的争议解决方式。除了能够弥补诉讼机制的自身缺陷这一直接动因外，调解之所以能在许多法治国家中获得蓬勃发展，还在于其所蕴含的对效益、和谐等价值的追求，而随着时代思潮的变化，这些价值已逐渐在法治社会中占据了主导地位，调解的运用获得了社会广泛的认同。以美国为例，如果将美国调解的全景展现出来的话，便可以发现除了社区调解中心、法院附设调解和官方机构提供调解外，非营利性机构及组织等也积极提供调解服务，甚至出现了以营利为目的的调解公司。各种类型的调解人员的培训也很兴旺，以至于在美国很多人的观念中调解已逐渐发展为一个非常赢利的行业，不管这种观念与实际情况是否存在出入，但是它至少表明调解在美国的运用以及受关注的程度。② 在诸如中国、日本等具有调解传统的国家中，调解在经历了自身的创造性转化即作出适当的修正之后也融入了现代法治社会。

另一方面，由于在调解的实践中会逐渐产生一些法律问题，因此在调解逐渐为现代法治社会所接纳的过程中，其自身也蕴含着规范化、法制化的倾向。这种过程可以描述如下：

> 在调解过程中，为了使不同的主张向合意收敛，说服和互让这两个程序项目便十分重要，其实质是实现一种正义的合理妥协。从妥协的视角来观察合意，就可以发现合意具有不能还原于当事人各方意志

① 参见徐国栋：《民法基本原理解释——成文法局限性之克服》，中国政法大学出版社 1996 年版，第 137 页。

② Peter Lovenheim 在其所著之 Becoming a Mediator—An Insider's Guide to Exploring Careers in Mediation(Jossey-Bass, 2001)一书中，对美国调解实践中调解人的特质、所具体从事的工作以及培训等方面的情况作了全景式的介绍。从中可以看出，在美国，调解所适用的争议范围是非常宽泛的。

的独立的存在价值。而说服可以定义为以促使他人采取特定行动为目的的符号操作，因而可以分解为出示证据、引用规范……陈述证明、动员影响力、把握时间（主要指利害关系的时间性、时间流逝而引起的纠纷变形和吸收、解决问题的战略性时机）等可以程序化的问题；在当事人双方相持不下的情形下，为了避免交涉失败，调解委员的积极调控和判断往往势在必然，因而产生了调停委员的选择条件、调解陈述的证据认定、调解协议的法律效力等问题。①

因此，现代法治社会也逐渐产生了对调解实践中的相关法律问题进行调整的法律规范，调解实际上是向着与法治并行不悖、协调互动的方向发展了。在调解与法治之间并不是截然对立，相反应该是一种协调发展的关系，调解在法治社会中不仅不会被淘汰，而且将发挥着日益重要的作用而成为争议解决机制中不可或缺的重要组成部分。综观国际上有关调解的立法和实践，毋庸置疑可以得出调解正处于蓬勃发展的态势中的结论。同时，更应该从这种发展态势中体悟到国际社会试图将调解纳入法制轨道的尝试和努力，这在很大程度上反映了人们对调解与法治的关系的上述理解，也印证了"所有的调解都或多或少地处于法律的阴影之下"② 的论断。

---

① 季卫东：《程序比较论》，载《比较法研究》1993 年第 1 期，第 15 页。
② Laurence Boulle and Miryana Nesic, Mediation: Principles, Process, Practice, Butterworths, 2001, at 467.

第三章　国际商事调解兴起的根源

第一节　调解的程序比较优势
——现代社会需要调解的客观原因

在讨论了调解在现代社会中的一般含义、其蕴含的一些深层理念以及铺陈了它在商事领域的当代立法和实践概况的基础上，有必要再进一步探讨其在商事领域兴盛的客观原因。

诉讼和司法制度本身的固有缺陷成为调解兴起的直接动因，因为在与诉讼的比较中充分显现了调解所具有的制度价值；而仲裁在其发展中逐渐诉讼化的倾向使得仲裁在与调解的相互对比中在一些方面丧失了优势，因此，现代社会对于商事调解的客观需要是建立于调解所具有的程序比较优势的基础上的。

在普遍的意义上，与调解相关的潜在好处包括：① 非正式性、弹性以及没有程序上的僵化；给受到影响的当事人直接参与的空间以及其对于结果的控制；非法定方法，重点在于就将来的行为做出决定，不一定需要律师或者其他专业人员；隐私性和保密性；更多地使用合作性和协作性的程序；考虑将来的利益、需求和目标，而非确定的立场；更有可能取得有弹性的、综合的、双赢的结果；更有可能在当事人之间保持积极的未来关系；可以规定进行和完成程序的速度；对当事人以及对争议解决的提供者（例如国家）的财务费用和其他资源的潜在节省。

具体就商事调解而言，其比较突出的程序优势体现在如下几方面：

一、降低争议解决成本

由于调解并不注重是非的判断而侧重于当事人的和解，妥协、折中等

---

① Astor. H. and Chinkin. C. , Dispute Resolution in Australia, Butterworths, Australia, 1992, at 41-53.

办法无不用其所能，一个典型的国际商事争议如果通过仲裁解决平均耗时往往在两年以上，而选择调解的话，一般用时仅 1～3 天，时间及金钱的消耗都将大大降低。① 英国大法官 Michael Kerr 爵士说：

> ……调解解决争议不是简单地来一个黑与白分明，这里面没有明确的胜诉者或败诉者，因为没有时间去审查谁在法律上是'对的'，谁在法律上是'不对的'。用法律程序去对复杂的商事争议进行全面彻底的分析然后解决其争议，需要时间，花费这种时间是不值得的，除非在特殊案件的情况下。成功的调解还意味着，双方（不是一方或者没有一方）出来的时候，常常都有某种程度的满意。②

英国的争议解决中心（以下简称为 CEDR）处理过的一个商事争议非常有力地证实了调解的这一优势。其案情以及处理简要陈述如下：③

> 一家斯堪的纳维亚供货商向一家亚洲木质纸浆生产商提供传送带、切割和加工设备。在供货后不到一年，生产商即向供货商提出了损害赔偿的请求，称由于机器故障毁损木材而给其造成了 3 800 万美元的损失；供货商则称生产商没有就正确操纵机器对其工人进行培训，而且也未按产品说明书对机器进行操作，还因使用了生产地而非供货商的零件违反了有关保证条款。双方协商未果，生产商的工厂也关闭等待设备的修理。在双方当事人之间的合同里有一条简单的争议处理条款，即规定争议在伦敦仲裁。双方当事人对将争议交付仲裁的成本做了一个估算，结论是如果提交仲裁，那么需要一到两年的时间并各自花费一百万英镑才能获得裁决。于是他们选择了 CEDR 的调解，最后只花了三天的时间和很少的费用解决了争议，并且还附带就具体的设备维修及培训等事宜达成了协议。

---

① *See* Eileen Carroll and Karl Mackie, International Mediation-The Art of Business Diplomacy, Kluwer Law International, 2000, at 13.

② The Rt. Hon. Sir Michael Kerr, *Reflections on 50 Years' Involvement in Dispute Resolution*, 64 Arbitration, 1998, at 175.

③ *See* Eileen Carroll and Karl Mackie, International Mediation-The Art of Business Diplomacy, Kluwer Law International, 2000, at 13.

二、维系当事人之间的商业关系

商业关系在争议解决后还能继续维系，这对于有着长期交易关系的当事人来说是特别希望的。诉讼和仲裁由于建立在对是非对错的严格界定上，因而在争议解决过程中当事人的互相质证和争辩是必需的，当事人为了获得对自己有利的争议处理结果都尽力指责对方而减轻或免除自己的责任，这可能使冲突扩大并同时在当事人之间种下嫌隙的种子而无法继续维持他们之间的商业关系。在这些程序中如果有协商的话，也是处于法庭或仲裁庭的压力之下。相反，调解能提供一种公开的、灵活的谈判协商形式，它侧重的是商业的情势、目标及机会而不太纠缠于法律的权利、证据等问题，并且调解还能通过创造良好的氛围和提供有效的对话途径使得各种不同的观点得以合法化。既然在调解中双方都避免了非对即错的尴尬处境，当事人达成合意的积极性就被调动了起来，他们也能愉快地继续进行商业往来。英国 CEDR 处理的另一个案例中，调解的这一优点得到生动的体现。有关案情和处理简介如下：①

一家主要的电信设备供应商与他的中东分销商之间产生了争议，分销商称由于运来的产品未能达标而导致产品存在缺陷使其产品促销计划从一开始就出了问题，这使得分销商在其所在国的信誉受到了损害，为此要求供应商进行赔偿。供应商称它可以在产品品质保证程序之下处理所有的缺陷但是拒绝支付任何额外的信誉损害赔偿金。该分销商是供货方货物进入该国市场的唯一渠道，在发生此争议时适逢供货方准备向市场投放一新产品，由于分销商坚持如果得不到赔偿他就拒绝再进货，这使所有产品的销售被阻滞。但是就供应商而言，如果他向分销商支付赔偿金就会违反其核心保证政策。最后，在为期两天的由双方的律师和高级经理参加的调解程序中，双方一致同意由供货方支付一定数额的金钱作为新产品投放市场所需的财政预算而不是作为对分销商的赔偿。双方的商业关系重新开始，分销商也在其所在国销售供货商的新产品。

可见，成功的调解带给当事人的不仅是争议圆满解决的结果，它还能

---

① *See* Eileen Carroll and Karl Mackie, International Mediation-The Art of Business Diplomacy, Kluwer Law International, 2000, at 12.

弥合当事人之间因争议而出现的裂痕，这应该是一种争议解决的最高境界
了。

三、具有很强的适应性

调解在程序上并无一定之规，它可以使自己适应每一个特定的争议因
而具有很强的适应性。① 这种适应性体现在调解方式的灵活多样上。通
常，调解中心的调解规则并没有法律约束力，当事人可以约定采用它并可
以对其作出减损，也可以不采用它而自己约定调解的有关程序问题。因
此，调解也可以说是个案的处理，可以根据不同情况实行不同的调解程
序，很难说在调解上有什么固定的模式存在，这往往使得调解的成功几率
很高。相形之下，诉讼和仲裁的程式化程度比较高，尤其是诉讼，特别强
调以程序公正来保障实体的公正，适应性受到极大的局限甚至是排斥。

通过对中国国际商会调解中心处理过的两个案例可以体会到调解在解
决争议时的灵活性。②

　　案例一：合资甲方与合资乙方并未签订调解协议，而甲方希望通
过调解解决双方之间的纠纷，因此请求调解中心出面调解双方之间的
合资纠纷。于是，调解中心人员陪同申请方在仲裁员名册之外指定的
一名调解员前往乙方所在地进行调解。在调解员的帮助下，甲方和乙
方首先签订了将争议提交调解中心调解的调解协议，随后，乙方指定
了一名调解员，并由双方分别指定的调解员在当地共同对案件进行调
解，经过调解员的协调，双方当事人互谅互让，当天就签订了和解协
议。

　　案例二：一外国企业，依据合资合同中的仲裁条款，将其与合资
中方之间的合资纠纷提交中国国际经济贸易仲裁委员会仲裁，同时依
法经仲裁委员会向相关法院转申请了保全措施，仲裁委员会依据仲裁
法和仲裁规则的规定发出了仲裁通知等仲裁文件。但申请人的真实愿
望还是希望能与对方协商，力争更加妥善地解决合资纠纷，只是申请

---

① Christian Bühring-Uhle, Arbitration and Mediation in International Business:
Designing Procedures for Effective Conflict Management, Kluwer Law International, 1996, at
337.

② 参见魏庆阳：《中国国际商会调解中心的专业调解》，载《中国对外贸易》
2001 年第 5 期，第 38 页。

人存有不少顾虑，于是又向调解中心表达了希望由调解中心出面调解的愿望。由于双方之间并未签订调解协议，为了尊重当事人的调解意愿，调解中心在仲裁委员会向被申请人发出仲裁通知之后，仍将申请人希望由调解中心进行调解的愿望转告给被申请人，征求被申请人是否同意由调解中心进行调解的意见。如果被申请人不同意调解，申请人在仲裁委员会申请启动了的仲裁程序不受影响，继续进行；如果被申请人同意调解，双方当事人可以共同向仲裁委员会申请仲裁程序中止进行，案件交由调解中心主持调解，在调解未获成功或无法继续的情况下，任何一方均可以提出终止调解，并通知仲裁委员会恢复仲裁程序；如果双方达成了调解协议，在调解中心制作调解书之后，双方当事人可以请求仲裁委员会组成仲裁庭，依据调解协议内容作出裁决，亦可以由申请人申请撤销仲裁案件。最终，案件通过调解解决。

在上述例子中，调解程序的启动方式各不相同，或直接申请调解，或在仲裁程序开始之后再申请调解，这完全视情况而定。而且，为协助当事人确定自己的真正利益所在，并了解自身在争议中所处的地位，并弥合当事人之间的分歧，促成和解，调解员可以采用其认为合适的方式进行调解。调解可以书面进行，也可以由调解员召集各方到场进行，甚至调解员还可以主动到当事人所在地去进行调解。在一定地点进行的调解，调解员可以采用面对面方式或背对背方式进行调解，也可将两种方式并举，不一而足，一切还是取决于具体情况。

四、保全当事人的商业信誉

诉讼一般是公开进行的，而且由于诉讼和仲裁都要分清对错因而具有某种对抗性，这会使被宣布为有过错的当事人的声望受到损害，调解的情形则正好相反。就上述英国的 CEDR 调解的后一个案例而言，分销商由于对方向自己支付了一笔用做促销的款项而认为自己是有理的，另一方面，供应商也避免了对其标准保证体系的明显破坏，这会对其他分销商将来关于类似问题的态度产生影响。加之调解的非公开性，使得双方的声誉在这场争议解决中都没有受到损害，这一点应该也是商人们所特别看重的。

五、为当事人提供一揽子解决问题的机会

在商事案件的诉讼或仲裁中，法院或仲裁机构受理案件受管辖范围的

限制，法院以地域管辖或级别管辖为基础，不同的诉讼标的作为不同的案件处理；仲裁的管辖以合同关系为基础，不同的法律关系在不同的案件中进行审理；超时的反诉或反请求如果已影响到本诉程序的进行，通常也要另案予以审理。因此，在实践中可能会出现这样的情况，甲公司以乙公司为被申请人提起一个仲裁案件，而乙公司以同一合同或另一合同为依据，作为申请人以甲公司为被申请人提起另一个仲裁案件，两个仲裁案件分别由不同的仲裁庭进行审理，不仅人财物力要加倍投入，而且对事实和法律问题的分别认定，导致结果的无法预见。或者，合同甲方以乙方为被申请人向仲裁机构提起仲裁之后，乙方又以双方之间的另一种合同关系，甚至是同一合同关系到法院提起以甲方为被告的诉讼，随后，牵扯精力的管辖问题，还有不同的审理活动，这必然导致额外的损耗，甚至导致局面处于双方均失控的状态，使分歧和矛盾日益加深。这种情况下选择调解尤其是机构调解的办法，能把损失减少到最小的范围内。如果将涉及多方面管辖的各有关争议一并提交专业调解，双方在程序问题，包括管辖权问题、时效问题以及主体资格问题上的障碍都得以跨越，在调解员的帮助下，可以直奔解决争议的主题，如果牵涉的关系方较多，有关方面同样可以参加到调解活动中来，不受诉讼活动或仲裁活动中参加人的限制。如此，通盘的考虑使争议事实易于明晰，矛盾易于澄清，在此基础上，便于争议各方的互谅互让而促使争议得到很好的解决。①

六、彻底和根本地解决争议

由于在调解中当事人的自主性得以最大限度的发挥，虽有第三方的介入，但是他不能将其意见强加给当事人，争议的解决始终掌握在当事人手中。这也就是说，通过调解便于寻找到各方在权衡利益中的合意，并由当事人自行控制结果。在调解过程中，争议各方可以纳入考虑的因素较多，如当事人可以考虑双方继续合作的愿望，考虑能否在新的业务往来中就已有的损失进行相互补偿，甚至考虑双方现有或将具备的能力，在补偿的方式上作相应的安排，还可以将各方涉及的不愿在审理机构面前表露的考虑在他们之间进行交流。那种在诉讼或仲裁中当事人可以自由处分的利益因法律的生硬规定而造成的被动局面，在调解程序中经双方合意均可以化解。

---

① 参见魏庆阳：《中国国际商会调解中心的专业调解》，载《中国对外贸易》2001 年第 4 期，第 29 页。

　　实践的经验也表明，就商事领域的争议而言，由当事人自己解决是最合适的，因为自己的权利只有在自己进行处分时才能达到最充分的程度。诉讼或仲裁毕竟是"他人裁断"的解决争议方式，一旦进入诉讼或仲裁程序，就意味着当事人将争议完全交了出去而丧失了对争议的控制权。相比较而言，当事人能够控制争议解决权的调解就应该是一个优先的选择。在调解不可能的情况下，再选择诉讼和仲裁是比较妥当的。

　　因此，建立在双方完全合意基础之上的并就争议的方方面面都作出安排的和解协议，比起由法官或仲裁员依抽象的法律观点作出的判决或裁决更能反映当事人的眼前利益、商业需求及长远利益，因而调解中往往不会拘泥于争议本身，与之有关的所有事项都可以谈判协商，调解对当事人之间争议的解决也就是彻底的和全面的，从而使争议解决获得"双赢"的效果。在前述英国 CEDR 的前一个调解案例中，当事人之间的争议点是产品的质量，但设备操作的培训以及损坏的设备的维修跟争议的解决也是有关系的，通过调解最终不仅解决了当事人之间关于产品质量的争议，还就双方进一步的合作即设备操作人员的培训和设备维修等问题一并达成了协议，争议得以根本解决而不会留下后患。如果当事人选择诉讼或是仲裁，无论是法庭还是仲裁庭都只会就本案涉及的产品质量争议作出裁决而不涉及其他。

　　当然，调解所具有的上述几个方面的优势，都有一个预设的前提，即调解获得了成功。其实，调解即使是在未就争议解决达成合意的情形下仍然具备一定的价值。通过调解，当事人也许已就一些法律或事实问题达成一致或部分一致，这会使得其后的诉讼或仲裁程序更有效率。而且，在友好协商的调解的氛围下，当事人易于消除敌对的情绪而认为接下来的诉讼或仲裁仅仅只是将争议交付第三方裁决而已。在这个意义上不成功的调解也是有益的。

　　正是因为诉讼和仲裁在处理商事争议中的局限性彰显了调解所具备的程序比较优势，从而迎合了社会在争议解决上的客观要求，使调解在商事争议的解决中异军突起。

第二节　社会主体对调解的主观认同

　　"任何社会中，对因个人争端而引起的冲突存在着不同的解决途径。诉讼仅是由避免冲突到暴力等诸多可能性的其中一种选择。解决争端方法的多样性，以及任何文化中存在的对这些方法的社会性选择，显示出有关社会中人们的理想、对自身的认识以及人际关系的特质。它们表明，人们是希望避免冲突抑或鼓励冲突，是压制问题抑或友好解决问题。在解决争端的过程中，该社会中最基本的社会价值便体现出来。"① 这一段文字所表达的核心思想是每个社会都有为解决争议而建立的各项制度，其性质、结构和运作都是对该社会的文化、哲学、世界观的一种反映，亦即反映出社会主体对争议解决方式在主观上的认识。

一、以中国为代表的东方社会的视角

在中国以及其他东方国家，调解的实践可谓源远流长。尽管古代中国调解的范围仅限于民事案件和轻微刑事案件，古代中国的法律条文也极少提及调解，但事实上，调解构成了传统中国法律生活中最常用、最主要的内容之一。更重要的是，它是古代中国最具有文化代表性和最富于文化韵味的司法形式，其内涵之丰富与深邃远非其他司法形式可比；同样重要的是，调解乃是中华民族亘贯古今、最具生命力，也最为世界所瞩目的法律传统。调解如此普遍而深入地发展下去而得到社会主体从心理上的普遍认同，并踏入雅俗与共的文化主流之列，是与特定的法观念、法文化息息相关的。②

对中国来说，一方面，社会主体对调解的推崇可以说与中国古代法文化中的法观念有着必然的内在联系。中国古代法更多具有暴力的色彩，而且，作为一种秩序的象征，它的适用范围实际上非常有限，只关涉到社会秩序的一个基本方面，即社会治安，超出这个领域，它的作用就很小了。数千年间，在古代中国，只是附有刑罚的规范才叫做法，才被收入法典，中国古代法是以刑罚为特征的。中国最早和最著名的成文法是战国时期李悝制定的《法经》。中国法后来的发展，一直到清末以前的所有法律，都与这部《法经》有或深或浅，或直接或间接的渊源。《法经》与后来历代法典实际有着一种内在的联系。《法经》共分六篇，分别是《盗》、《贼》、《网》、《捕》、《杂》、《具》。由于其指导思想是"以为王者之政莫急于盗贼"，所以很自然地将《盗》、《贼》两篇列于律首。中国史书上

---

① Jerold S. Auerbach, Justice Without Law? Oxford University Press, 1983, at 3-4. 转引自陈弘毅：《调解、诉讼与公正——对现代自由社会和儒家传统的反思》，载《现代法学》2001 年第 3 期，第 3 页。

② 参见胡旭晟、夏新华：《中国调解传统研究——一种文化的透视》，载《河南省政法管理干部学院学报》2000 年第 4 期，第 20 页。

说，《法经》六篇"皆罪名之制也"。当然，《法经》是早期法律，本身就很简单，涉及面相对狭小。虽说其后各朝各代的法律所涉及的内容大大超过《法经》，例如隋唐以后，光是正式的"律"的篇幅就大大增加了，但是，法律依然是刑律而具有浓厚的暴力色彩。《唐律》十二篇，其中有些是关于户籍、财产、契约、婚姻等方面的规定，涉及我们今天通常所说的"民事关系"，可是另一方面，《唐律》又确实是一部刑法典，违反《唐律》而不受刑罚的规定大概是没有的。古代中国人用以调整"民事关系"的法律，是刑法而非民法，因为在他们看来，法只能有一种，那就是以暴力、刑杀为标志的强制手段。关于法的这种观念早在秦始皇统一中国之前的春秋战国时代就已经形成了，只是这个法的基本观念并非古代圣贤们论争的结果，而是他们辩论的前提。中国历史上有很著名的儒法之争，儒家虽系法家的坚决反对者，但它与法家的分歧只是"法律"在治国中的具体位置和作用大小，即两家之争仅在于"任德"还是"任法"的问题，但他们关于法律内涵和本质的基本理解则是始终相通的，即法就是以刑为核心，旨在令行禁止的强暴手段。法家固然极力主张要充分运用这种手段，而儒家所反对的，也不过是无节制地滥用这种手段罢了。从《法经》到《大清律例》，二千余年之中国古代法，毫无例外都是刑法典。即便是最为出世的道家，他们在描述法律时，也无不是使用"赏罚"、"盗贼"、"治之末"、"窃"、"诛"一类的字眼，从而显露出法即为刑的基本理念。《说文解字》称"法者，刑也"，可谓道出了中华民族在古代社会对法的一种共识。可见，法以刑为核心，乃是中国传统法观念一以贯之的特征。这种法观念流传于民间，成为中国老百姓世代不变的心态，人们从心理情感上厌弃和拒斥法律、并进而厌讼也就势不可免。因此，一旦发生争议，人们对争议解决方式的首选自然就是调解了。

　　另一方面，调解通常被认为是以中国为代表的东方社会儒家文化的产物和象征。囿于中国古代的法观念，儒家力主"礼治"，这实际上是从人心入手，强调教的作用。在他们看来，法的作用只能是杀人、刑人，这种办法固然可以收到威吓之效，却不能从根本上解决问题。老百姓可能慑于强力，表面上顺从，心里却继续转看邪恶的念头，千方百计逃避刑罚，背地里做坏事。相反，如果通过教化使老百姓"知于情，明于礼"，把外在的规范化为内在的习惯，就可以使人人都"知礼"，"守礼"，从心底里断绝不好的念头，所谓"道之以政，齐之以刑，民免而无耻；道之以德，齐之以礼，有耻且格。"（《论语》为政篇）这样的社会，即便没有法律，也会秩序井然，这在儒家看来，便是"天下大治"的佳境。所以，儒家的最终理想，就是"必也使无讼乎"，即实现"无讼"的社会，就是要使刑罚（法）成为无用之物，没有法律的社会才是最理想的社会。然而，实践中，大多数人并不都是圣人，因此纠纷仍然不断。儒家思想往往就要求用劝说、教育的方法使当事人对自己原来的主张予以反思，以帮助他们自行和解，并因此放弃诉讼，所谓"礼之用，和为贵"，和睦无争即为"合礼"，而告状打官司则为"失礼"，这种方法就是中国人说的"劝讼"与"息讼"，其最终目的是使当事人相互和解，因而个人间的和睦以及社会的团结得以恢复至冲突发生以前的状况。"无讼"不仅是官僚们的价值取向，也对民众产生了广泛的影响，儒家"和为贵"等礼教规范，深深烙印在古代中国人的脑际。中国古代的调解制度达到了相当完备的程度是世界所仅有的。① 另一方面，前述儒家"重德轻刑"、"重教化"、"和为贵"以及由其衍化出来的"中庸"之道等思想又为调解提供了直接的依据和原则。也因此，调解制度的盛行，也发展了礼法结合的法文化，减少了民间的讼累，有助于形成良好的社会风气。

正是中国古代的法的观念、儒家思想直接影响下所形成的法文化共同营造了传统中国社会主体对于调解高度认同的文化氛围，藉由文化所具有的传承性，在中国经历了近代以及由近代而现代的发展之后，调解仍然为现今的社会主体所推崇，并且影响甚至决定了中国现代争议解决机制的样式。今天的中国在民事诉讼法中规定了"着重调解"的原则，通过国家有关法律不断规范和完善的人民调解制度，中国国际商会积极推广调解解决国际商事争议的实践等，都反映了调解在中国具有深厚的社会心理积淀。

二、西方社会的视角

西方社会历来强调规则之治即法治。在典型的法治模式中，调解这种非正式的社会调整机制在法律体系中是没有正当性的，社会舆论也视之为非正当的、规避法律的、非正义的自力救济方式。但是，现代西方社会也逐渐认识到：

首先，以国家司法权统辖争议解决未必就是法治社会在争议解决机制上的唯一选择，这实际上反映了当代西方国家关于公民的利用司法

---

① 参见张晋藩：《中华法制文明的演进》，中国政法大学出版社 1999 年版，第 9 页。

(access to justice)① 权利上时代思潮的变化。利用司法经历了三次浪潮，在第三次浪潮中所确立的基本理念就是：将正义（justice）与司法（法院）区分开来，重新理解和解释正义的内涵，使公民有机会获得具体而符合实际的正义。这一理念所带来的，就是 ADR 的发展，因为仅仅就解决争议而言，当事人完全没有必要找法院，因为争议往往可以通过其他方式，例如行政的、调解的、仲裁的、自救等方式来解决。这一理念还打破了对法院在争议解决中的功能的狭隘认识，即不能把法院在解决争议中所做的贡献完全等同于根据判决来解决争议。"现代法院的功能确实已经从原先的解决纠纷日益转向通过具体的纠纷解决而建立一套旨在影响当下案件当事人和其他人的未来行为的规则……而规则之形成与个别纠纷之解决相比，前者具有巨大的正外在性；大约也正是在这个意义上，法院才更可以说是提供'公共产品'的而不是私人产品的一个机构。"② 也就是说，法院的判决为社会提供了争议解决的交易基础，而绝大多数的争议应交由当事人或其他团体组织根据这一基础、通过多种方式解决。要从理论上将法院视为争议解决者转变为将它作为一种能够间接控制争议的全部线索的复杂体。与此相适应，争取正义的问题就将从当事人将纠纷诉诸法院的问题，变为另一个问题，即在纠纷当事人所处的场合中如何给予正义。这是法院的功能在间接而小范围内发挥作用。在这个意义上，利用司法的"第三次浪潮"就是通过对"Justice"即"司法"或"正义"的全新解释，使调解等 ADR 的方式具有了更高的正当性或合法性。③

其次，在一个法治社会中，正式的国家法律体系和非正式的社会调整机制是可能并行不悖、协调互动的。正式的和非正式的方法都存在长处和短处，正式的法律制度不可能是完美无缺的，非正式的机制也有可能产生偏袒和不平等的结果。所以，并不存在一条唯一正确的道路，减少错误和资源浪费的良策就是避免极端和走多元化的道路，适当的中庸调和与妥协

---

① "access to justice"亦被译为"接近正义"，这一口号是针对如何保障公民利用司法和法院的权利而提出的。在现代国家中，争议解决方式的选择，涉及公共资源的配置以及公民利用司法的权利问题，具有宪法上的意义。

② 苏力：《农村基层法院的纠纷解决与规则之治》，载《北大法律评论》第 2 卷第 1 辑，法律出版社 1999 年版，第 80～81 页。

③ 参见范愉：《浅谈当代"非诉讼纠纷解决"的发展及其趋势》，载《比较法研究》2003 年第 4 期，第 34～35 页。

可能比彻底的但无法实现的理想的应然模式更具合理性。①

再次，在西方制约商业关系的也决不仅仅是法治，关系在商人们的交易过程中一直占有重要的地位，即使是在一向标榜具有法律传统的美国，关系网在社会各界都起着重要作用。在有着长久业务联系的企业之间，除了正式的法律合同关系之外，还存在着大量的非合同关系。在它们之间发生合同纠纷时很少诉诸法律，因为他们都明白保持他们之间长期建立起来的信任与合作，比一场官司的胜负重要得多。② 美国法学家朗·富勒（Lon Fuller）对调解的描述精妙地掌握了调解带给人的转化：

> 调解的核心特征，是能使当事人双方彼此调整其取向，不是通过法规迫使他们这样做，而是帮助他们对彼此的关系产生新的、共同的认识，致使他们改变彼此间的态度与取向。……调解者的恰当功能，不是引导当事人接受一些正式规范去支配他们将来的关系，而是帮助他们去接受一种相互尊重、信任和理解的关系……这反映了调解过程与法律的一般程序之间的某种对立，因为法律概念的要旨就是规范的概念。③

最后，站在经济分析的立场，"诉讼具有负价值，这一点隐含于下述前提中，即错误成本与直接成本大于程序利益。尽管个别的原告能够获得损害赔偿和其他救济，从而从诉讼中受益，但全面地看，诉讼纯粹是一种损失。因此，从社会的立场或从潜在的原告和被告的立场来看，应避免打官司。"④ 如此，当代西方国家在以调解为代表的 ADR 的发展进程中，以当事人自身的利益和理性抉择为出发点，注重成本—效益分析的思维方式，不仅被推崇为当事人个人选择争议解决方式时应该遵循的基本理性，

① 参见范愉：《非诉讼纠纷解决机制研究》，中国人民大学出版社 2000 年版，第 331～333 页。

② 参见朱景文：《法治和关系：是对立还是包容？——从韦伯的经济与法律之间关系的理论说起》，载《环球法律评论》2003 年春季号，第 75 页。

③ Lon L. Fuller, Mediation—Its Forms and Function, Duke University Press, 1981, at 12.

④ ［美］迈克尔·D·贝勒斯：《法律的原则——一个规范的分析》，张文显译，中国大百科全书出版社 1996 年版，第 37 页。

也是整个社会在进行司法和社会资源配置时所追求的最基本的价值取向。①

因此，多元化争议解决机制并存的理念、法治与关系相互包容的思想以及成本效益观共同构成了现代西方社会占主导性的时代思潮，使得社会主体对调解有了主观上的认同。1982 年，首席大法官 Warren Burger 在其关于美国司法机关现状的报告中，就呼吁法律界实现其"作为人冲突的治疗者的传统历史上责任"，并力促美国律师协会把 ADR 予以推广。

总而言之，商事调解在现代社会的兴起首先是由于调解自身在商事争议解决中具有较之于诉讼与仲裁的程序优势，因而采用它既能缓解法院在解决争议方面的压力，而又能克服诉讼审判甚至仲裁的弊端，高质量地解决争议，迎合了社会的客观需求。其次，在东方社会由于法的传统观念、儒家思想等传统文化的影响，在西方社会则由于注重效益、关系等时代思潮的影响，使得社会主体对调解存在着强烈的主观诉求。正是在上述主客观两个方面的综合作用下，商事调解在现代社会必然兴起。国际上有关调解的立法和实践蓬勃发展的现状便是这种必然性的客观体现。

为此，美国哈佛大学校长 Derek Bok 教授在批评了美国法学院训练学生应付的是"冲突而非和解、包容等较温驯的技巧"之后，他预计道："到了下一代，社会给我们的机会将在于利用人的合作和折中的意愿，而不是煽动角逐和对抗。如果律师们不能领导人们进行合作，并设计出有助于合作的机制的话，他们就不会居于我们时代的最富创造性的社会实验的中心位置。"②

---

① 参见范愉：《非诉讼纠纷解决机制研究》，中国人民大学出版社 2000 年版，第 302 页。

② Derek Bok, *A Flawed System of Law and Practice Training*, Journal of Legal Education, vol. 33, No. 2, 1983, at 582-583.

第四章　国际商事调解的基本原则和程序保障

第一节　调解的基本原则

在一般的意义上，基本原则是指的那些贯穿始终的、并能反映适用对象的客观需要及其规律的准则。无论中外有关著述和立法中是否明确使用基本原则这个术语，事实上，在调解中具有根本性指导意义的准则是客观存在的，调解的立法与实践都必须遵循这些原则，否则，调解就很容易失去行动指南，而失去其在争议解决上的优势甚至是正当性。

在国内的层面上，普遍地认为"查明事实、分清是非"是调解的一个基本原则。我国民事诉讼法明确规定"查明事实、分清是非"是与"自愿"、"合法"相并列的调解的三个原则之一；《中国国际贸易促进委员会/中国国际商会调解规则（2000）》第5条也规定："调解应在确定事实、分清是非和责任的基础上进行"；中国国际商会调解员办案守则也要求"调解员应当以事实为依据，以法律为准绳，在查清事实、分清是非责任的前提下，独立、公正地调解案件。"①

"查明事实、分清是非"无疑是法院判决或仲裁庭裁决的前提，因为在这两种争议解决方式中，最终的决定是由当事人以外的第三方以具有强制性的判决或裁决的形式作出的，它当然必须取决于事实、法律和证据，即第三方必须在查明争议事实和当事人责任的基础上作出争议解决的决定。但是，由于调解的本质特征表现为当事人双方的合意，根据处分原

---

① 不过，在《中国国际贸易促进委员会/中国国际商会调解规则调解规则（2005）》第5条中，已经将2000年规则第5条的规定替换为这样的表述："调解应根据合同的规定，依照法律，参照国际惯例，根据客观、公正和公平合理的原则进行，以促进当事人互谅互让，达成和解。"规则的变化反映了中国国际商会对于调解特质的更为客观的把握，只是由于公平、公正仍然是一些在含义上存有变量，因而具有认识上的分歧的术语，在把它们作为调解的原则时还有赖于对其含义所为的更为接近事实的界定。

则，双方当事人有权处分自己的民事权利，在此基础上双方通过协商、对话就实体权利义务关系达成协议，即可解决争议。由于在调解中是通过当事人合意而非调解员对案件作出决定，查明事实、分清是非并非绝对的，因此，案件的事实不必等到百分之百清楚，证据也不必等到百分之百得到确定，两者只要达到百分之七八十的程度，调解员就可以进行有效的调解并取得调解的成功。① 换言之，即使案件事实没有完全查清，只要双方当事人在处分原则的基础上能够达成协议，合意就应当成立。"查明事实、分清是非"如果被提升至基本原则的高度，实际上背离了调解之真义。因为若要"查明事实"，则须进行严格调查，从而耗时、耗资、牺牲调解的程序利益，更何况当事人对于那些不清楚之事实并不一定存有争议。调解之核心在于当事人双方合意，调解人之作用仅在为双方沟通信息，增加对话的可能性，而非查明事实真相。"分清是非"则要求调解人作出主观上的判断，这也就难免其让自己的意志强加于双方当事人而使调解受到非议。"查明事实、分清是非"不仅没有反映合意解决争议的本质特征及其客观要求，相反却与这种争议解决机制有不协调之处。因此，将之作为调解的原则是不恰当的。当然，不作为基本原则，并不是说调解可以完全不顾案件的事实情况以及各方当事人的责任情况，这些可以也往往是当事人最终合意的基础，只是完全弄清楚它们并不是调解中必须要达到的要求。

调解中最为重要的原则有三：一为当事人意思自治原则；二为合法性和合理性相协调的原则；三为独立公正的原则。就独立公正原则而言，主要是针对调解人的，实际上涉及调解人在调解中的中立性问题，故将与此原则相关的内容放到调解人的权责问题中加以阐释。

一、当事人意思自治原则

意思自治作为民商法的基本原理，其含义是个人得依其意思形成私法上的权利义务关系，从民商法的整体而言，意思自治包括所有权自由、契约自由、婚姻自由、遗嘱自由等。② 而从民商事法律关系的形成到实现过程来看，意思自治应该具有如下几层含义：第一，法律主体有权决定是否创制某种民商事法律关系；第二，法律主体有权决定和其形成民商事法律关系的相对人；第三，法律主体有权决定民商事法律关系的内容；第四，

---

① 参见唐厚志：《中国的调解》，载《中国对外贸易》2001 年第 2 期，第 46 ~ 47 页。

② 梁慧星：《民法总论》，法律出版社 1996 年版，第 33 页。

法律主体有权决定缔结民商事法律关系的方式；第五，法律主体有权决定民商事法律关系的实现方式；第六，民商事法律关系的实现遇有障碍时，法律主体有权决定民商事争议解决途径或程序。可见，意思自治的应有之意是实体自治和程序自治，意思自治也应是民事程序法的法律基础。民事程序自治的含义包括：第一，当事人有权选择解决争议的程序类别，控制某种程序的启动，此即程序启动自治；第二；当事人有权决定程序的过程，控制程序的运行，此即程序过程自治；第三，当事人可以预见或控制程序运行终点的争议处理结果。

在具体的争议解决过程中，调解应把当事人的意思自治即处分权视为最重要的基本价值，尽可能尊重当事人的自治和合意。当事人的处分权既是调解的生命，也是其内在的制约机制。这也是调解区别于正式的诉讼程序的特质之所在。当事人自愿达成的合意和自律能够有效地保证协议的履行，这是调解的解决结果比法院判决更易于履行的原因所在。对当事人在争议解决过程中自治和处分权的高度尊重，本身就是对调解的运作进行规范和制约的最佳方式，调解的程序保证的关键就在于如何切实实现当事人的自治。因此，一般而言，调解程序在规则运用、利益平衡和运作程序方面，都应具有较诉讼程序更为广泛的自治空间，应实行更为彻底的当事人主义，当事人根据自治原则积极参与争议解决过程，可以自由地提出自己的辩论、利益和要求，以及自己选择的方法。也由此，当事人的自愿成为贯穿调解过程的一个显著特征。自愿是合意形成的必然要求和前提条件，如果当事人不能自主地选择解决争议的方式以及决定协议的内容，而是不得不听命于外来的指令，那么合意就不是真正意义上的合意。当事人自愿的含义有二：首先，当事人请求调解或是最终达成的协议是完全出于当事人的真实的意思表示，而不能含有半点虚假的成分。而且，请求调解的双方当事人表现出的行为和内心的意愿是完全一致的，没有任何违背之处。至于调解的结果不符合当事人的预期目的，则这是另外一回事。其次，调解结果是当事人自愿的体现。调解结果无论是以何种形式出现，都是双方当事人建立在他们均有权利能力和行为能力的基础上的自愿，具有法律上的意义，换言之，这种自愿性意味着愿意承担调解的法律后果。这种调解结果的出现没有一方对另一方的强迫，更没有任何第三方的干涉。这里的第三方当然包括介入调解活动的调解人员。总之，从争议的双方当事人将他们之间的争议提交给无利害关系的第三方进行调解，一直到调解所最终达成和解协议无不出自双方当事人的自主的意思表示。

当事人自治可以体现在多种场合，在程序方面，例如争议解决的场所

（调解地）和日期的选择、参与人的确定、中立第三方的选择、提出请求与答辩的方式、争点形成的方式、讨论采用的方式、主张和辩论的准备，等等；在实体方面，当事人双方拥有对其主张和解决方案的最终决定权。

有关调解的立法或调解规则，往往都会开宗明义地规定或体现当事人的意思自治。例如，《联合国国际贸易法委员会国际商事调解示范法》第 1 条第 3 款在对该法使用的"调解"一词进行解释时特别指出："……调解人无权将解决争议的办法强加于当事人。"其第 6 条关于"调解的进行"规定中第 1 款就明确："各方当事人可以通过提及一套规则或者以其他方式，自行约定进行调解的方式。"而该示范法第 1 条第 6 款和第 7 款中关于"本法也适用于双方当事人约定其调解是国际调解的或者约定适用本法的商事调解"以及"双方当事人可自行约定排除适用本法"的规定，实际上是通过对法律适用的任意性的明示来体现当事人在调解中的意思自治。尤其值得一提的是，该示范法为了突出对当事人意思自治原则所给予的高度重视，还将"经由协议的变更"作为单独的一条加以规定，即第 3 条："除第 2 条和第 6 条第 3 款的规定之外，各方当事人可以约定排除或者变更本法的任何规定。"① 这一条的列人更强调了调解的整个概念依赖于各方当事人的意愿这一原则，而且将之单列为一条就可以不用在示范法的一些具体条文中进一步重复这项原则。类似的规定还可见《联合国国际贸易法委员会调解规则》第 1 条第 1 项规定，即"当事人间因合同关系或关于合同关系，或者因其他法律关系或关于其他法律关系而发生争议，为寻求友好地解决其争议，双方同意按照联合国国际贸易法委员会调解规则进行调解时，适用本规则"。又如《中国国际贸易促进委员会/中国国际商会调解规则（2005）》第 4 条"调解必须遵守当事人自愿的原则"的规定，更是对当事人意思自治加以充分的肯定。

二、合法性与合理性相协调的原则

关于调解是否应遵循合法性原则的问题是存在争议的。关于合法原则，法律的规定很抽象，按照学理解释，通常合法原则被解释为程序合法和实体合法。如果站在绝对的立场上，就调解而言，要求灵活的、方便的、快捷的调解在程序上合法是意义不大的，而且操作上也有困难。而要求双方当事人的和解协议在实体上合法，更是明显地与调解具有合意解决

---

① 该示范法第 2 条是关于本法解释所依据的原则的规定，第 6 条第 3 款的规定是要求调解人在任何情况下都应当在进行调解程序时保持对各方当事人的公平待遇。

纠纷的性质不相协调。调解解决的正当性并非来源于解决方案严格基于法律规定而形成，而是来源于当事人各方对解决方案的认同。如果在调解过程中同法院审判一样坚持同样的实体合法标准，那么在很多场合当事人恐怕无法达成协议。合意的形成过程，往往会伴随着各方当事人对自己实体权利的处分，伴随着各方在自愿的基础上作出或多或少的让步。问题的关键在于各方是否能够在自愿的基础上通过协商达成协议。可见，合法原则并没有反应调解合意解决争议的本质特征及其客观要求。不过，站在另一个角度，在现代法治社会中却也很难想象在解决民商事争议时完全不去依循一定的法律规范。我国的法院调解制度以及人民调解制度都以"合法"为基本原则，并以法律加以明确规定；《中国国际贸易促进委员会/中国国际商会调解规则（2005）》第 5 条的规定也涉及调解的合法性的要求。虽然多数国家对调解以及其他 ADR 方式一般并不作这样明确规定，但合法性实际上仍是调解的一个不言自明的前提。① 这是因为，首先，所谓"合法"应该是广义的，是社会学意义上的法，并不意味着只能严格按照法律规范的尺度进行裁量，而且包含了通行的道德规范、公序良俗、地方或团体规范及惯例等。也就是说，存在着"法律规范"之外的规范和制裁，它们在任何社会的调整中都起着很大的作用，而人们往往只是在通过"私人政府"的机制不能解决问题时才转向政府的正式法。法律官员运用政府制裁权利和程序，但只要有可能他们也运用法律之外的规范和制裁。② 这里的"合法"实际上是指不违背法律的基本原则，不违反现行实体法的强制性、禁止性规范。其次，即使法律不明确规定调解必须合法，在现代法治社会所谓自治也只能以法律规范作为基本标准。因此，在争议解决时，除非缺乏可适用的确定性规范，否则以现有法律规范作为标准是调解这种当事人自治性争议解决方式的常态。当然，就调解而言，在"法律的阴影"下是存在极大弹性的，很多因素诸如当事人之间的实力对比、争议解决的紧迫程度、个人偏好、社会环境、关系距离等可以掺杂其中发挥作用，但是这些都无形中受到法律规范所定基准的限制。直言之，虽然调解中并不去纠缠当事人的是非对错，但是对当事人的抉择产生决定性影响的仍然可能是他们自己各自的情势与相关法律规范相互对照的结

---

① 参见范愉：《非诉讼程序（ADR）教程》，中国人民大学出版社 2002 年版，第 98～99 页。
② 参见朱景文，斯图尔特·马考利：《关于比较法社会学的对话》，载《比较法研究》1998 年第 1 期，第 50 页。

果。而道德规范对当事人的影响必须通过当事人的认同才能发挥作用，实际上取决于他们的道德观念，因而相对于法律规范显得缺少确定性。①

另一方面，调解为了保持和发挥自身的价值，满足当事人在争议解决中的特殊需要，就必须区别于诉讼与判决，在合法的基础上更多地追求合乎情理。在解决民事、商事争议中，法律赋予当事人相当大的自主权，使他们在坚持自己的基本权利的同时，也可以根据实际的利益进行权衡，放弃、抵消一部分权利，或以权利换取更大的利益。例如，当事人根据对方的实际支付能力、维持今后的关系的价值、道义和精神上的平衡以及节约成本等方面的考虑，适时作出妥协。无论基于何种考虑，对于其本人而言都是合理的选择。并且，在调解过程中如果没有相应的法律规范或基本的法律框架，当事人可以通过合意形成双方都能够接受的规范或基准。在法律的基本框架中，调解应该最大限度地追求合情合理的解决。②

因此，应该把调解解决方式在争议解决过程中所适用的基准确定为"情、理、法"的协调，以符合实际地解决争议，这在实践中也是为当事人所认同的。也就是在这个意义上，与其说调解的基本原则之一是合法性原则，毋宁说是合法性与合理性相协调的原则。

不过也应看到，在合法与合理之间毕竟存在着内在的矛盾，两者并不是在任何情况下都能够达到一致的，因为过分强调依法调解经常会使调解夭折、合意流产；而强调合理，又惟恐失之随意，缺乏正当性。一般而言，调解的合法性应以不违反强制性、禁止性规范为原则，应该允许在规范适用中留有较大的裁量余地。发挥调解的和解促进功能应是其最重要的使命和价值所在，而为了避免把调解等同于诉讼和判决，不应过分强调法律规则的严格适用。当合法性实际上已是不言自明的制约条件时，即使不强调依法调解，也不会损害法治的权威，更何况在商事领域中所存在很多法律本身就具有任意适用的特性。这样做的结果有利于调动当事人和调解人的积极性和创造性，充分发挥他们的自治和自律能力。此外，在合法性的要求上，程序合法应优先于实体合法，而程序合法也主要体现在程序的平等和公平性上，这在很大程度上又取决于作为中立第三人参与到调解中的调解人的独立公正性上，这将在下面作详细的论述。因此，调解所要求

---

① 参见范愉：《非诉讼纠纷解决机制研究》，中国人民大学出版社 2000 年版，第 369 页。

② 参见范愉：《非诉讼纠纷解决机制研究》，中国人民大学出版社 2000 年版，第 370~372 页。

的程序合法是不必要求严格遵守举证、质证等规则和事实与法律的准确性
的。

第二节　调解的程序保障

调解的一个本质特性在于它的灵活性，这种灵活性在程序方面体现
为：简便和非形式化；常识性与非对抗性；不必严格遵守举证、质证等规
则；不公开和交易可能性，等等。可以说，调解在效益和结果方面的优势
很大程度上来自这种程序上的灵活性，这也就是调解的程序利益之所在。
同时，这种程序上的灵活性是受到当事人的自律和第三方的权威与公正性
的制约的，也就是说，在当事人的自律和第三方的公正不能得到充分保证
的情况下，这种灵活性就容易被恣意滥用所取代，调解也就失去了其正当
性。因此，调解的程序利益在很大程度上也是它们的致命弊病所在。因而
有必要建立一定的程序规则，为调解提供最基本的程序保障。

调解的程序保障是为了保证当事人双方能够享受平等的权利，但是又
与诉讼的程序公正存在重要的区别，主要表现在：第一，调解的程序保障
是以其程序利益为基础的，因此，这种程序的平等在于双方当事人能够平
等地享受程序的便利、低廉、迅速及其解决手段和结果的灵活性所带来的
利益，在双方都能同等获利的基础上，双方共同牺牲或放弃一定的权利并
不会导致不公平的结果。第二，相对于诉讼程序，调解或者更重视结果的
公平、双赢和利益的平衡，因此，对程序正义的要求较诉讼程序宽松，只
要双方当事人对争议解决的结果表示满意、能够接受，除非有重大的、导
致结果不公平的程序上的错误，一般对程序上的瑕疵和不严谨之处无需过
分追究，以免因小失大，失去和解的机会。第三，在法治的前提下，程序
保障对于调解来说是必不可少的，也是保证其公正性和正当性的必要条
件。通过法律规定或制度建设加强调解的程序保障，是当代法治社会在发
展调解的同时，尽可能减少和限制其固有弊端可能对法治产生的负面影响
的根本措施。然而，调解的程序保障本身，应该是与当事人的自主权和处
分权相互协调而存在的，因此是比较开放的。由此，调解的程序规则总体
上应体现的精神是：程序的重点在于切实保证双方当事人平等、自愿参加
争议解决过程和接受处理结果；中立第三方的性质、地位应加以规范；应

主要依靠当事人的自主性和处分权进行制约和监督。①

就调解的具体程序保障而言，主要涉及以下几个方面的问题：

一、关于调解当事人的行为

（一）调解当事人的含义

当事人是一个法律术语，有实体权利义务关系中的当事人，也有程序权利义务关系中的当事人。调解当事人与诉讼当事人或仲裁当事人一样属于后者。学理或立法往往都会对当事人进行解释。例如，美国统一州法全国委员会制定的《统一调解法》在其第 2 条第 5 款中将调解当事人解释为"参加到调解程序中并且其同意为解决争议所必需的人"。② 本章所指的调解当事人，主要是指商事调解案件中的当事人。在一般的意义上，所谓商事调解当事人是指与商事争议有直接利害关系并以自己的名义参加到调解程序中的自然人、法人和有关组织。事实上，商事当事人又有广狭义之分。③ 广义的商事调解当事人既包括单独的调解程序中的调解当事人，也包括诉讼程序和仲裁程序中的调解当事人。在诉讼或仲裁这两种程序中，只有在调解阶段或调解过程中，才能称之为调解当事人，而在调解阶段之外，仍是诉讼当事人或仲裁当事人，因为这种调解程序是附属于其他程序当中的，不具有独立性，调解当事人也就具有了双重性。狭义的商事调解当事人是指进入到独立调解程序中的当事人，这种调解当事人的身份和角色是自始至终的，不存在转换的问题。常常是商事活动中的当事人，调解程序中的当事人，和解协议的当事人，三位一体并且一以贯之。以下在提及调解当事人时仅指独立调解程序尤其是机构调解的调解程序中的当事人。

（二）调解当事人的权利与义务

在调解程序中当事人享有很大的自主权，他们可以约定调解规则，决定采用何种调解方式以及是否达成和解协议。

---

① 参见范愉：《非诉讼纠纷解决机制研究》，中国人民大学出版社 2000 年版，第 372～374 页。

② NCCUSL, *Uniform Mediation Act*, World Trade Arbitration Materials, vol. 14, No. 4, 2002, at 110.

③ 参见马赛：《试论商事调解当事人》，*See* http：//www.china-arbitration.com. (2003/3/8)

具体而言，商事调解当事人的权利有：① 第一，请求权。当事人之间发生争议，至少有一方要考虑寻找解决争议的途径和方式。如果当事人选择了调解这种方式，当事人即行使了自己的请求权，即总要有一方当事人来启动调解程序。《中国国际贸易促进委员会/中国国际商会调解规则(2005)》第 11 条规定："调解中心根据当事人在争议发生之前和争议发生之后达成的调解协议和任何一方、双方或多方当事人的申请受理案件。……当事人之间没有调解协议，一方当事人申请调解的，调解中心也可以受理，并征求对方当事人的意见。"第二，选择权。当事人的选择权应包括：对争议解决方式的选择；对调解规则的选择；对调解员的选择；对调解地点的选择；对调解内容的选择；对调解结果的选择；对是否在和解协议上最后签字，有选择权；对是否将和解协议的内容作成裁决书有选择权。第三，和解权。和解权应该说是当事人的一项极为重要的权利，因为和解协议的签订，可以说的最关键的一环，是否签订和解协议，意味着当事人之间的争议是否得到了解决。当事人的这种权利表现为既有同意和解的权利，也有不同意和解的权利，因为和解协议是不能勉强的。第四，退出调解程序的权利，这是调解的一个重要特征，也是调解中贯彻当事人的自愿原则的一个具体体现，调解员也必须要尊重这个原则，这与诉讼和仲裁的情况不同。

商事调解当事人所应负担的义务主要是：第一，交纳调解费。这里主要是指专门的调解机构的调解，才存在着专门收费的问题。而在诉讼和仲裁中的调解，不是独立存在的调解程序，其收费已包含在诉讼或仲裁程序中了。因为专业化的调解机构要为当事人提供服务，而这种服务不是无偿的。调解机构向当事人收取调解费，主要用于办理调解案件时所需费用以及支付调解员的报酬。一般情况下，调解机构都在其规则之后附具调解收费表，当事人应按规定交纳调解费。第二，遵守调解规则。一般情况下，调解机构都有自己的调解规则，当事人选择了某个调解机构即应遵守该机构的规则，但这也不是绝对的，当事人亦可采用其他机构的规则，或者自行订立规则。《中国国际贸易促进委员会/中国国际商会调解规则(2005)》第 12 条规定："凡当事人同意将争议提交调解中心进行调解的，均视为同意按照调解中心的调解规则进行调解。但当事人另有约定且调解中心同意的，从其约定。"第三，尊重当事人之间的约定。当事人除了遵

---

① 参见马赛：《试论商事调解当事人》，*See* http：//www.china-arbitration.com.(2003/3/8)。

守调解规则之外，也可能自行作出特殊的约定，如对调解员的要求，对调解地点的要求以及其他方面的程序约定。当事人一旦作出了这些约定，就应当自觉遵守。第四，履行调解书或和解协议。在调解成功的情况下，当事人之间要签署和解协议，或者由调解机构作出调解书。而当事人对调解书或和解协议的遵守，应是最重要的一项义务，因为它直接关系到调解结果的实现。由于当事人的自治同时也就意味着当事人的自律，因此，可以认为履约的义务是当事人自己加给自己的。从中国国际商会调解中心的实际看，调解成功后，当事人对调解书或和解协议的自动履行率已达到80％。① 这说明绝大多数当事人是能够认真履行这个义务的。

（三）调解中对当事人行为的规范

虽然调解是以当事人自治和自愿为基本原则，但是为了使调解的功能和价值得以充分实现，还是应该对当事人在调解程序中的行为作出一些规范。

在对当事人在调解过程中的行为进行一定的规范时，有以下几个方面的问题值得特别关注。

第一，关于当事人的参加。② 对此，调解程序一般采取本人参加原则。这是因为，调解解决争议的结果必须建立在当事人真实的意志之上，不能在任何一方当事人不在场的情况下作出；和解的达成通常是双方妥协让步的结果，而在作出重要让步时，行为人必须拥有真实有效的处分权；同时，当事人本人的参加也是展示和解诚意、营造和解气氛、求得相互谅解的争议解决过程的重要组成部分。因此，当事人本人参加是调解这种争议解决方式的内在的、必然的要求。在这方面，程序规则主要在于对本人参加原则作出明确规定，适应当事人的实际情况和具体要求灵活确定场所和日期等，目的是保证当事人双方都能参加。在民事诉讼通常由律师代理的西方国家（无论是法律强制规定或事实上的需要），在调解程序中一般也都要求当事人本人参加，在缺乏法律规定的情况下，则通过双方当事人的约定保证这一点，这主要是出于处分权限的考虑。而事实上有些代理律师不熟悉甚至不了解调解，他们可能会对调解的进行和当事人和解的达成构成障碍。这其中既有其自身利益的原因，也有其职业习惯和思维方式的

① 马赛：《试论商事调解当事人》，*See* http：//www.china-arbitration.com.（2003/3/8）。

② 参见范愉：《非诉讼纠纷解决机制研究》，中国人民大学出版社2000年版，第428～436页。

作用。美国仲裁协会前主席罗伯特·科尔森就认为："调解员不必一味与当事人的指定代表商谈。谈判陷入僵局，调解员可邀请别的人员商谈。例如，让律师把委托人请来，调解员或可建议召开秘密会议，律师和委托人出席。还可以由调解员直接与委托人通电话。通常这须取得律师的同意。"因此，"调解最有效的是首要决策人在谈判过程中起作用。虽然有些律师不喜欢他们的委托人参与商谈，但大多数调解员宁愿委托人在场"。① 当事人本人参加有利于达成和解。当然，如果当事人本人确无进行理性判断的能力、或双方实力差距较大的情况下则另当别论——在当事人能力明显较弱的情况下，为了避免出现重大误解和显失公平的结果，调解程序或者应该考虑让当事人请代理人，或者允许与其关系密切的亲属等参加纠纷解决过程；同时，可以要求中立第三人履行对当事人进行说明和帮助的权利和义务。

此外，诚实参加是调解程序必须进一步解决的问题。所谓诚实参加，就是要求当事人认真和诚实地参加调解的争议解决过程，对通过调解解决争议持有诚意，以免使调解的过程流于徒劳无益的形式。因而一些国家和地区的 ADR 法，都把诸如"当事人应该在调解过程中诚实地为达成和解而作出努力"之类的要求写入文本。

在商事调解中，由于调解程序是根据当事人合意而开始的，本人参加和诚实参加主要体现于和解协议达成的过程。根据实践经验，在这种调解程序中，由于当事人的参加是完全自愿的，因此到场一般也不成为问题。在美国，由于缺少有关程序规则，在实践中通常是通过当事人在程序开始前签订调解协议的方式解决的，即双方约定必须当场，否则就中止或终止调解程序或按照罚则处理。对于有诚意参加的当事人来说，一般都能够接受并遵守协议。

在调解过程中，还存在一个相关的规则，即当事人不应就调解机构正在调解的争议提起仲裁或诉讼，但为了保全他的权利而需要时除外。这种规定的实质是保证当事人的参加诚意。UNCITRAL 调解规则第 16 条及其国际商事调解示范法第 13 条都是关于"诉诸仲裁或司法程序"的规定，前者的规定是："关于调解程序标的的争议，双方当事人应保证在调解程序期间不提出任何仲裁或司法程序。只有一方当事人认为仲裁或司法程序是维护其权利所必需者，他才可以提出这种程序。"后者的规定是："当

① ［美］罗伯特·科尔森：《商事争端的调解》，黄雁明译，载《仲裁与法律通讯》1999 年第 5 期，第 42 页。

事人同意调解并明确承诺在一段特定时期内或在某一特定事件发生以前，不就现有或未来的争议提起仲裁或司法程序的，仲裁庭或法院应当承认这种承诺的效力，直至所承诺的条件实现为止，但一方当事人认为是维护其权利而需要提起的除外，提起这种程序本身并不被视为对调解协议的放弃或调解程序的终止。"在 UNCITRAL 仲裁工作组的第 34 届会议上所讨论的调解示范法草案中对此问题准备了两个案文，即"（1）对于作为调解程序标的的纠纷，当事各方在进行调解程序期间，不应启动任何仲裁或司法程序，而且法院或仲裁庭应保证这一义务的履行。但当事一方认为仲裁或司法程序是维护其权利所必需时，可以启动这种程序。启动这种程序本身不应被视为调解程序的终止。（2）如果当事各方明确承诺（在一段时间内或在某事件发生之前）对目前的或未来的纠纷不提出仲裁或司法程序，法院或仲裁庭（在商定的条件得到遵守之前）应确保该承诺的履行。"① 通过比较可以发现，示范法的正式文本是将两个备选案文加以结合，大体上是采用第二个案文，但是又结合了案文一中关于例外情况下当事人也可在同意调解之后为维护其权利又诉诸仲裁或司法程序，以及启动这种程序不视为调解程序的终止的规定。

如上这种规定实际上是通过为调解当事人设置一定的义务，以防止当事人由于无限制的意思自治而可能恣意破坏调解的声誉。此外，在美国加利福尼亚、俄勒冈以及得克萨斯州仲裁法中关于调解的规定也都有类似于UNCITRAL 调解示范法的条款，即它们都明确规定："当事人将争议提交调解解决的合意表明了这些当事人同意从调解开始到结束都搁置所有的司法或仲裁程序。"《百慕大国际调解与仲裁法》中也有关于此问题的类似规定。② 不过需要指出的是，在 UNCITRAL 调解示范法中对因调解而搁置诉讼与仲裁程序的规定所采用的并非"应该"或类似的措词，而是使用当事人"明确承诺"的表述给这种搁置加上了一个前提条件，这种审慎的态度传达了对调解中当事人的一些行为的规范是在最低限度的意义上来进行的意思，以免构成对当事人自治的反动，甚至出现限制当事人诉权的嫌疑。

第二，关于当事人退出调解程序的问题。已如前述，调解过程中当事

---

① 唐厚志：《中国派代表团出席联合国国际贸易法委员会仲裁工作组第 34 届会议》，载《中国对外贸易》2001 年第 4 期，第 38 页。

② *See* Pieter Sanders, The Work of UNCITRAL on Arbitration and Conciliation, Kluwer Law International, 2001, at 78-79.

人可以任意退出调解程序，这是调解中当事人意思自治的体现。根据现有关于调解的法规，当事人的退出一般有两种情况：① 一是各方当事人向调解员声明终止调解程序；二是一方当事人向对方或其他各方当事人、已指定调解员的并向调解员声明终止调解程序。由此，调解当事人可以共同退出调解程序，也可以单方面退出调解程序。在后一种情形下当事人甚至可以早至就调解员作出指定之前就退出调解程序，亦即调解在实际开始之前就可以由于一方当事人的退出而终止了。

　　对此问题如果从自治也意味着自律的角度来看，可以认为既然当事人达成了将争议交付调解的合意，那么他们就有义务去开始调解程序。因此，对于当事人的退出还是应该有一定的规则，即一方当事人只有在与另一方当事人共同指定了调解员并至少与调解员开了一次会议之后才能退出调解程序，即当事人必须要为调解付出过实际的行动。②

　　第三，关于当事人的代理人的和解权限问题。如前所述，调解程序原则上要求当事人本人（包括其法定代理人）参加，然而在某些情况下，当事人本人的参加确有困难，如大企业的法定代表人或本人能力明显较弱的情况等；而且，有时当事人本人参加也未必有利于争议的解决，例如，感情冲动导致的不客观和敌意，缺乏谈判经验而导致的不利后果，等等。因此，近年来的调解实践中，在特定情况下，允许当事人委托拥有和解权限的代理人参加调解程序。

　　调解中是否可以允许代理人参加，主要取决于调解的具体形式和当事人的能力，在一般的"合意促进型调解"中，主要依靠当事人双方共同积极探索和解之路，因此当事人本人参加是实现这一目的的途径，也是必须切实保证的。而另一方面，在"评价型"或"审判式"调解中，因为律师的专业知识和技巧在主张的提出、争点的归纳、质证及交涉等各个环节中都关系重大，可以允许律师作为代理人参加，但律师必须及时把争议解决过程中的信息、和解的机会及条件等向委托人作出通报，并且在需要作出和解决策时，不能以无此权限为借口而拒绝或推脱责任。此外，在当事人本人因各种原因无法亲自参加调解程序或无法作出决定的情况下，可

---

　　① 例见 UNCITRAL 调解规则第 15 条第 3、4 款及其调解示范法第 11 条第 3、4 款的规定；此外，在美国加利福尼亚、俄勒冈以及得克萨斯州仲裁法，还有《百慕大国际调解与仲裁法》中都有与 UNCITRAL 调解示范法相类似的规定。

　　② See Pieter Sanders, The Work of UNCITRAL on Arbitration and Conciliation, Kluwer Law International, 2001, at 73.

以在代表人确有和解权限的前提下允许代理人参加调解程序，亦即若不能把委托人请到谈判桌，他们的代表至少拥有让步及和解的全权。例如，英国 CEDR 的示范调解程序中要求各方当事人应在他们达成的同意调解的协议中写明各方的首席代表，并要求当事人的代表具有解决争议的必要的权限。① UNCITRAL 的调解规则第 6 条规定："双方当事人可由他们选择的人来代表或协助。这些人的姓名和地址应以书面通知他方当事人和调解人。该通知应说明，这项任命是为了担任代表还是为了提供协助。"《中国国际贸易促进委员会/中国国际商会调解规则（2005）》第 13 条有"如聘请代理人参与调解程序，应提交书面授权委托书"的规定，可见也是允许代理人参加的。在《国际商会调解与仲裁规则》第 5 条中也规定："各方当事人如果愿意，也可以聘请律师协助工作。"

在代理人参加的情况下，代理人是否拥有完全的和解权限，对于和解的达成及其能否生效履行至关重要，代理权限的欠缺可以成为调解或和解协议无效的要件，如果在达成和解协议后当事人本人（被代理人）不予承认，或代理人仅有部分权限（以一定数额为限），使谈判在最后阶段无法达成协议或已达成的和解协议归于无效，都会导致双重的不利后果，即和解的失败和时间及多方面的浪费。因此，应该以程序规则的形式将代理人的和解权限作出明确的规定，并确立在违反这一规定时应受到的制裁。

第四，关于恶意利用调解程序的问题。在本质上这也可以视为当事人诚意参加调解的问题。主要表现为：表面上积极参加，实际上毫无诚意，借谈判协商过程作为拖延时间、造成对方当事人无法尽快诉诸诉讼程序的手段；在谈判中拒不做出任何让步，经过长时间的谈判仍迟迟达不成和解；漫天要价，或逼迫对方让步，或将和解不成的原因归咎于对方；在达成和解后随意反悔，拒不履行协议，等等。当事人对调解程序的滥用，完全破坏了调解的宗旨和目的，造成了资源和成本的极大浪费，如不能有效地防止或制止，最终将从根本上损害调解的功能和价值。

当事人是否有恶意滥用调解程序的行为，很大程度上是一个主观判断的问题，通常情况下中立第三人只能根据自己的经验对当事人是否有和解诚意作出判断，并尽快结束纠纷解决过程，以避免拖延。

在非强制性的国际商事调解程序中，虽然诚意参加主要依靠当事人的自律，双方都可以根据自己的利益决定是否参加或继续这一过程，其风险

---

① *See* Eileen Carroll and Karl Mackie, International Mediation—The Art of Business Diplomacy, Kluwer Law International, 2000, at 127.

和利益都由其本人承担，好像无所谓滥用与否，但实际上如果在这方面不对当事人作最基本的要求，仍然会造成争议解决成本的增加而最终伤害到调解的信誉。

为了避免 ADR 程序的无效，减少资源的浪费，美国在实践中提出，应对当事人的"最低限度的有意义参加（minimal meaningful participation）"做出规定。即在保证当事人意思自治的基础上，在程序规则中规定当事人在调解程序中的最低限度的义务，以便使争议解决机关或法院可以据此对当事人作出相应的要求或强制。这种"最低限度的有意义参加"依 ADR 的不同形式而具有不同的要求。这类规定主要涉及当事人行为，包括当事人的举证责任、到场义务、陈述说明的义务、认真协商对话的义务，等等。当事人在 ADR 程序中的态度和行为，也可以作为法院判断其是否具有恶意或滥用 ADR 程序之行为的根据。此外，这种要求也可以是针对纠纷解决过程及其行为结果的效力，具体而言，即规定某些特定的 ADR 程序为实际上的第一审程序；在与诉讼程序不直接衔接的多元化程序中，为了使 ADR 的争议解决活动不致成为浪费，可以规定其中某些环节的活动及其结果可以作为以后的诉讼程序中采用的材料，例如，某些专家作出评价、鉴定、裁决、决定等，可以作为诉讼中的有效证据。[1] 这种做法对于调解机构所进行的调解毫无疑问具有一定的借鉴意义，可以对当事人规定诸如到场义务、陈述说明的义务、认真协商对话的义务等，只不过在要求上更加宽松些。[2] 就当事人陈述说明的义务而言，可以包括当事人向调解员提交一份简要的书面陈述书，在其中说明争议的一般性质和争议点、当事人各自的立场及其事实和理由，以及一方当事人应调解员的请求向其提交补充材料等内容。

第五，当事人在有关证据的问题上的义务。调解程序无疑不需采用像法庭审理那样严格的证据规则和质证方式。不过，证据在争议解决过程中却起着决定事实的查明、确定当事人的权利义务的作用，这个方面的情况虽然不是调解惟一考虑的因素，调解中往往还要考虑有关行业的惯例和争议的具体情况，包括在双方当事人之间以前的任何商业习惯做法，但是也往往在一定程度上构成当事人和解的基础。因此，在涉及事实判断以及需

---

① 参见范愉：《非诉讼纠纷解决机制研究》，中国人民大学出版社 2000 年版，第 435～436 页。

② *See* Eileen Carroll and Karl Mackie, International Mediation—The Art of Business Diplomacy, Kluwer Law International, 2000, at 127.

要界定当事人的权利义务关系时，也确实需要一定的规范，对当事人的证据交换义务和举证责任加以规定。同时，敦促当事人切实履行证据交换义务和举证责任，也可以保证迅速解决纠纷。例如，UNCITRAL 调解规则在其第 5 条关于"向调解员提交的陈述书"的第 2 款中就规定："调解员可要求每一方当事人就其立场以及说明其立场的事实和理由向他提交一份更深入的书面陈述书，并附上该当事人认为适当的任何文件和其他证据。该当事人应将陈述书抄本送交他方当事人。"该调解规则第 11 条关于"双方当事人与调解员的合作"的规定中对当事人在证据问题上的义务作出了更进一步的要求，即："双方当事人应真诚地同调解员合作，尤其应努力按照调解员的要求，提交书面材料，提供证据和出席会议。"《中国国际贸易促进委员会/中国国际商会调解规则（2005）》的第 13 条要求当事人向调解中心提出调解申请时应提供证据材料；第 30 条规定："当事人及其代理人在调解程序中，应积极配合调解员，以保证调解程序的顺利进行。"不过，在 UNCITRAL 调解示范法中却没有找到类似规定，这意味着在证据的提供方面示范法不给当事人设定义务，以尽可能体现在调解中所贯穿的当事人自愿的精神。但是，该示范法在其第 10 条关于"证据在其他程序中的可采性"的规定中却要求调解程序的当事人，不得在仲裁、司法或类似的程序中以本条明确规定的一些事项作为依据、将之作为证据提出或提供证言或证据。这是沿袭了 NCITRAL 调解规则的第 20 条的规定。《中国国际贸易促进委员会/中国国际商会调解规则（2005）》第 31 条为当事人设定了相同的义务，即"如果调解不成功，当事人均不得在其后的仲裁程序或诉讼程序及其他程序中，引用调解员和各方当事人在调解程序中提出过的、建议过的、承认过的和表示过愿意接受的任何以达成和解为目的的方案和建议，作为其申诉或答辩的依据。"

由于当事人行为对于 ADR 程序的公平、有效和有序进行关系重大，因此，法律对于有些 ADR 方式规定了对当事人不当行为进行处罚和制裁的措施，例如对当事人不到场的处以一定数额的罚款。但是，考虑调解的质的规定性即当事人意思自治，设定超过了最低限度的义务又可能会使调解变质，故应在这个问题上持比较慎重的态度。

二、关于调解员的资格、权责与中立性问题

调解员可因被聘用人员的来源不同而分别由法官、仲裁员、行政人员和民间人士担任。根据聘用期限的不同，调解员可分为（常任）调解员、特邀调解员和临时调解员等。调解机构的调解员一般为常任调解员，根据

需要也可以聘用特邀调解员和临时调解员。在某项具体纠纷案件的调解中，调解机构根据需要可以确定参与调解工作的调解员人数。一位调解员参与的情况下该调解员为独任调解员，两位调解员的情况下为共同调解员，三位调解员组成调解庭时，会指定其中一位调解员为首席调解员。一般在调解机构中都备有可供当事人选择的调解员名单。例如，英国 CEDR 建立了调解员数据库制度，即将英国的和其他国家的有一定专业背景和工作经验的人士的有关资料储存在数据库里，供当事人在个案中参考选用，但是在具体的调解案件中，则当事人的选择并不限于数据库里的人士。中国国际商会调解员中又可分为中国国际商会调解中心调解员、各省、市国际商会调解中心调解员。中国国际商会系统各调解中心都根据机构规模、业务量大小聘请数量不等的调解员。①

（一）调解员的资格

作为调解员，应该具备一些一般意义上的资格条件，例如，要求调解员法律内行，专业精通，并具有一定的年资。这是因为争议的解决需要一定的法律、专业知识及经验，并要有权威性。又如，要求调解员为人公正品德高尚、与人为善诲人不倦，因为调解员的品行威望、公众形象等方面的条件好，调解争议时较容易令当事人信服。再如，要求调解员既讲原则又善变通、说服调和能力较强。调解员如果善于交流沟通，就便于和解方案的尽快达成。当然，在某些类别的调解中，往往还会设置一些特定的条件，例如主体资格上的要求，仲裁过程中进行调解的调解员由仲裁员担任，诉讼进行过程中担任调解员的是法官（法院调解）等，而担任民间调解机构的调解员则没有这种限制。调解员是协商谈判的组织者、引导人，而不是公断人。调解员是通过自己的学识、经验和人格魅力得到当事人的信任而产生，因此，从某种程度上讲，调解员比仲裁员和法官的要求更高，更具有挑战性。

在美国，根据主持调解机构的不同将调解分为六大类：社区调解中心的调解；法院附设调解；政府有关机构的调解；私人争议解决公司的调解；以私人从业形式存在的独立调解人的调解；社团、协会和行业组织的调解。因此，调解员也存在着很多类型，对他们的从业资格要求也各不相同。在社区调解中心从事调解活动的调解员通常是经过培训的自愿者，一些中心会支付给他们很少的报酬，一个案子 25～50 美元，这种情况较特殊，大量的案子是由自愿者免费进行调解。社区调解中心是一个非盈利性

---

① *See* http://lad.ccpit.org/wadr/about_profile.htm.（2006/5/8）.

组织，它由州或地方政府资助，处理邻里纠纷、夫妻纠纷等涉及人与人之间非财产性质的争议，因此，对于社区调解中心的调解员除了要求参加一个为时 24 小时的培训以及在中心学徒之外，就只是一般性地要求其应该长于解决人与人之间的纠纷。而在法院附设调解项目中担任合同或其他种类民事案子的调解员的大多是律师，他们往往也要经过短时培训，最短的是 2～3 个小时，他们的津贴根据调解的案件来支付。美国私人调解公司是一个正在发展中的产业，现已有上百家这类公司，它们主要从事涉及复杂的法律问题以及较大数额的标的的财产性质的争议的调解。这些公司各自都备有调解员名单，名单上的调解员绝大多数是前法官、开业律师或是在建筑、工程等方面具有专门知识的专家，他们通常不是公司的雇员。在这类调解服务中担任调解员，一般要求有一定的经验和法律或专业的背景。一些协会在聘请调解员时也有资格方面的要求，例如，美国仲裁协会（AAA）往往依靠行业咨询委员会征募候选调解员，以保证聘请到的调解员能够既具有技术专长又具备公正无私的禀赋。①

《中国国际贸易促进委员会/中国国际商会调解规则（2005）》第 10 条规定："调解中心备有调解员名册，调解员由调解中心聘请在贸易、投资、金融、证券、知识产权、技术转让、房地产、工程承包、运输、保险以及其他商事、海事等方面及/或法律方面具有专门知识及/或实际经验的、公道正派的人士担任。"可见，中国国际商会的调解员是中国国际商会调解中心聘请的具有商事海事方面及/或法律方面专门知识及/或实践经验的公正人士。这种对调解员的资格要求与美国 AAA 一样，注重专业知识与公正的品质的结合。实际上，中国国际商会在聘请调解员时，一般会从从事仲裁工作满 8 年的、从事律师工作满 8 年的、曾任审判员满 8 年的、从事法律研究、教学工作并具有高级职称的、从事经济贸易等专业工作并具有法律知识和高级职称或者具有同等专业水平的人士中选择。② 中国国际商会调解系统在调解员聘任方面，采用分别聘任制，即总会和各分会调解中心均有自己的调解员名册以供当事人选择。调解员有一些是专职的，一般是调解机构的日常工作人员，部分是中国国际经济贸易仲裁委员会的仲裁员；大部分是兼职的。兼职调解员一般是其所在行业的专家权

---

① *See* Peter Lovenheim, Becoming a Mediator—An Insider's Guide to Exploring Careers in Mediation, Jossey-Bass, 2002, at 51-77.

② 马赛：《简述机构调解的调解员》，载《中国对外贸易》2002 年第 2 期，第 42 页。

威，他们平时在本职岗位上工作，只是在被调解机构和当事人指定为某纠纷案件的调解员时，才作为调解员介入。调解员的任期没有明确规定。此外，在争议当事人共同要求调解员名单之外的人士担任调解人时，或调解机构认为需要为案件聘请调解员名单之外的其他有专长的人士担任调解员时，调解机构可以根据调解规则设定的条件，并经调解机构主席会议批准，聘请特邀调解员。

与调解员的资格相关的一个问题是调解员的培训。调解员的培训是非常重要的，有时甚至成为一种特定的资格要求，例如美国往往要求作为调解员必须参加有关调解培训，且有一个关于培训期限的最低要求，尽管这种要求因调解类型的不同而存在一些差别。美国夏威夷州调解员准则就要求调解员必须具备充分的知识并经有关程序的培训，这包括对必要的职业道德、规范和责任的了解。应要求时，调解员须披露其培训和经验的范围和种类。① 这是因为，只有通过调解的培训，未来的调解员才会熟悉调解这种争议解决的程序，熟悉他们将要调解的争议种类。否则，即使一个人曾经是很著名的法官，但是如果缺乏调解的知识和训练，他将不会成为一个富有经验的调解员，因为他在调解中仍然会如同在法院般行事从而导致调解的失败。同时，培训也是在职调解员让人们分享他们的经验的一个好的途径。在美国，随着调解实践的发展，调解员培训也发展起来了。社区调解中心、私人争议解决公司、协会以及大学法学院等都提供对调解员的培训，甚至还有一些独立培训人通过在全国各地举办研讨会的形式进行调解员的培训。调解员培训在美国也正逐渐成为一个颇具规模的行业，其中AAA的调解员培训就很具声望，许多先前曾担任 AAA 仲裁员或为经验丰富的起诉专家，经过培训而成为经验丰富的调解员。② 英国 CEDR 也认为，调解的成功在相当大的程度上是依赖于调解员的调解技巧，对于调解员来说，专业的培训和经验是非常重要的。CEDR 有一种实践，即其大部分的调解活动中都有"见习调解员"（the Pupil Mediator）的参加，这也是它实施的培训及鉴定调解员是否合格的项目的一个组成部分。"见习调解员"属于 CEDR 示范调解程序和当事人将争议交付调解的协议中所指的调解员。CEDR 还在每年的夏季对调解员进行培训（夏季培训计划），

---

① ［美］罗伯特·科尔森：《商事争端的调解》，黄雁明译，载《仲裁与法律通讯》1999 年第 6 期，第 51 页。

② See Peter Lovenheim, Becoming a Mediator—An Insider's Guide to Exploring Careers in Mediation, Jossey-Bass, 2002, at 101-126.

在它的培训对象中还有一些是来自于其他国家的律师。① 中国国际商会调解系统对于调解员的培训工作也是很重视的，例如，在 2001 年 10 月的时候，中国国际商会调解中心就在北京主办了一次调解员培训会。②

（二）调解员的权责

作为一名调解员，要在调解中发挥其应有的作用，享受一定的权利和承担一定的义务是必要的。只是调解员的权责是一个具有特殊性的问题。

就调解员的权利即调解权而言，不是无条件的一般权利，而是指调解员参与争议案件的调解时所具有的特定权利。这种特定性体现在两个方面：第一，调解员的调解权是由当事人赋予的用于调解争议的一定的权利，即当事人行使法律赋予其的民事处分权，把他们自己对争议的分析、判断、协商、提议解决等权利，交给他所信任的调解机构（争议提交机构调解）或某一个人（临时调解）。如果是前者，则调解机构在当事人授权的基础上，再将这种调解权利交由某位或某几位调解员，在当事人指定调解员的条件下，事实上是当事人自己将调解权利授予调解员；在临时调解情况下，调解员的调解权就更是直接由当事人赋予。因此，调解员的最终权利来源是当事人的授权。第二，调解员调解权利的产生和存续有着特定的条件：由特定的当事人赋予；仅仅适用于特定的空间（具体的争议案件）和时间（该案件调解过程）内；特定的当事人没有终止自己的权利赋予行为。调解员的调解权是当事人所给予的一种可以赋予但也可以收回的权利，并且它仅仅适用于特定当事人之间、特定争议案件的调解。③调解员的特定调解权包括：调解员有权通过阅读有关案件情况的材料以及与当事人单独或共同会面的方式去了解事实；有权在当事人未约定调解方式的情况下使用其所认为合适的方式去调和当事人之间的矛盾；提出和解建议的权力，等等。

英国 CEDR 在其调解示范程序中规定的调解员在调解中的权利主要有：调解员可以应当事人的请求，或自己觉得有必要时在调解之前会见任何一方当事人或双方当事人；在调解之前阅读每份关于案情的摘要和送给他的所有文件；主持和决定调解的程序事项；协助当事人起草书面和解协

① *See* Eileen Carroll and Karl Mackie, International Mediation—The Art of Business Diplomacy, Kluwer Law International, 2000, at 132.

② http://www.china-arbitration.com（2002/9/8）.

③ 参见马赛：《简述机构调解的调解员》，载《中国对外贸易》2002 年第 4 期，第 41 页。

议。只是强调调解员在行使其职权的过程中，必要时得与当事人协商。①《美国仲裁协会商事调解规则》第 10 条对调解员的职权作了如下约定："调解员无权强迫当事人和解，但将努力帮助当事人达成满意的争议解决。调解员有权与当事人一起或分别会见，并提出和解的口头或书面建议。在必要时，调解员也可以就争议的技术性问题咨询专家的意见，只要双方当事人同意并负担咨询费。咨询意见应由调解员或当事人安排，视调解员决定而定。当调解员认为，调解的进一步努力将不会有助于双方当事人达成和解时，调解员有权终止调解。"②

各调解机构的调解规则一般都会对调解员的权利作出类似的规定。

需要指出的是，调解员的调解权在具体行使时有时还需要与当事人进行商议，如上例中所示。由此可以看出，调解员的调解权与法官的审判权不同。调解权是平等主体之间民事权利的一种，是当事人自治权利的延伸，是当事人授予和调控的。法官的审判权是国家法律赋予法官行使的司法权利，当事人只有选择是否进入程序的权利，但是却无权控制审判权的行使。正是调解人的调解权所体现的本质特性，使调解作为一种解决争议的独特方式，较大程度地与诉讼、在某种程度上与仲裁方式相区别，达到当事人最大限度的意志自治；同时，也使得在解决争议过程中，各方当事人既借助了外力影响对方的行为，又充分行使了自己的处分权。

与调解员权利相对应的是调解员的义务，调解员的义务主要有保持独立与公正的义务、保守秘密义务等。对调解员的这些义务的规定往往构成调解立法或调解机构的调解规则及其调解员守则中的重要内容，也由于这些问题的复杂性，接下来将单独论述调解员的独立与公正即中立性的问题。至于调解中的保密问题，由于它不仅是调解的一个重要的程序规则，也是当事人和调解员都需要共同遵守的义务，因而将以另立一个问题的形式对其涉及的有关事项进行集中讨论。

（三）调解员的中立性问题

调解员的中立是一个很繁杂而且存在很多变量的问题，但是由于它关涉调解这种争议解决方式的基本特质，对其进行进一步的探讨以尽可能厘清关于调解员中立问题上存在的迷雾就成为必需。

---

① *See* Eileen Carroll and Karl Mackie, International Mediation—The Art of Business Diplomacy, Kluwer Law International, 2000, at 126.

② *See* http://www.arbitrationlawyer.cn/ShowArticle.asp? ArticleID = 471. (2003/6/9)

1. 关于中立的一般意义

关于调解的定义经常宣称调解人是对当事人争议的一种中立性的介入，调解人是中立的专家，帮助当事人谈判。在一般意义上，中立的含义包括：调解员是一个公正无私的参与者，即与争议的处理结果没有直接的利益；调解员对争议事前并不知悉；调解员不认识当事人或事前跟他们有联系；调解员将不直接或间接地对当事人进行评价；调解员不使用其专门知识去影响当事人作出的决定；调解员不代表任何一方当事人，也不偏向任何一方当事人，他对当事人是公平的、公正的和不带偏见的。由此可见，中立往往是和独立、公正等概念联系在一起的，广义上的中立包括了独立与公正的含义。

在调解规则或有关调解的立法中对调解员中立性问题常常从不同的角度作出规定。UNCITRAL 调解规则在第 4 条特别申明："在推荐或指定调解员时，上述机构或个人应注意到所指定的调解员要独立而公正。"其第 7 条中明确要求："调解员应公正地协助双方当事人争取争端的友好解决。"UNCITRAL 调解示范法则在第 5 条第 5 款中规定："征询关于本人可能被指定为调解人时，被征询人应当披露有可能引起对其公正性或独立性的正当怀疑的任何情形。调解人应当自其被指定之时起以及在整个调解程序的期间内，毫不迟延地向各方当事人披露任何此种情形，除非调解人已将此种情形告知各方当事人。"其第 6 条第 3 款规定："在任何情况下，调解人都应当在进行调解程序时力求保持对各方当事人的公平待遇，并应当在这样做时，考虑到案件的情况。"在印度《仲裁与调解法》中也有条款要求调解员应当独立公正地协助当事人，并应受客观、公平和公正原则的指导。① 《中国国际贸易促进委员会/中国国际商事会调解规则(2005)》没有直接规定调解人的中立性问题，但通过对于调解原则的规定间接地对调解员的公正性作了要求，因为调解人的行为是必须要遵循调解的原则的，这体现在其第 5 条的规定中，即："调解应……根据客观、公正和公平合理的原则进行，以促进当事人互谅互让，达成和解。"但是，在《中国国际商会调解员办案守则》中对调解员的中立性问题的规定则是直截了当的，该守则第 1 条规定："调解员应……独立、公正地调解案件。"在其第 2 条中明示道："调解员不代表任何一方当事人。"其第 8 条就更是直接要求："调解员在调解过程中，不得有偏向一方当事人的言行……"《美国仲裁协会商事调解规则》第 5 条关于调解员的资格也是

---

① 印度《仲裁与调解法》第 67 条第 1、2 款。

从调解员的中立性出发加以规定的，即："对调解的结果具有任何经济或个人利益的人不应担任调解员，除非得到各方当事人的书面同意。在接受指定之前，未来的调解员应披露有可能产生偏袒嫌疑的任何情况或者有可能阻碍立即与各方当事人会晤的任何情况。AAA 在得知这种情况时，应更换该调解员或者立即将该情况通知各方面当事人以征询他们的意见。如果当事人就该调解员是否胜任的问题不能达成协议，则 AAA 将指定另一名调解员。如果被指定的调解员不能即时任职的话，AAA 有权指定另一名调解员。"①

　　中立这个概念有着使调解正当化的重要的功能，但是它更多地是建立在一种观念的基础之上，无论是调解的定义还是关于调解员的行为规范，它们在描述调解员的中立这个特性时常常忽视了中立所具有的多重因素，也并未去考察调解员在调解实践中的角色和行为的客观情况。在实践中，中立是一个变量很大的概念。有观点指出中立性是关于调解的最深入人心的也是容易引起误解的神话，调解员的中立性既不可能获得也不值得期待。②而且，"中立"这个术语本身在调解的语境中就存在着一些意义上的细微差别，例如，基于不涉及个人利益而无利害关系的基础之上的中立和在公平意义之上的中立是有区别的，前者可称为中立（狭义上的），而后者实际上则为公正。在一些调解员准则中就作了这种区分。③ 在这种区分之下，前者所称之中立涉及的是调解员的背景以及他与当事人或争议之间的关系，包括这样一些方面的事项：调解员与当事人之间事前联系的程度；对特定争议事前的了解；调解员对争议的实质性结果或者调解进行的方式存在利害关系的程度以及调解员具有的关于争议标的专门知识程度。相比较而言，后者所称之中立亦即公正则是指在调解程序中调解员对当事人是公平的和客观的，它反映在这样的一些事项上，即时间的分配、对交流程序的促进、避免通过言词或行为表现出个人喜好或偏见或敌对的行为。在司法和行政机构中，两种意义上的中立都是必须的。而在调解的场合，二者却各有其不同的意义。公正意义上的中立应该是调解最核心的要

---

　　① *See* http：//www. arbitrationlawyer. cn/ShowArticle. asp？ ArticleID ＝ 471.（2003/6/9）

　　② *See* G Kurien, *Critique of Myth of Mediation*, Australian Dispute Resolution Journal, Vol. 43, No. 6, 1995, at 52.

　　③ *See* C Moore, The Mediation Process：Parctical Strategies for Resolving Conflict, Jossey-Bass, 1996, at 52.

求，缺乏它会从根本上破坏这个程序的性质。不能想象当事人竟然放弃对调解人公正行事的要求。但是狭义上的中立是一个相对的要求，它有时可以被舍弃而不会损坏调解程序的信誉，例如调解员事前与当事人的接触可能会因为有助于调解员对争议事实的全面了解而有益于日后所开展的调解。因此，公正固然必须一直为调解所遵循，但中立（狭义）却总是存在着一个程度的问题，① 其原因在于：首先，有些当事人往往选择与争议结果有利害关系的人作为调解员。特别是在国际争端以及传统社会的调解中，诸如调解员与当事人有着密切的关系或者对有关情势有着直接的了解的事实，也许会被当事人认为是协助他们达成和解的有用的背景。其次，调解员对于一定的争议处理结果不存在自己的偏好的情况是很少的，调解员出于各种与他们的利益有关的原因而寻求对磋商过程和结果的影响。在某些情势下，调解员是基于能运用其判断将当事人带领到一个合适的争议处理结果的观点而被选择出来的。"调解员曾经历过与现在正处理的争议的同类的争议或熟悉争议出自商业领域，应视为有益的经验。比如调解员具有建筑业的实践经验，特别精于处理建筑合同争议。有关技术和商业习惯的知识必有裨益。"② 第三，在调解通过与当事人分别的会谈而进行时，调解员通常处于一个强势地位而实际上能将他的价值取向强加于当事人就争议解决所作出的决定中。而且研究显示在这种分别会面中调解人更倾向于违背中立的原则。第四，一些调解员行为守则强加给调解员如下的责任：帮助当事人达到公平和公正的和解、就和解议案的公平和公正提出问题、确保考虑到其他潜在的受到影响的第三方当事人的利益。调解员有时还需要保持力量的平衡和寻求道德上的理由。这些使得调解员在调解的某些方面扮演了不太中立的角色。第五，在有些调解中，调解人向专家进行咨询时或者根据行为守则去终止调解时，都会运用到自己对案件的判断。这种评估的角色违反了中立原则的要求。第六，在一些法律体系下调解员必须遵守包含于法令中的政策和原则，因此就不能对争议结果漠不关心。第七，调解员在调解程序中存在他们自己的间接利益，例如成功率、声望、回报的惯例、他们的业务的拓展以及自尊。在这种场合，调解员的中立是有限的。

---

① See K Kressel, Mediation Research: The Process Effectiveness of Third Party Intervention, Jossey-Bass, 1989, at 97-109.

② ［美］罗伯特·科尔森：《商事争端的调解》，黄雁明译，载《仲裁与法律通讯》1999 年第 4 期，第 50 页。

因此，调解员的中立所具有的含义是不可能一言以蔽之的。但是，调解员的中立却又为调解所必须，至少需要调解员表现出显而易见的中立。为此，可规定一个关于中立的核心要求，承认除此之外的各种变数。① 换言之，调解员总是需要做到独立与公正，即公平和没有偏见地对待各方当事人。UNCITRAL《国际商事调解示范法》第6条第2款即要求"在任何情况下，调解人都应当在进行调解程序时力求保持对各方当事人的公平待遇，并应当在这样做时考虑到案件的情况。"这应被视为调解员必须遵守的一项基本义务和最低标准，其目的在于管辖调解程序的进行而不涉及和解协议的内容，具体要求是调解员应设法在与各方当事人打交道时坚持平等对待的做法，当然，这并不等于调解员必须用同样的时间与每一方当事人进行单独的会谈。

2. 调解员的中立性与调解员对争议的介入程度

与调解员中立性相关联的另一个问题是调解员能够干预争议的合理的或合适的程度，即调解员在何种"度"上才不算偏离中立的立场。对此存在不同的观点，争论的焦点主要集中于如下两个方面。

第一个方面，关于调解员是介入程序还是介入实体之争。

在涉及调解时许多定义是根据内容与程序的区别来定义这个体系的，即调解员支配着作出决定的程序，而当事人则负责内容和实体结果。因而有观点认为中立这个词在很大程度上是用于与结果有关的场合，而不是指调解程序。② 有人强调，调解员的介入是为了组织和影响调解程序。③这种在调解中区分实体与程序，从实践和理论两个方面来考量都有一定的合理性。当事人可以请求一个专家介入他们的实体争议的解决程序，调解员介入程序与当事人作出自己的选择的自治权相一致，而不是由一个另外的专家不管是用何种经掩饰的隐讳的形式去告诉当事人该做什么。主张调解是调解员最低限度介入的争议解决方法的人由于将调解员限定在帮助的角色上，即促使当事人坐到一起，给当事人提供磋商的机会并进行引导，协

① See Cobb and J Rifkin, *Practice and Paradox: Deconstructing Neutrality in Mediation*, Law and Society Inquiry, vol. 16, 1991, at 3.

② See H Brown and A Marriott, ADR Principles and Practice (2nd ed.), Sweet and Maxwell, 1999, at 129.

③ See K Mackie, D Mile, W Mrash, Commercial Dispute Resolution: An ADR Practice Guide, Butterworths, 1995, at 9.

助当事人进行富于建设性的交流和磋商，因此主张调解员并不干预争议的实体问题。这种最低限度干预的方法对那些争议结果只影响当事人、而且当事人具有大致相当的讨价还价的能力的场合是合适的。调解员只介入程序，通过增强当事人对实体问题的控制权而让当事人担负起作出决定的职责，这样其作出的决定更易于经受住时间的考验。而且，调解员仅介入程序能促进高质量的决定的作出，因为在决定中当事人是界定他们的真正的利益和争议问题的最精明的人。允许当事人支配争议内容能使当事人培养起他们自己的公正感，这种公正感是由他们对解决结果的满意度决定的。此外，限制调解员对实体问题的介入能使调解员少担风险。这种程序与内容的区分对于理解与解释调解系统是非常有用的。但是，主张调解是一种指导式的争议解决方法的人却允许调解员进行更直接和积极的干预，通过各种方式鼓励当事人进行妥协，例如给当事人提供可供他们进行考虑的选择性议案，对未决事项提出建议，当他们陷入僵局时积极想办法去打破僵局，或者影响作出的决定的实际内容。这种做法在一些特定的争议的调解中是存在的，并被认为是妥当的，例如在当事人的谈判能力较为悬殊的时候。

关于此问题，也有主张根据调解员的作用可将调解区分为积极的和消极的两种调解形式的方式加以解决，两种形式中调解员的介入程度是有区别的，前者积极地促进和影响当事人的和解，后者则在调解中对于当事人之间的相互行为进行管理而由当事人自己达成一致。① 这种对调解方式的区别是由于所使用的"干预"和其他相关术语在意思上的不确定性而导致的。然而，所谓程序与实体或积极与消极之区分也不是绝对的，在有些方面也是不清楚的和易于引起误解的。这是因为:② 第一，程序从来不能与实体完全区分开。很多传统的由调解员进行的所谓程序干预可能会影响实体问题，例如当他们协助当事人拟定一个议事日程、重述当事人的对话或阻碍（或没有制止住）一个特殊的磋商行为。第二，有时候一个调解实践包括了对实体内容问题的重大的介入。当事人可以选择特定的一个调解员，并且希望他能运用他在争议的问题所属的领域中的专门知识来引领

---

① See M Fulton, Commercial Alternative Dispute Resolution, The Law Book Company, 1898, at 75.

② See Laurence Boulle and Miryana Nesic, Mediation: Principles, Process, Practice, Butterworths, 2001, at 20-21.

他们达成一个结果而不是将决定强加于他们，这个结果对于这个特定的问题来说是合理的。这种情况下很难说调解员没有介入争议的实质问题。第三，一些调解员的调解风格可能导致对争议内容的干预。调解员能通过其反复的询问或仅仅是明示的肢体语言，而非直接建议采用某一特定行为或强加给当事人一个最后决定的方式，来对争议的实体问题产生重大影响。第四，在有些案例中调解员与当事人一起来控制程序，例如无论是在程序的组织及调整还是延期等属于程序的事项上都听取当事人的意见或接受他们的决定。调解员并非在所有方面都独自支配程序，调解员负责程序和当事人支配实体之间的界限并非泾渭分明。

对于调解实践也表明，程序与内容的区分如果不是不可能的也是难以坚持的。这种区分也被认为是不切实际的和危险的。然而，即使是在程序与内容的区分并非绝对的观点已被接受的情况下，调解员的干预可被承认的性质和程度仍然是不确定的，亦即调解员介入争议的"度"的问题，这关系到调解员这个中立第三人的角色会不会发生质的改变而最终等同于裁决者，以至于使调解丧失了其质的规定性以及正当性的问题。

主张区别调解员介入的四个不同方面来讨论调解员的介入问题的观点应该是较为合理的。这四个方面分别是：介入的程度，这是指调解员是参与了谈判磋商的过程或者只是在陷入僵局和遇到困难时才介入；介入的目的，这是指调解员是针对当事人双方还是仅仅一方采取一些行动，例如针对更强有力的一方或在有当事人律师参加的时候针对律师；介入的焦点，这指的是调解人采取行动所要针对的关键性的情形，这包括改变当事人之间的情感的关系，或者是改变当事人进行磋商所使用的形式和程序，抑或是通过鼓励当事人考虑一定范围之内可供选择的和解方案来转换争议的内容；介入的强度。以上这些方面的介入在调解的期间都是合理的，只是它们程度不同地影响着争议中的实体问题和争议解决的结果。①

第二个方面，调解员与和解建议方案。

在关于调解员的介入程度所引发的热烈讨论中，还常常将焦点集中在调解员能否或能在多大程度上提出和解建议方案的问题上。最低限度介入

---

① *See* C Moore, The Mediation Process: Practical Strategies for Resolving Conflict, Jossey-Bass, 1996, at 76-77.

派主张调解员不应向当事人提出"建议",① 因此,调解员不能为了和解而向当事人强加或提出可供选择的方案,因为这不符合调解的目标和理念。主张调解是指导式介入的观点则认为,在诸如当事人自己不能有所进展或者所有当事人提出请求时等合适的情势下,调解员可以提出解决方案。英国争议解决中心(CEDR)的示范调解程序允许调解员在当事人没有达成和解时应当事人的请求向其提供一个没有约束力的书面和解条款的建议。由英国咨询调解和仲裁局(Advisory, Conciliation and Arbitration Service,简称 ACAS)提供的有关劳动争议的调解,往往要求调解员制作正式的没有约束力的建议书以作为和解协议的基础。② UNCITRAL 调解示范法中有"调解员可以在调解程序的任何阶段提出解决争议的建议"的规定,也可视为允许调解员较为积极的介入。

但是这种指导式的介入方式也会产生许多问题。③ 第一,鉴于调解在发现事实及信息披露方面的局限性,调解员将只能把其建议建立在有限的证据的基础之上。第二,调解员提出的建议如与其在单独与当事人进行的会谈中披露的信息有关,就可能对其中立性产生怀疑。第三,当事人对于调解员充任干预人的角色的同意可能会建立在当事人由于调解员与其进行的单独会谈而产生的一种错觉之上,即调解员对他是表示同情的。最后,调解员可能最终提出建议或作出决定,这种调解员对于争议解决的高度介入,有可能排除了当事人自己就争议作出决定的权力,代之以调解员告诉他们对争议该做什么就做什么,如同在许多其他的争议解决实践中所做的那样。虽然调解员以一定形式对实体问题进行介入,例如帮助当事人对案件进行评估以及为和解提供可选择的建议案等,并不一定就会使当事人感觉到调解程序和调解员的不公正。但是,由于上述问题的存在,在调解这样一个秘密的程序中,调解员的高度介入在调解员所担负的责任相对较少的情况下,会带来调解员滥用这种介入而将他的标准和倾向强加于当事人

---

① 然而,"建议"这个术语的意思是不明确的且有着不同的意义。从狭义上说,它是指提出劝告,在很多的调解形式中这种劝告可能不被采纳,即调解不是从诸如律师、会计或其他专家顾问处获得专业建议的程序的替代品。在广义上,建议包括提供信息。因而在这种意义上,尽管有所限制,许多形式的调解允许调解人给出建议。See H Brown and A Marriott, ADR Principles and Practice (2nd ed.), Sweet and Maxwell, 1999, at 19.

② See Laurence Boulle and Miryana Nesic, Mediation: Principles, Process, Practice, Butterworths, 2001, at 22.

③ 《联合国国际贸易法委员会国际商事调解示范法》第 6 条第 4 款。

的危险。许多人认为，调解员在通过提出解决建议而介入争议时，即使是应当事人的请求和得到当事人的同意，也意味着他正将调解转化不同于调解的其他某种争议解决程序，从而侵害调解的程序价值。①

然而，即使存在上述异议，却很少有人怀疑，在实践中一些调解员对争议介入的积极程度要高于最低限度介入所允许的范围。根据新加坡调解中心的调查，在 186 份对当事人的问卷中，78% 的人说他们的调解员对案件进行了评估，85% 的人回答调解员帮助他们评估了案件，56% 的人说调解员提出了一个特定的和解建议，89% 的人说调解员为和解提供了可供选择的建议，31% 的人说调解员在关于对争议的看法上保持沉默。在对律师的 183 份问卷中，上述几个方面的比例分别为 55% 、78% 、47% 、90% 以及 51% 。②

值得注意的是，调解员对于争议介入的程度正如调解实践所展现的那样是变化不定的。第一，调解员可能在起初采取不介入的方法，而后随着当事人对于调解员的信任感的建立，调解员就更多地对争议进行了干预；或者当问题变得难以处理时，调解员就高度介入了。第二，调解员之间对争议介入的程度是存在着区别的，这往往是由于在调解员的培训（或缺乏培训）、调解员的专业背景、调解员的个人风格以及参加调解的当事人在性格和期望值等方面的差异性所致。第三，调解员的介入方式还与调解在制度上的设置情况以及争议与法律相关联的程度紧密与否有关。在英国，大多数社区调解机构的调解中，调解员被培训成一个不干预主义者，即保持程序与内容的区别、不给当事人提供建议和可供选择的解决方案以及确保争议解决结果是当事人双方一致同意的。在这些社区调解机构的调解中，其使用者和调解员包括了形形色色的人，争议的法律内容相对较少。相比较而言，法院附设的调解体系中的法官以及有法律上的资格要求的特定的调解员可能会倾向于充任积极干预主义者的角色，去分别指出各方当事人在审判中成功的前景何在，强调如果争议的问题提交法庭解决会存在哪些潜在的困难，以及积极协助当事人达成和解。第四，争议的类型也决定了介入的方式。例如调解员在劳动争议中比在家事争议中更倾向于成为一个干预主义者。第五，调解员介入的程度还依赖于当事人之间行为

① *See* Laurence Boulle and Miryana Nesic, Mediation: Principles, Process, Practice, Butterworths, 2001, at 23.

② *See in detail* L Boulle and T Hwee, Mediation: Principles, Process, Practice, Butterworths, 2000, in Chapter 11 and Annex A.

中的许多因素。① 英国的经验表明对于一种纯粹协助性的调解方法，当事人可能会认为它起不到什么作用。如果在要求积极干预的情势下而采取消极介入的方式，调解往往会失败，而且当事人也会要求在调解中调解员不仅止于倾听。尤其是在商事调解中，由于可能会涉及比较复杂的专业知识和法律知识，当事人往往选择一些专家充任调解员，或者是专业调解员（Specialty Mediator）就其争议进行调解，这在当事人那里原本就存有依赖调解人的知识解决争议的主观愿望。在美国，就有一些调解员专门调解某行业的争议，如建筑方面的争议，有些人由于其成功业绩而享有很高的声誉。② 这些专业调解员调解的争议往往很复杂，有时会涉及七八个当事人，再加上有时候当事人会聘请律师或者专家参与到调解程序中来，在如此复杂的情势下，调解员不可能表现得很消极，那样他作为这个领域的资深调解员的优势也无从发挥。因此，在具有某种专业知识的专家充任调解员的时候，他对争议较为积极的介入也就成为必然。

　　不过，就调解的质的规定性来说，调解员的介入应该有一定的限度，否则它可能就不是调解而是其他别的什么争议解决方式了。这个介入的度虽不好从量上来定，但是在实践中还是可以从两个方面来把握的：一是以当事人的意思自治为限，这主要是指最终的和解方案必须要以当事人的同意为前提，无论在何种情况下，调解人都不能将其决定强加于当事人，这在众多调解的法规中不断地得到强调。只要坚守这一点，调解的特质就能得到保全，调解就不会与其他的 ADR 方式相混淆。二是在调解程序一开始调解员就应解释调解程序的性质和他充任的角色，包括当事人可以期许的调解员进行介入的程度。这对于避免当事人怀有任何错误的期望是至关重要的，尤其是在如果他们相信调解员会为他们解决问题的情况下。一般在包括了所有纪律要求的调解员行为守则中都敦促调解员提供这样的解释。

　　不管在调解员中立性问题上的情势有多么复杂，可以肯定的是保持中立是调解人所应该承担的义务。

　　（四）关于调解员的责任承担问题

　　如果调解员违反了其应该承担的中立、保密等义务或者当事人认为调

---

　　①　R Yhurgood, *Mediator Intervention to Ensure Fair and Just Outcomes*, Australian Dispute Resolution Journal, No. 10, 1999, at 142.

　　②　Peter Lovenheim, Becoming a Mediator – An Insider's Guide to Exploring Careers in Mediation, Jossey-Bass, 2002, at 73.

解员在调解过程中的行为损害了其利益，调解员的责任承担问题就会被提出来。例如，调解员未经一方当事人同意就向另一方当事人披露该方当事人的有关信息；当事人在调解过程中发现了诸如调解员是本争议的当事人或者当事人的近亲属、与本争议有利害关系、与本争议的当事人有其他官司可能影响公正调解等情况，而调解员却隐瞒了这些情况等。如果出现上述情况，在当事人口头或书面提出申请后，调解中心撤换调解员固然可视为对调解员的处罚，是让调解员承担责任的一种形式，但除此之外，有观点还主张可能会由此引起针对调解员的法律程序，并认为这是调解员承担其责任的另一种重要形式，正如其他种类的职业服务提供者一样。换言之，由于调解员的行为侵害了当事人的利益因而导致针对他的法律程序并不是不可想象的。① 但是，也有观点认为在调解中这种方式之下，最终的解决争议的决定是由当事人作出的，这一事实使得很难将任何损害结果和调解员的行为联系起来。② 据介绍，目前在英国还没有这方面的案例，这部分是由于调解在英国还是一个比较新鲜的事物，利用调解这种解决争议方式的人对于其能对调解所抱的期望是什么并不确定所致。另外的原因则是，对于调解员来说，存在着对其免除责任的事由，即调解员在调解中并不是作出决定的人。③

诚然，在理论上，调解员完全可能因其过失、渎职、诽谤或欺诈而受到起诉，只是实际上出现这样情况的机会极少。就达成和解而言，一方当事人能否在事后认为和解不公平而责备调解员？实际上调解员无法确保和解是否公平。通常，只要双方接受，调解员就会接受。当事人准备谈判时，由他们保护自己的利益。难免会有不恰当的和解方式，甚至调解员也怀疑其恰当性，但只要当事人觉得可以接受，调解员不会制止他们缔结协议。由于在调解中当事人的这种意思自治，一般来说可能要调解员承担法律责任的情况极少。双方谈妥的任何解决办法都经代表律师以书面协议确

---

① *See* Laurence Boulle and Miryana Nesic, Mediation: Principles, Process, Practice, Butterworths, 2001, at 23.

② A Lynch, *Can I Sue My Mediator?* —*Finding the Key to Mediator Liability*, Australian Dispute Resolution Journal, No. 6, 1995, at 113.

③ 调解员还可能因为违反了其他职业的标准而承担责任，例如律师在担任调解员时仍然要为违反了律师的执业规范而负责。例如，美国的一个地方律师协会就成功地起诉了一个律师身份的调解员，理由就是他在调解实践中涉及了其未获得准许的法律执业领域。*See* Laurence Boulle and Miryana Nesic, Mediation: Principles, Process, Practice, Butterworths, 2001, at 512-519.

认。当谈判达成和解，调解员不可能受到起诉和承担责任。在实践中，调解员开始调解时一般通过从当事人处获得免除责任声明书来保护自己免于被追诉，这往往采取在当事人将争议交付调解的调解协议中规定调解员的免责条款的形式。例如，在英国 CEDR 的示范调解协议中就有关于调解员的免责规定，即无论是 CEDR 还是调解员都不应对任何与他们提供的调解服务有关的行为或过失负责，除非这些行为或过失有主观上的恶意。①《美国仲裁协会的商事调解规则》在其第 15 条"排除责任"中规定 AAA或任何调解员都不是有关调解的法定程序的必要当事人。AAA 或任何调解员都不对任何当事人就其与任何按照本规则所进行的调解有关的任何作为或不作为负责。② 该条款有助于保护调解员和 AAA。类似的措辞经常出现在调解员与双方当事人的协议中。当然，这种豁免是无保证的，因为它们并非强制性的法律规定，所以，在 CEDR 如上的示范调解协议中在规定了免责条款之后，紧接着规定有关免责协议的任何争议将首先尝试以调解的方式解决。③

就调解员本人而言也可以采取别的措施防止个人责任。这些措施主要有：（1）调解员不应保证能达成和解。虽然调解通常比诉讼省俭快捷，但调解员不应过分吹嘘，他应强调由当事人进行谈判。律师也应通过判断参与某特定的解决办法是否符合其委托人的利益而保护他们。（2）调解员通过形成与当事人个人的积极而又中立的关系，缩小存在将来责任的可能性。联席会议时，调解员要设法制止感情爆发事件。劝导当事人致力解决共同的问题而不是互相辱骂，这样调解员便减少了当事人相互发怒，随之把怨气发泄给调解员的可能性。（3）调解员同意将未经双方许可不暴露谈判中所泄露的秘密作为其一项义务写进协议中，并附上委托人免除责任的声明。调解员可能会在不经意间讲出某些事实，使从一方获得的情况被另一方知悉，这类失误可能导致争讼，有经验的调解员会谨防出现这样的泄密。除此，也不能让局外人得到机密资料。在一些调解立法或是调解规则中，例如 UNCITRAL 调解示范法、美国 AAA 商事调解规则及一些州

---

① See Eileen Carroll and Karl Mackie, International Mediation—The Art of Business Diplomacy, Kluwer Law International, 2000, at 130.

② See http://www.arbitrationlawyer.cn/ShowArticle.asp? ArticleID = 471. (2003/6/9)

③ See Eileen Carroll and Karl Mackie, International Mediation—The Art of Business Diplomacy, Kluwer Law International, 2000, at 130.

法律等，都规定不能强迫调解员在庭审中泄露此类资料。在美国，这个特权得到法院的尊重。（4）调解员不可扮演代理人的角色。起草正式和解协议的工作通常交给当事人的律师，调解员可检查、确信协议反映了当事人的基本谅解约定。无论如何，实际起草协议可解释为提供法律服务，如果调解员这样做了，当事人中不满的一方可断言此为渎职。因此，防备责任的最好方法便是完全中立，这既是调解员的义务，同时也避免了给当事人以指控他的口实。

　　总之，调解员完全应该为违反其在调解中应承担的诸如中立等义务而负责，只是在此问题上必须要顾虑到调解这种方式所具有的当事人的高度自治性、非形式主义等特质，亦即应该在两者之间寻求一种平衡。因此，实践中还是应该尽量避免调解员受到起诉的可能性，调解员本人也应积极采取措施来防止个人责任。否则，担任调解员会被视为畏途以至于阻滞了调解的发展；而且，过于严格的责任形式也有违调解这种友好解决争议方式的初衷，从而陷调解于一种尴尬的境地之中。

三、关于保密的问题

（一）保密问题概述

　　由于调解高扬不公开的程序利益，当事人在调解中可以就与争议解决有关的方方面面的问题进行讨论，而不用担心他们在调解中的披露日后会对他们构成不利。这甚至被认为是调解的最重要的支柱之一。① 对调解的损害，当首推泄密，因而调解中有关保密方面的问题是尤其重要的。调解人应能让当事人托付秘密，当事人以及其他参加调解程序的人也都应维护调解的非公开的程序利益，因此，对于所有调解程序的参加人而言，保密都是他们应该履行的义务。

　　基于如下的几个原因，保密被认为是合理的。（1）保密的宣示使得调解程序对于那些不愿公开其争议事务的潜在调解当事人具有很大的吸引力，而且当他们获知在调解过程中披露的任何信息在接下来的任何程序中都不会被采用而对其产生不利影响之后，就更是激发了他们进入调解程序的愿望。（2）保密能更有效地鼓励当事人坦诚地表达其真实的需求和利益，这将增进和解的可能性。为了使调解获得成功，各方当事人和调解人必须尽可能去了解和研究当事人之间的问题、造成这些问题的背景和具体

---

① Richard Birke and Louise Ellen Teitz, *U. S. Mediation in* 2001, The American Journal of Comparative Law, vol. 50, Supplement, 2002, at 195.

情况、当事人克服现有问题和解决争议的可能性。因此，在调解过程中，所讨论的事项范围可以不仅是在开始调解时已有的争议问题，而且还包括重新调整各方当事人之间未来关系的可能性或相互作出让步的建议。为了使这类问题的讨论有望成功，各方当事人必须愿意深入探讨仲裁程序或法院程序通常不予考虑的问题，包括当事人视为敏感或保密的问题。如果存在着可能将该信息的某一部分披露给第三方当事人或予以公开的风险，或在调解失败后，一方当事人可能会在仲裁程序或法院程序中将另一方当事人的披露或陈述作为证据，那么当事人在调解期间就会保持沉默从而不太可能达成和解。因而必得强调保密以避免披露某些事实和信息。（3）保密使得调解人因在调解程序之中或之后免于披露的压力而能增强其公正性，调解员的声誉也因此得以保全。①

　　在调解立法和调解规则中，保密问题始终是一个主要的内容，往往首先确定保密的一般原则要求，例如，UNCITRAL 的调解规则关于保密的第14 条规定是："调解员和双方当事人必须对与调解程序有关的一切事项进行保密。保密还应扩大到解决争端协议，但为了实施和执行目的而有必要公开者除外。"又如，UNCITRAL 调解示范法第 9 条设定的保密的原则是："除非当事人另有约定，与调解程序有关的一切信息均应保密，但按照法律要求或者为了履行或执行和解协议而披露信息的除外。"示范法在这里使用了一个范围很宽泛的措词，即"调解程序有关的一切信息"，目的在于不仅涵盖在调解程序进行期间披露的信息，而且还包括这些程序的实质内容和结果以及同在达成调解协议以前进行的与调解有关的事项，诸如调解可取性、调解协议的条款、调解人的选择、调解邀请以及对该邀请的接受或拒绝等情况的讨论。可见应予保密的信息是很多的，这种规定仍然是为了使调节对当事人更具吸引力。

　　其他如《美国仲裁协会商事调解规则》第 12 条中要求："在调解过程中，当事人或证人向调解员披露的机密情况，调解员不应泄露。调解员对在任职期间收到的所有记录、报告或其他文件应当保守秘密。在任何辩论式的程序或法院诉讼中不应强迫调解员泄露这类文件或强迫调解员对于调解出庭作证。"② 英国 CEDR 的示范调解程序就明确要求每一个参加调

---

①　F Crobie, *Aspects of Confidentialty in Mediation: A Matter of Balancing Competing Public Interests*, CDRJ, vol. 51, No. 2, 1995, at 51.

②　*See* http://www.arbitrationlawyer.cn/ShowArticle.asp? ArticleID = 471.（2003/6/9）

解程序的人都应该对调解中的所有的无论以何种形式出现的信息保守秘密。① WIPO 调解规则更是明确："介入调解程序的一切人，尤其包括调解员本人、争议方、争议方代表和顾问以及独立的专家都应遵守调解程序的保密性并不得向任何第三方泄露有关程序的情况或在程序进行过程中获得的信息，除非争议双方另有规定。"②

至于在调解机构所制定的调解员办案守则中，就更是将保密作为调解员的执业规范加以明确的规定，例如，中国国际商会调解员办案守则就要求调解员应当严格保守秘密，不得对外透露任何有关案件实体和程序上的情况，包括案情、调解过程、调解商议、调解结果等情况。在美国夏威夷州调解员准则中认为调解中披露的资料都属机密，调解员必须抵制披露调解程序的内容和结局的有关资料。③

不过值得注意的是，在设定保密规则时，必须遵守明确的除外情形，即如前述示范法之规定："……但按照法律要求或为了履行或执行和解协议而披露信息的除外。"要求披露有关信息的法律包括规定如果存在因未披露信息而可能致人死亡或人身受到严重伤害的威胁从而调解人或各方当事人必须披露信息的法律，以及规定为了公共利益必须予以披露的法律，例如为了提醒公众注意健康威胁、环境威胁或安全威胁等。

（二）保密规则的具体内容

调解程序中，保密问题可能会在下述这些情势中被提出来：调解员将从当事人一方获知的信息告知其他当事人；调解中的当事人或非当事方参加人试图在法庭或其他调解之外的场合提及在调解过程中披露的信息；法庭或仲裁庭通过调解员、当事人或试图接触调解的有关文件获得已披露的有关信息；调解员的其他自愿披露。相应地，调解中的保密规则通常会在以下几个方面对调解程序参加人设定有关义务：

1. 调解员在没有得到当事人同意的前提下一般不能将其从该当事人处获知的任何信息透露给任何其他的当事人。这种时候，调解员不仅要营造一个让当事人坦陈其愿望和要求的氛围，而且还必须做到不泄露当事人对其托付的秘密。当然，当事人可以放弃要求调解员保密的权利。在对保

---

① *See* Eileen Carroll and Karl Mackie, International Mediation—The Art of Business Diplomacy, Kluwer Law International, 2000, at 129.

② *See* http：//www. wipo. int/amc/en/mediation/rules/index. html. （2003/12/8）

③ 参见［美］罗伯特·科尔森：《商事争端的调解》，黄雁明译，载《仲裁与法律通讯》1999 年第 6 期，第 50 页。

密的这个方面的内容的规定中有两种表示的方式，一是在一般的原则上允许调解员对信息的披露，当事人有保密的要求时则例外。这种规定的用意在于既促进双方当事人和调解人之间开诚布公地交换信息，同时还保留当事人保密的权利。例如，UNCITRAL 调解规则第 10 条就是这种表述方式的代表，即："在调解员收到一方当事人有关争端的事实资料时，为了使他方当事人有机会做出他认为合适的解释，他可以将该资料的内容透露给他方当事人。但是，一方当事人在向调解员提供资料时附有保密的明确条件，则调解员不得向他方当事人透露该项资料。"UNCITRAL 的调解示范法第 8 条中的规定与其调解规则相似："调解人收到一方当事人关于争议的信息时，可以向参与调解的任何其他方当事人披露该信息的实质内容。但是，一方当事人向调解人提供任何信息附有必须保密的特定条件的，该信息不得向参与调解的任何其他方当事人披露。"并且一般认为示范法里所称之"信息"是一个广义的概念，既包括调解期间交流的信息也包括调解世纪开始前交流的信息。中国国际商会调解规则的相关规定是："调解员单独会见一方当事人的，可向他方当事人通报单独会见的情况，当事人另有要求的除外。"① 另一种表示的方式以英国 CEDR 的调解员行为守则的规定为代表，将不透露作为原则，当事人同意之下的透露为例外，即调解员在没有一方当事人明示同意的前提下，不能将其从该当事人处获得的任何信息披露给任何其他当事人。②

2. 作为一般的原则，调解中披露的与案件有关的信息不得在其他程序中作为证据加以采用，调解员和当事人以及其他调解参加人都应遵守这一义务。

在调解程序中，双方当事人一般可对可能的和解发表建议和意见，表示承认或表示愿意和解，但如果作出了这类努力，但调解还是未达成和解协议而且一方当事人启动了司法或仲裁程序，那么这些意见、建议、承认或愿意和解的表示都有可能被用来损害作出这些表示的当事人。这种"信息"外溢的可能性也许会使当事人不愿意在调解过程中积极努力达成和解，从而降低调解的效用。因此有必要制定规则来打消当事人在调解中进行开诚布公的讨论的顾虑，UNCITRAL《国际商事调解示范法》第 10

---

① 《中国国际贸易促进委员会/中国国际商会调解规则（2005）》第 23 条关于调解方式的规定中之第二项规定。

② *See* Eileen Carroll and Karl Mackie, International Mediation—The Art of Business Diplomacy, Kluwer Law International, 2000, at 134.

条第 1 款中对应予保密的事项作了详细的规定：

"调解程序的一方当事人或任何第三人，包括参与调解程序行政工作的人在内，不得在仲裁、司法或类似的程序中以下列事项作为依据、将之作为证据提出或提供证言或证据：

（a）一方当事人关于参与调解程序的邀请，或者一方当事人曾经愿望参与调解程序的事实；

（b）一方当事人在调解中对可能解决争议的办法所表示的意见或提出的建议；

（c）一方当事人在调解程序过程中作出的陈述或承认；

（d）调解人提出的建议；

（e）一方当事人曾表示愿意接受调解人提出的和解建议的事实；

（f）完全为了调解程序而准备的文件。"

该示范法在该条第 2、第 4 款中进而强调如上事项无论其以何种形式出现，也无论仲裁或司法程序是否与调解程序标的的争议有关，都属于这一条规定的适用范围。

该示范法第 10 条第 3 款还从另一个角度作出规定："仲裁庭、法院或政府其他主管当局不得下令披露本条第 1 款所述的信息。违反本条第 1 款提供这类信息作为证据的，该证据应当作为不可采纳处理。但按照法律要求或者为了履行或执行和解协议的，可以披露或者作为证据采纳这类信息。"这使得对保密的规定更加全面和严密，有一般的原则，也允许例外存在。根据该条第 5 款的规定，即："以本条第 1 款的限制为限，在仲裁或司法或类似程序中可予采纳的证据并不因其曾用于调解中而变成不可采纳。"可以肯定的是，第 10 条第 1 款对于不能作为证据在其他程序中使用的规定是属于确定性的列举而非示范性的列举，亦即除了所列举的这些确定性的事项之外，其他在调解中使用过的证据在司法或仲裁程序中也是可以采用的，不得采信的只是第 1 款所列举的在调解程序中作出的某些陈述、观点或建议，而不是作出陈述所依据的任何基本证据。事实上，在调解程序中，当事人经常会出示不适用于调解或并非为调解目的而创设的信息或证据，当事人并不会因为在调解程序中出示此类信息或证据而放弃其在以后程序中的使用权，也不会因此而使其不可采信。例如在与海上货物运输合同有关的争议中，为了证实托运人的姓名，可予采信提单，尽管在调解中曾使用过提单。因此示范法该款规定是较为严谨的并切合实际的，因而也是非常合理的。总之，示范法的整个第 10 条是全面禁止将调解中所获信息用于其他程序。不过，值得注意的是，该条仍然笼统规定了除外的情形，该情形还有待于进一步的解释。不过，应该可以认定的是在某些情形下某些事实的证据根据第 10 条是不能采信的，但是如果完全有必要顾及在公共政策上存在的令人信服的理由，则必须推翻这种不可采信的属性。例如，披露一参与方发出的造成人身伤害或非法损失或损害的威胁的必要性；某一参与者试图利用调解来策划或进行犯罪；需要有证据来确立或反驳根据调解期间发生的行为提出的失职指控；在涉及双方当事人达成的协议的有效性或可执行性方面存在着欺诈或胁迫情况时，在程序中需要证据；调解期间作出的声明显示对公众健康或安全构成了相当大的威胁等。

UNCITRAL 的调解规则第 20 条关于其他程序中可接受的证据的规定，在基本精神上与其示范法相同，只是周延性上欠佳。另外，在 WIPO 调解规则第 17 条中也可以看到如下的相似规定："除非当事人同意，调解员和当事人在司法程序或仲裁程序中不得将以下内容作为证据援引或其他方式援引：

（a）一方就可能解决争议所表示的意见或其他任何建议；

（b）在调解程序中一方所作的任何供词；

（c）调解提出的任何建议或意见；

（d）一方对调解员或另一方提出解决办法的接受声明或不接受声明这一情况。"①

美国 AAA 商事调解规则、中国国际商会调解规则以及英国 CEDR 的示范调解程序等都有着相似的表述。在调解员的守则也会对调解员在这个方面的义务进行规定。例如，夏威夷州调解员准则在资料的发表上规定，未获得参与人的同意之前，调解员不得向他人发表有关调解的资料，法律有求者除外。调解员在保管和处理案卷中应保密，当用于科研和培训时，所有证明资料的提供都应隐去姓名。②

由此也就产生了调解参加人的特权问题，即无论是调解当事人、调解员还是调解程序的非当事方参加人都享有拒绝在别的程序中披露调解中的信息的特权。美国的 NCCUSL 的《统一调解法》在第 4 条中专门就不披露的特权问题进行了规定，调解参加人不仅享有拒绝披露的权利，而且还有权阻止别人泄露调解中的信息。但是，该法在第 5 条中也规定，此特权

①　*See* http://www. wipo. int/amc/en/mediation/rules/index. html. (2003/12/8).

②　参见［美］罗伯特·科尔森：《商事争端的调解》，黄雁明译，载《仲裁与法律通讯》1999 年第 6 期，第 50 页。

可以通过调解参加人以书面或口头的形式放弃，也可以因为法定的一些事由而排除。美国 AAA 商事调解规则第 12 条的规定也肯定了调解员的这种特权，即："调解员对在任职期间收到的所有记录、报告或其它文件应当保守秘密。在任何辩论式的程序或法院诉讼中不应强迫调解员泄露这类文件或强迫调解员对于调解出庭作证。"① 英国 CEDR 的示范调解程序也规定了调解员可以拒绝在与调解的标的有关的诉讼或仲裁程序中作证的特权。②

关于不允许调解中一些资料、信息在其他程序被用作证据的规定是很有必要的，由于在调解中关于案件事实的披露以及其他的意思表示不会在其后的诉讼中作为对其不利的证据，故一方当事人可以毫无顾虑地陈述与案件有关的一切情况以及自己在争议解决上的看法和观点，这就为通过调解达成当事人之间的和解打下了一个良好的基础。也正因为一方当事人在调解中的所有披露不会在其后作为对其不利的证据，他方当事人可能会预测，若不在调解中作出让步，有可能因自己举证不能而在诉讼或仲裁中一败涂地，故作出放弃部分权利的调整（这种权利的部分放弃，较之裁决中因举证不能的败诉，其代价还是小得多）。一般而言，人们趋利避害的心理使得当事人会自愿选择在调解中作适当的让步，这就是调解的无败方规则。与判决结果绝对的输赢不同，调解无所谓败方，它是一种折中，一种调和，是成本最小化的技巧运用。因此，在这个意义上调解的程序优势在很大程度上依赖于调解的保密规则。

3. 调解员在其他程序中的作用也跟保密的问题紧密相连，一般涉及到调解员能否在其后的诉讼或仲裁程序中担任仲裁员以及担任一方当事人代表或律师这两个方面的问题。

就后者而言，即调解员可否在其后的诉讼或仲裁程序中担任一方当事人代表或律师，出于自然公正的要求，显然是需要禁止的，否则对方当事人将在这些程序中处于劣势是不证自明的。在某些法域中，即使各方当事人同意调解员担任一方当事人的代表或律师，这种协议也会违反调解员应遵守的道德准则，而且有可能被视为损害调解作为争议解决的一种方法所具有的公正性。所以，在 UNCITRAL 示范法的前一稿中还有限制调解员

---

① *See* http://www. arbitrationlawyer. cn/ShowArticle. asp? ArticleID = 471.（2003/6/9）

② *See* Eileen Carroll and Karl Mackie, International Mediation——The Art of Business Diplomacy, Kluwer Law International, 2000, at 129.

担任双方当事人中任一方的代表或律师（除非当事人有相反的约定）的
规定，但是对修订这一条文以避免将给问题留由当事人自主决定的提议遭
到了反对，理由是该提议损害了当事人意思自治原则，并无视在道德规则
要求调解员不得担任代表或律师的某些法域中，调解员总是可以自行拒绝
以这种身份行事。最后，UNCITRAL 第二工作组的与会者商定，该条文就
调解员是否可以担任任何一方当事人的代表或律师的问题保持沉默。①

　　对于前者，即同一个人是否能够既担任调解员尔后又担任仲裁员的问
题，世界各国却存在争议。在以中国为代表的赞同将仲裁与调解结合起来
的国家，既然在仲裁程序中一个人的仲裁员和调解员的身份是可以互换
的，那么，调解员和仲裁员由同一个人担任是被允许的，不会存在什么障
碍。香港国际仲裁中心主席尼尔·客普伦教授说道："调解在亚洲有很长
的历史，特别是在中华人民共和国，在那里仲裁和调解被认为是同一有机
组合程序的一个部分。中国人认为，在当事人不能自愿地解决他们的争议
时，了解他们的需要和动机的调解员就是理想的仲裁员。在中国人心目
中，没有必要（实际上是失去优越性）去找不同的人担任调解员和仲裁
员。"② 中国仲裁法第 51 条规定："在仲裁程序中，当事人自愿调解的，
仲裁庭应当调解，调解不成的，应当及时作出裁决。"据此，既然是仲裁
庭主持的调解，调解员也就是仲裁员了。因此，中国国际商会在其 2000
年调解规则第 22 条中允许在调解不成功的情况下，调解员可以在以后的
仲裁程序中被一方当事人指定为仲裁员。该条还规定了例外的情况，即如
果对方当事人不同意，调解员就不能再担任仲裁员。然而在西方，调解和
仲裁被看作是两个不同的程序。仲裁员在仲裁过程中摇身一变而成为调解
员，如果调解失败，又继续仲裁，这是不可想象的。当事人知道最后由同
一个人去裁决他们的争议，就会不愿意在这位调解员的面前将他们所有的
牌全部摊在桌子上。既然仲裁程序中的调解不被允许，那么同理，调解员
在调解之后再担任与调解相同或相关的争议标的仲裁程序中的仲裁员也是
不可想象的。因此，一个人是不能兼有调解员和仲裁员的身份的，这也是
自然公正的原则所要求的。UNCITRAL 的调解规则第 19 条关于双方当事

---

　　① 《贸易法委员会国际商事调解示范法及其颁布和使用指南》第 42 页，See
http://www.uncitral.org/pdf/chinese/texts/arbitration/ml-conc/ml-conc-c.pdf.（2004/
12/19）。

　　② 转引自唐厚志：《正在扩展着的文化：仲裁与调解相结合或与解决争议替代
办法（ADR）相结合》，载《中国对外贸易》2002 年第 1 期，第 54 页。

人和调解员应保证调解员在调解程序主题的争端的任何仲裁或司法程序中不得担任仲裁员或一方当事人的代表或律师的规定，实际上就是对如上西方观念的反映。

东西方这种观念上的差异的背后存在着社会、文化、历史等多种深层次的原因，这使得对此问题的深入探讨会很繁杂。实际上，在调解员能否充任仲裁员的立法实践上，西方世界也在发生着变化，普遍的做法是将调解员不能担任仲裁员作为一个原则予以规定，但是如果当事人同意则不受此限。在《百慕大国际仲裁与调解法》以及美国加利福尼亚、俄勒冈、得克萨斯州的仲裁法中都有类似条款。① UNCITRAL 调解示范法第 12 条关于调解人担任仲裁员的规定采取的也是这种表达方式，即"除非当事人另有约定，调解人不应当担任对于曾经是或目前是调解程序标的事项的争议或者由于同一合同或法律关系或任何与其有关的合同或法律关系引起的另一争议的仲裁员"。由此也可以看出，示范法在这个问题上的立场是一种中立的态度，规定了不违反当事人意思自治的缺省规则，只要当事人和调解员达成约定，就能够推翻在这一点上的任何限制，即使有关事项须受到行为守则之类的规则限制。该第 12 条对调解员担任仲裁员加以限制，其目的是提高对调解员和调解作为争议解决方法的信心，因为一方当事人如果还需顾虑如果调解不成功调解员可能在以后的仲裁程序中被另一方当事人指定为仲裁员的可能性，也许就不愿意积极争取在调解程序中达成和解。不过，在有些情形下，双方当事人有可能认为仲裁员事先了解了有关情况有助于其更有效地处理案件，因而当事人可能实际上更愿意调解员而非其他人被指定为随后仲裁程序中的仲裁员。示范法的该第 12 条规定并不妨碍任命前任调解员为仲裁员，其前提是双方当事人约定不按该规则办理即共同指定该调解员担任仲裁员。也因此，这种规定表面上看虽与前述中国国际商会 2000 年调解规则允许调解员充任仲裁员的规定不相同，但由于两者都强调了当事人的意思自治在这个问题上的作用，即只要当事人一致同意，调解员就可以担任其后仲裁程序中的仲裁员，使得两种规定中蕴含了趋同的元素。不过，《中国国际贸易促进委员会/中国国际商会调解规则（2005）》第 29 条的规定则放弃了前一个调解规则中的规定而完全与 UNCITRAL 调解示范法的规定采取相同的表达方式，即"如果调解不成功，调解员不得在其后就同一争议进行的仲裁程序中担任仲裁员，但

---

① *See* Pieter Sanders, The Work of UNCITRAL on Arbitration and Conciliation, Kluwer Law International, 2001, at 76.

当事人同意者除外。"

　　总之，为调解设置一些程序规则，在一定的程度上固然是对其程序利益的保障，例如有关保密方面的规则就是为保护调解的非公开性的程序利益而定，但是，如果在调解的程序保障上没有一个合适的度，那么程序利益将会因此而受到侵蚀。例如，对当事人在参加及退出方面的过分限制、对调解员设置较严格的责任等可能会减损调解的灵活性这个程序利益。因此，应寻求程序保证与程序利益的协调，在这种努力中，最低限度的规则以及最大限度尊重当事人的意思自治应该被作为行动指南。

第五章　国际商事调解程序

　　从法律学的角度来看，程序主要体现为按照一定的顺序、方式和手续作出决定的相互关系。其普遍形态为：按照某种标准和条件整理争论点，公平地听取各方意见，在使当事人可以理解或认可的情况下作出决定。作为现代法治的基石，程序的本质是对恣意的限制。① 在一般情况下，程序包括了从程序的启动到终止的一系列环节。在严格的法律意义上，调解具有一种反程序的外观，这是由合意这一调解的本质要素决定的。② 因此，一旦当事人同意调解，即往往不要求调解员遵循刻板的规则或模式，而是授权调解员以灵活的方式协助当事人查明争议问题，甚至提出当事人可以接受的和解方案，由此促进争议的迅速解决。调解不必严格按照法律规范进行三段论式的推理和论证，也不必遵循一定的步骤查明事实、分清是非，而是灵活随机地进行一种谋求解决问题式的谈判。诸如 UNCITRAL 调解规则、美国仲裁协会商事调解规则、英国 CEDR 示范调解程序、WIPO 的调解规则、中国国际商会调解规则等等，主要是用于阐明调解参加人的一些必要的责任，而并不要求调解员以及其他调解参加人遵循任何特定的程序，相反，它们往往都明确规定调解人可以采取自己认为适当的方式来进行调解，当事人也可以自行约定调解的方式。③ 因此，与其说调解程序，毋宁说是调解的过程，与诉讼程序甚至仲裁程序所指之"程序"并不能在法律意义上完全等同。之所以仍然使用程序一词，更多的是出于一种约定俗成的表达习惯，下述冠以"程序"名称的有关内容准确地说应该是指商事调解过程中带有一定的普适性的做法。

---

　　① 参见季卫东：《程序比较论》，载《比较法研究》1993 年第 1 期，第 7~8 页。

　　② 参见［日］棚濑孝雄：《纠纷的解决与审判制度》，王亚新译，中国政法大学出版社 1994 年版，第 47 页。

　　③ 例如《中国国际贸易促进委员会/中国国际商会调解规则（2005）》第 23 条的规定；《联合国国际贸易法委员会调解规则》第 6 条第 3、4 款的规定等。

第一节　调解程序的开始

一、当事人的调解合意

商事调解程序得以开始的前提是当事人之间存在将其争议交付调解的合意，即调解协议。① 调解机构往往将当事人之间的调解协议作为其受理调解案件的依据。例如，中国国际商会调解规则就明确规定，调解中心根据当事人之间在争议发生之前或之后达成的调解协议受理案件，当事人向商会调解中心提交调解申请书时应写明调解所依据的调解协议。②

一般而言，调解协议在争议发生之前与之后都可以达成，如果是争议发生之前，当事人可以根据可能会发生争议的法律关系的性质而选择在合同中约定一条调解解决争议的条款，或者达成一个调解解决将来争议的协议的不同方式来缔结调解协议。争议发生之后，当事人之间调解合意的达成方式通常有二：其一，由一方当事人直接向对方当事人发出调解的邀请，如果对方当事人接受调解邀请，调解合意即告达成。在这种情形下，对调解邀请的回复往往要求在一定期限内，对此，UNCITRAL 的调解规则第 4 条和示范法第 4 条都规定，如果提议调解的一方当事人从发出邀请之日起 30 天内，或在该邀请规定的其他时间内未收到答复，他得认为是对调解邀请的拒绝。其二，由一方当事人向调解机构提出请求，通过其向他方当事人发出调解的邀请。在这种情形下，当事人之间能否达成调解合意在很大程度上有赖于调解机构的工作。英国 CEDR 在收到一方当事人的调解请求之后，它往往会去接触其他当事人以说服其参加调解。英国 CEDR 示范调解程序在规定 CEDR 于调解中的职责时，专门提到的一项即起草当事人达成的将争议交付调解的调解协议。③ 根据美国仲裁协会（AAA）商事调解规则的规定，当事人之间若无调解申请或合同未订明调解条款，一

---

① 调解协议往往是在广义上使用，既指当事人达成的将其争议交付调解解决的合意（Conciliation/Mediation Agreement），也指调解当事人就争议的解决达成的处理协议，即和解协议（Settlement Agreement）。不过，本书为避免混淆，在行文中所称之调解协议是特指前者，即当事人同意调解的合意。

② 《中国国际贸易促进委员会/中国国际商会调解规则（2005）》第 11 条和第 12 条。

③ See Eileen Carroll and Karl Mackie, International Mediation—The Art of Business Diplomacy, Kluwer Law International, 2000, at 126, at 131.

方可要求 AAA 邀请另一方联合提请调解。收到此类要求，AAA 一旦确认一争议适于调解便会与有关的他方当事人联系，查明对方是否愿意参与，它会尽力使该方律师信服，调解该案要比法院审理快捷。① 现行中国国际商会调解规则中对当事人一方提起调解的情况也作了规定，即当事人之间没有调解协议，一方当事人申请调解的，调解中心也可受理，并征求对方当事人的意见。② 在中国国际商会调解中心的调解实务中，由一方当事人向中心提出调解申请，再由中心促使其他当事人同意调解的情况也是存在的，亦即在当事人之间不存在调解协议时一方当事人也可以单方面提请调解，再由调解中心来促成当事人的调解合意。③

就争议发生之后当事人达成调解协议的两种方式而言，由于当事人之间争议的存在使其很难在没有第三人介入的情况下商议争议解决的方式，因此在后一种方式之下由于调解机构的介入必将有助于当事人调解合意的达成，尤其是如果对方当事人对调解程序自然特性的理解相对薄弱时，由调解机构去告知其调解的相关属性、特征比较有说服力。在采这种方式时，从广义上讲这一阶段也可以视为调解程序的一个部分，因为如果当事人的调解合意达成了，调解程序也因此而启动。应当指出的是，调解机构在把一方当事人要求调解的意愿向另一方当事人传达时应注重技巧，否则极易诱发该当事人对调解机构产生抵抗的情绪，或者把启动程序的一方当事人视为弱者，最终影响对程序的参与。④ 因此，调解机构应运用各种适当的手段使得对方当事人认识到其在达成和解上的能力，这样，才能使其对调解这种争议解决方式予以认同。

二、调解程序的启动

调解程序得以进行还有赖于程序的启动。大体上，调解程序的启动方式有两种：

（一）当事人根据已达成的调解协议提出调解申请

在商事调解中这通常由一方当事人依据其与其他当事人之间的调解协

---

① *See* http://www. arbitrationlawyer. cn/ShowArticle. asp? ArticleID = 471. （2003/6/9）

② 《中国国际贸易促进委员会/中国国际商会调解规则（2005）》第 11 条第 3 款。

③ 详见黄河主编：《中国商事调解理论与实务》（中国民主法制出版社 2002 年版）第 13 章关于案例评析的有关内容。

④ 参见范愉主编：《ADR 原理与实务》，厦门大学出版社 2002 年版，第 344 页。

议而向某一调解机构提出调解的申请，而且如果调解协议约定使用该机构的调解规则，提出申请的当事人应该按规则中的要求办理有关手续。例如，现行中国国际商会 2005 年调解规则第 13 条规定：

"当事人向调解中心提出调解申请时，按下述要求办理手续：

（一）提交调解申请书（一式四份），其中应写明及/或提供：

1. 申请人和被申请人的名称（姓名）和地址、邮政编码、电话、传真、电子邮件（E-mail）等；

2. 调解所依据的调解协议；

3. 争议事实、证据材料和调解请求；

4. 其他应当写明的事项。

（二）如聘请代理人参与调解程序，应提交书面授权委托书。

（三）在调解中心调解员名册中，选定或委托调解中心代为指定一名调解员。

（四）如当事人在争议发生前或发生后达成调解协议或就以调解的方式解决争议达成一致，则由申请人及被申请人按照本规则所附调解收费表的规定分别预交调解费的 50%……"

美国仲裁协会商事调解规则中有相似的规定，即如果当事人之间达成了依 AAA 规则进行调解的合意，那么当事人一方或双方可以依据本规则提交调解的书面申请，并依收费表交付适当的管理费，并且在申请中应对争议的性质作简短的说明，列明所有当事人的名称、地址、电话号码。申请方应向 AAA 提交两份要求并同时向争议的每一当事人提供一份。①

世界知识产权组织调解规则在其第 3 条、第 4 条中也有类似的关于程序启动的规定，即希望开始调解程序的调解协议中的一方当事人需要向 WIPO 仲裁与调解中心提交一份书面的调解申请，并同时将其复印件送达对方当事人。调解程序因此而启动。调解开始的日期即是中心收到调解申请书之日。②

不过，即使在当事人之间存有将争议交付调解解决的协议的情况下，一方当事人也提出了调解的申请，但还有赖于对方的确认同意。现行中国国际商会 2005 年调解规则第 14 条规定："……被申请人应在收到上述文件之日起 15 日内确认同意调解……"其第 15 条接着规定："调解被申请

---

① *See* http://www.arbitrationlawyer.cn/ShowArticle.asp? ArticleID = 471.（2003/6/9）.

② *See* http://www.wipo.int/amc/en/mediation/rules/index.html.（2003/12/8）.

人未在第 14 条规定的期限内确认同意调解的，视为拒绝调解……"《联合国国际贸易法委员会国际商事调解示范法》第 4 条第 1 款也明确规定："对所发生的争议的调解程序，自该争议各方当事人同意参与调解程序之日开始。"这一规定涉及调解程序何时可以被认为开始的问题，其产生的作用是，即使合同订有要求各方当事人实行调解的规定，但调解程序也只有在各方当事人同意实行这类程序后开始。示范法只是笼统地提及"该争议各方当事人同意参与调解程序之日"是为了把各方当事人同意实行调解程序的不同方法都包括在内，并且由于该条只提及"参与调解程序"，实际上是把确定达成调解合意的准确时间的问题留待其他法律来处理，各方当事人何时达成协议的问题最终是个证据问题。因此，示范法在其第 4 条第 2 款中接着规定："一方当事人邀请另一方当事人参与调解，自邀请发出之日起 30 天内，或者在该邀请规定的其他时间内，未收到接受邀请的，可以作为拒绝调解邀请处理。"上述规定体现了在启动调解所应遵循的程序上实行当事人意思自治原则，但是在当事人已经约定调解未来争议但在争议发生之后一方当事人却不再希望调解的情况下，这种当事人可以在法定或约定的期限内作出拒绝调解的意思表示的规定是否为当事人提供了只要不在有关期限内答复调解邀请即可无视其合同义务的机会呢？根据 UNCITRAL 有关文件的记载，在制订示范法的过程中曾商定，示范法不应该涉及一方当事人未遵守调解约定而带来的后果，这一事项应该留给示范法所不涉及的关于义务的一般法律来处理。因此示范法第 4 条第 2 款的目的不是允许无视一项同意调解的合同承诺，而是用确定调解尝试何时已告失败的方法来对不清楚某一方当事人是否愿意调解的情形提供确定性，而不论根据关于义务的一般法律此种不守约是否违反调解约定。①

调解程序的这种启动方式应是一种常态，不过，还存在着另一种使用频率很高的程序启动方式。

（二）一方当事人在没有调解协议的情况下提出调解申请

在此种情况下，虽然当事人之间没有一个既存的调解协议，只是一方当事人单方面的意思表示，但是如果调解机构促成了当事人调解协议的达成，接下来调解的程序也就开始了，因而，当事人一方单方面提出调解申请也可能会启动调解程序。当然，如果当事人之间达不成将争议交付调解

---

① 联合国大会记录 A/57/17，第 36 段。*See* http：//www. uncitral. org/pdf/chinese/texts/arbitration/ml-conc/ml-conc-c. pdf. （2004/12/9）.

的合意，调解程序也无从进行，例如 UNCITRAL 调解规则第 2 条就规定，如果他方当事人拒绝调解邀请，则不进行调解程序。

在世界著名的一些调解机构的实践中，例如英国 CEDR、美国仲裁协会、中国国际商会调解中心等，当事人单方面申请调解而导致调解程序启动的情况是很普遍的。

中国国际商会河北调解中心调解过的一个国际贸易中欠款争议的案件即是由一方当事人单方面提请调解而导致调解程序进行的。此案的简单案情和处理如下：①

　　1995 年初，申请人（加拿大某公司）从蒙特利尔发运至上海港一批液体化工原料，由于延缓了交货期且国际市场价格下跌，原客户拒不接货。这不但造成巨额滞期费，化工原料质量品级也随时间的推移而下降。在万般无奈之际，申请人与老客户被申请人（某省进出口公司）达成协议，由被申请人接货。申请人为让被申请人早日接货，以减少滞期费，提单没经银行传递而直接寄给被申请人，致使被申请人在没有付款的情况下提货，并卖给国内客户。被申请人只向申请人付了 15 万美元，拖延剩余 20 万美元的货款达两年之久。申请人在多次催要无效的情况下，聘用加拿大律师，根据合同中的仲裁条款提请中国国际经济贸易仲裁委员会仲裁，但由于仲裁条款有缺陷，仲裁委未能受理。至此律师费已发生 1.5 万美元。该律师向申请人建议在被申请人所在 Z 省诉讼，但所需费用为 5 万美元。正在为如何既能节省费用追回货款，又能保持与被申请人的业务关系而烦恼时，申请人看到《中国贸易报》刊登的河北调解中心居间调解的案例，怀着新的希望，几经周折，与河北调解中心取得联系。调解中心受案后，首先向被申请人送达了申请人的申请书，被申请人对调解中心的管辖权和公正性提出异议。调解中心就此向其讲明调解中心的中立居间性质及可在不伤和气、维护双方信誉的基础上解决争议的原则，从而打消了被申请人的顾虑，使被申请人同意接受调解中心主持的调解，最终案件通过调解得以解决。

可见，在如上的案例中，在调解机构的介入之下，当事人达成了调解

---

　　① 参见黄河主编：《中国商事调解理论与实务》，中国民主法制出版社 2002 年版，第 201～204 页。

的合意从而启动了调解程序。

(三) 调解程序的启动与时效期限的中止

调解程序的启动会涉及调解标的事项的诉讼时效期限的计算问题。在这个问题上，UNCITRAL《国际商事调解示范法》的态度是具有代表性的，也是切合实际情况的。在该示范法中，采用在第 4 条 "调解程序的开始" 这个标题的脚注 (脚注 3) 列入拟颁布该条的国家可选择使用的案文的方式来对时效期限中止的问题进行了规定，其表述为：

"下述案文是对拟采纳时效中止条款的国家提出的：

第 X 条 时效期限的中止

1. 在调解程序开始时，关于调解标的事项的诉讼时效期限即告中止。……"

该示范法在拟定时曾讨论是否有必要在示范法中列入一个统一规则，规定调解程序的启动将中断调解所涉标的事项的诉讼期限时效的计算。当时与会者坚决反对在正文中保留这一条款，主要理由是，时效期限问题在技术上十分复杂，难以纳入对此问题做法不同的国家的程序法制度之中，而且如果示范法干扰了关于时效期限暂停或中断的现行程序规则，其可接受性就会削弱。此外，由于各方当事人可以通过其他途径保护其权利，例如通过商定延长时效期限、或为中断时效期限的计算而启动仲裁程序或法院程序，因而这一条文也是不必要。① 而且，这种条文本身也是具有风险的，如果作为一条规则规定调解程序的开始即导致暂停计算时效期限，那么就要求何以构成开始的问题具有高度准确性，而这种高度准确性的要求实际上会忽视调解的非正式性和灵活性的根本特质。此外，如果设置了相关规则，就会令人对调解在程序上产生的影响抱有期望，但又由于通常进行调解的情形无法轻易满足这种期望，那么反而会损害调解作为一种争议解决方法的声誉。

不过，示范法也没有完全排除各国在调解立法中对此规则的采纳考虑而以脚注的方式通过了参考案文，如果没有这样一个案文，有些法律制度会将调解程序的启动当作时效期限的中断，调解一旦不成功又必须重新从第一天开始计算时效期，为避免这种结果有必要列出一个具体条文，确定调解程序的开始只是造成时效期限的暂停计算。在示范法中对于 "调解" 是作广义的界定，以反映在理念上认为调解是一种灵活的过程，实践中可

---

① *See* http://www.uncitral.org/pdf/chinese/texts/arbitration/ml-conc/ml-conc-c.pdf. (2004/12/9).

以采取多种形式，其中有些形式可能是相当不正式的并可以在没有书面的调解约定的情况下进行，因此，如果一国采纳了示范法关于时效期限的该案文，由于确定调解是否发生与何时开始可能产生严重的法律后果，该国就应考虑要求以书面形式宣布调解开始，并对更为准确地确定何以构成调解列入具体规定。而如果不采纳示范法该案文，当事人仍有可能通过启动本国法院或仲裁程序以延长时效期限来保护其利益，因为根据示范法第13条的规定，任何当事人都可以不受限制地凭其单方面的行动提起仲裁或司法程序，但必须以此种行动对维护其权利有利为限，鉴于不应将此种行动本身当作是放弃调解约定，一方当事人可以因此而通过单方面行动延长时效期限。

三、可调解性与可调和性

从理论上说，调解的实质性启动尚应取决于针对争议事项是否具备"可调解性"所作出的评判，因此，还存在对当事人调解申请的审查和受理的问题。就商事调解而言，主要是判断申请人提出调解申请的案件是否属于商事范畴。在 UNCITRAL 调解示范中，"商事"的含义是非常宽泛的，即由于商业性质的所有各种关系而发生的事项，而无论这种关系是否属于合同关系。示范法还就商业性质的关系的交易进行了列举并且申明还不限于其所列举的这些交易，亦即它所采取的是示范性列举的方法而非限定性列举的方法。调解示范法关于"商事"含义的解释应该是具有代表性和权威性的，因为它反映的是国际社会在这个问题上的普遍实践。① 而且，与仲裁的同类问题相比，如果说仲裁中的可仲裁性问题关系到其后对仲裁裁决的承认与执行的话，那么，可调解性却并不一定具有类似的意义，因为作为调解结果的和解协议并非是第三人裁决的结果，而是当事人自己达成的解决争议的协议，在其司法性（执行力）问题上是存在疑问的。总之，在商事调解中，对于可调解性的要求应该是很宽松的，因而对可调解性的审查也显随意些。例如，中国国际商会调解中心现行调解规则第14条规定："调解中心收到调解申请书及其附件后，经审查完毕，立即转送给被申请人一式一份……"这条规定实际上只对调解申请作形式审查，只要符合规则在这个方面的形式要求，调解中心就可以受案。再如，WIPO 的调解规则也是完全开放性的，争议的双方当事人只要在本国具有完全的民事主体资格，无论其是否为 WIPO 成员国国民，均可协议将

---

① 参见本书第二章第一节的相关内容。

争议提交其"仲裁与调解中心"调解。并且，WIPO调解规则对可以提交
"中心"的争议种类甚至未加任何限制，即不仅仅局限于知识产权争议。
虽然基于WIPO的性质，调解规则的设置是将重心放在知识产权方面，但
在经贸实践中，很少有单纯的知识产权争议，知识产权问题往往与贸易、
投资等方面的问题纠缠在一起，如果"中心"仅处理知识产权部分的争
议，而把其他方面问题留待其他机构处理，将在争议解决的时间与费用上
给当事人造成极大不便。不过，WIPO在审查争议案件的可调解性时也会
考虑到一些特殊的情况，即如果从当事人的角度出发，为了使调解程序尽
可能地产生积极成果，并不是所有的知识产权争议都适合用调解方式解
决。如果争议的发生是因为一方的恶意侵权，如假冒与盗版，那么侵权方
很可能在调解过程中不予合作，使得调解合意难以达成，所以这一类型的
争议并不适合调解程序。但是，如果争议双方处于一种长期持续的合同关
系中，如许可证合同或共同研究开发合同，而且双方均愿意在争议解决之
后继续保持良好的商业合作关系，那么调解程序很可能在双方的努力下得
出令人满意的结果。①

　　其实，在调解实践中，调解机构在收到当事人的调解申请时，除了一
般性地考虑争议的可调解性外，往往更加注重个案的可调和性，即当事人
相互之间的权利要求是否存在弹性处理的空间，双方当事人是否均存在由
于某种原因而让步的可能性。这种对个案可调和性的判断在当事人之间同
意调解解决争议的合意的达成还有赖于调解机构的介入的情形中尤其重
要，因为调解机构往往是在对争议可调和性倾向于肯定性的判断之后，才
积极地劝说对方当事人同意参加调解，促成其调解协议的达成，然后启动
调解程序。

　　中国国际商会天津调解中心处理的如下案例中，可以清晰地看到对于
案件可调和性的判断实际上决定了调解机构的下一步的行动。此案简单的
案情是：②

　　　1995年12月19日，天津某外贸集团公司作为出口委托方与美
　　国一进出口公司作为进口代理方及天津该外贸集团公司的供货厂家签

---

　　①　参见左冰、刘家瑞：《试析世界知识产权组织的争端解决机制》，载《华东
政法学院学报》1999年第1期，第59页。
　　②　参见黎夫：《涉外调解——本案没有失败者》，载《法律与生活》1998年第
8期，第13~14页。

订独家代理协议。协议中规定，天津外贸集团公司向美国进出口公司出口农业机械，该批机械由供货厂家负责生产，天津外贸集团公司指定美国进出口公司作为独家代理人。协议代理期限为 3 年（1995 年 12 月至 1998 年 12 月），该协议的争议解决条款中规定，如果在执行协议中出现争议并得不到解决时，则在中国提请仲裁。协议签订后，开始的合作一直非常顺利，没有产生争议。但在 1996 年 12 月，因为双方对天津外贸集团公司向美国进出口公司出口的一批农用设备的质量认定上存在异议，遂起争议。在天津方与美方公司多次交涉未果的情况下，美国进出口公司在美国俄勒冈州地区法院以天津外贸集团公司作为被告提起诉讼，美地区法院经过认真审理作出结论，双方公司当事人应在中国通过仲裁解决争议。结论一出，天津外贸集团公司于 1997 年 4 月找到了天津调解中心请求帮助调解此案。

    天津调解中心受理了此案，并经过反复了解情况，认真审阅了案件的有关材料，认为此案经过努力是能够顺利解决的，因为：第一，双方是有着多年合作历史的贸易伙伴，彼此有着相互信任的基础。特别是自从独家代理协议签订之后，双方合作还是不错的。第二，美国进出口公司曾向美国当地法院提起诉讼，但是法院认为根据合同条款的规定，此案应通过中国仲裁解决，这无疑使调解的可能性增加，只要调解中心努力争取，美国进出口公司是会同意调解的。第三，根据中国 1995 年 9 月 1 日实施的仲裁法的规定，该仲裁条款是不完善的，如要仲裁此案，必定将经过繁琐的法律程序，这对于双方来讲都是费力耗时的事情。因此，天津调解中心认为此案经调解得以解决的可能性很大，于是便发函给美国进出口公司并向其阐明了调解中心的任务及其职责，着重讲明调解中心愿通过努力使双方化解矛盾，促进双方长期合作。美国进出口公司开始还准备就管辖权向美国俄勒冈州地区法院的上一级法院提起上诉，不愿意接受中国方面的调解。为此，天津调解中心又致函给美国进出口公司，根据联合国 1958 年《纽约公约》及联合国《国际商事仲裁示范法》和美国有关的仲裁立法等有关仲裁的国际条约和惯例，向美国进出口公司阐明即使其上诉也会被驳回。最后，美国进出口公司经过认真考虑和研究，终于同意调解。由此开始了调解程序，最终双方就争议达成了和解，并开始了新的合作。

    由此可见，对案件可调和性的判断既关系到调解机构是否努力去促使对方当事人同意参加调解以开始调解程序，更直接关系到最终和解协议能否达成，调解能否获得成功。

第二节 调解程序的进行

一、确定调解员

在当事人无论以何种方式达成调解合意而开始调解程序后，调解员的确定是使调解程序得以进行的关键环节，它包括调解员的人数和具体的调解员的人选两个方面的问题。商事调解中调解员的确定是采取完全的当事人意思自治。UNCITRAL 调解示范法对调解员的人数，以及在不同情况下调解员的确定分别作了较为详细的规定，这些规定可视为在调解员选任上的一般规则。其主要内容有：首先，除非当事人约定应当有一名以上调解人，调解人应当为一人；各方当事人应尽力就一名调解人或多名调解人达成协议，除非已约定以不同程序指定他们。其次，各方当事人可以在指定调解人方面寻求机构或个人的协助，此时，或由一方当事人请求上述机构或个人推荐适合担任调解人的人选，或由各方当事人协议由上述机构或个人直接指定一名或一名以上的调解人；在推荐或指定个人担任调解人时，上述机构或个人应当考虑各种可能确保指定一名独立和公正调解人的因素，并应在情况适当时，考虑是否指定一名不属于各方当事人国籍的调解人。UNCITRAL 调解规则的相关规定与其调解示范法的规定是一致的。①如果说国际商事仲裁的原始设定规则通常规定仲裁员为三人，② 调解规则不同，调解管理表明当事人通常希望由一名调解员来处理争议，因此调解示范法第 5 条中的原始设定规则规定调解人为一名。该条在关于当事人选择调解员的规定上体现了鼓励当事人商定调解员的人选，即各方当事人首先努力约定调解员，这种做法尊重了调解程序的合意性，而且使各方当事人更具有支配力，从而能够对调解程序具有信心。

实践中，调解机构往往会给当事人提供一份调解员名单供其从中选择，其调解规则中也往往就调解员的选任作出类似于示范法的规定，即不外乎当事人自己协议选择和调解机构指定（以当事人授权为前提）两种方式。例如，WIPO 的调解员可以通过双方当事人达成协议的方式产生，

---

① 见《联合国国际贸易法委员会调解示范法》第 5 条以及《联合国国际贸易法委员会调解规则》第 3 条、第 4 条。

② 如 UNCITRAL《国际商事仲裁示范法》第 10 条，这种规定是为仲裁员在作出裁决时可能会适用少数服从多数的规则所必需。

也可由"中心"在与双方协商后为他们指定;① AAA 商事调解规则规定,
收到调解申请,AAA 便指定一合格调解员。通常指定独任调解员,除非
商定了别的数目或 AAA 作出别的决定。若当事人的协议列出调解员的姓
名或明确了指定调解员的方法,该选定或方法应予遵循。

　　当事人往往在调解协议中已就调解员进行了约定,这在调解协议是以
调解协议书的形式出现时的普遍实践,② 例如英国 CEDR 提供的示范调解
协议中就要求写明调解员。③ 如果当事人未在调解协议中约定调解员,一
般是在当事人向某一调解机构提出调解申请时,再在调解机构提供的调解
员名单中指定调解员,或由调解机构在与当事人协商后代其指定。例如,
中国国际商会调解规则规定,当事人在依据调解协议向商会调解中心提出
调解申请时,应在调解中心调解员名单中,选定或委托调解中心代为指定
一名调解员;调解中心收到调解申请书及其附件,经审查完备后,立即转
送给被申请人一式一份,被申请人应在收到这些文件之日起 30 天内确认
同意调解并在调解中心的调解员名单中选定或委托调解中心代为指定一名
调解员。④

　　在确定某一个人为调解员之前,往往对此人设置一项义务,即披露有
关可能将会影响到其中立性的有关情况,这是很必要的,关系到调解的正
当性问题。UNCITRAL 调解示范法中要求,在被征询关于本人可能被指定
为调解人时,被征询人应当披露有可能引起对其公正性或独立性的正当怀
疑的任何情形。调解人应当自其被指定之时起以及在整个调解程序的期间
内,毫不迟延地向各方当事人披露任何此种情形,除非调解人已将此种情
形告知各方当事人。⑤ 至于未披露这类情形造成的后果示范法并未涉及,
一般认为这是留给拟颁布示范法的国家的其他法律来处理。AAA 商事调
解规则第 5 条明确规定,对调解的结果具有任何经济或个人利益的人不应
担任调解员,除非得到各方当事人的书面同意。在接受指定之前,未来的
调解员应披露有可能产生偏袒嫌疑的任何情况或者有可能阻碍立即与各方

　　① 《WIPO 调解规则》第 6 条。

　　② 与仲裁协议的情况相类似,调解协议也有两种形式,即合同中的调解条款与
调解协议书,第 6 章将专门涉及此问题。

　　③ *See* Eileen Carroll and Karl Mackie, International Mediation—The Art of Business
Diplomacy, Kluwer Law International, 2000, at 124.

　　④ 见《中国国际贸易促进委员会/中国国际商会调解规则(2005)》第 13 条、
第 14 条的有关规定。

　　⑤ 《联合国国际贸易法委员会国际商事调解示范法》第 5 条第 5 款。

当事人会晤的任何情况。AAA 在得知这种情况时，应更换该调解员或者立即将该情况通知各方面当事人以征询他们的意见。如果当事人就该调解员是否胜任的问题不能达成协议，则 AAA 将指定另一名调解员。如果被指定的调解员不能即时任职的话，AAA 有权指定另一名调解员。①

二、调解前的准备

在举行正式的调解会议之前进行调解的准备工作是非常重要的，有效率的调解与充分的预备工作是分不开的。不过这种准备工作的程度可能会因事而异，在一些情形下对预备工作的要求相对简单而无须调解员与争议双方间订立一份初步的合同；而在另一些情况下，调解的准备工作就相对复杂，商事调解机构往往还提供适当的机构或个人以帮助当事人着手调解前预备的某些行政性事务。② 例如，英国 CEDR 的示范调解程序所规定的 CEDR 的机构职责中就包括为当事人起草调解协议、确定会议的时间、组织交换有关材料、与当事人会面等属于调解准备工作的内容。③ 在很大程度上，调解前的准备工作是否充分直接影响到调解会议最终达成和解的可能性。准备工作一般涉及如下几个方面的内容：

（一）信息的收集和交换

尽管调解不具有类似于诉讼的严格的证据开示程序，但证据的收集、交换和分析在调解的预备阶段中仍然非常重要。④ 当事人应该或在其调解协议书中简要说明其争议，例如 CEDR 的示范调解协议中就要求有案情摘要的内容；⑤ 或在向调解机构提出调解申请时对其提请调解的争议进行说明，例如中国国际商会调解规则中要求在向商会调解中心申请时，需要在申请中写明争议事实和调解请求并提供证据材料。⑥ WIPO 调解规则第 12

---

① *See* http：//www. arbitrationlawyer. cn/ShowArticle. asp？ ArticleID ＝ 471. （2003/6/9）．

② *See* Laurence Boulle and Miryana Nesic, Mediation：Principles, Process, Practice, Butterworths, 2001, at 118.

③ *See* Eileen Carroll and Karl Mackie, International Mediation—The Art of Business Diplomacy, Kluwer Law International, 2000, at 124.

④ *See* Laurence Boulle and Miryana Nesic, Mediation：Principles, Process, Practice, Butterworths, 2001, at 118-120.

⑤ *See* Eileen Carroll and Karl Mackie, International Mediation—The Art of Business Diplomacy, Kluwer Law International, 2000, at 123.

⑥ 《中国国际贸易促进委员会/中国国际商会调解规则（2005）》第 13 条。

条第 1 款也作了类似要求。一般情形下，双方当事人往往会在调解会议召开前的一个星期左右，各自提交一份书面摘要，内容涉及当事人之间争议问题的一般性质、双方各自的法律要求、商业性或技术性的理由等。在机构调解中，摘要一般提交给调解组织，然后再由调解机构将副本转交调解员和对方当事人。例如 AAA 商事调解规则规定，至少在第一次预期调解会议召开的 10 天前，每方当事人应向调解员提供一份简要备忘录，陈述其关于需要解决的问题的立场。按调解员的自由决定，该备忘录可以由双方当事人互换。①

当事人互相交换的文件中所披露的信息以及调解员通过和当事人单方接触所获取的信息，对于调解员辨明冲突的性质，从而为其在后来的调解会议阶段掌握可行的策略打下坚实的基础。对于当事人而言，通过信息的收集和交换可以使其看到事物的两个方面，并且感觉到对他们最初的观点做一些退让是合理的，从而有效地缩小争议的范围，客观上为争议在后续阶段的顺利解决理清了思路。应注意的是，对于在调解过程中从一方当事人处获得的有关争议的事实资料、口头陈述、和解意见和建议等信息，调解员可以根据具体情况决定是否透露给他方当事人。对于一方当事人附有保密条件的信息，调解员应遵循规定，不得向他方当事人透露该信息。

（二）私访②

实践证明，私访是促进和解的有力手段。一般而言，在时间、资源以及有关规则允许的情况下，调解员，尤其是经验丰富的调解员在调解会议举行之前通常会与当事人双方或其律师进行私下会晤，以便听取当事人的陈述与和解方案。其原因有：其一，较之剑拔弩张的双方会见，"私访"可以使调解员更为自由、广泛地获取相关信息，当事人甚至会向调解员披露一些有关案件的鲜为人知的内幕和隐情，而这往往有利于双方当事人达成建设性的让步和妥协；其二，当事人可以因此对调解的整个过程以及调解会议的特定阶段形成初步印象，并对自己在后续调解阶段即将扮演的角色有所准备；其三，调解员也可借此与当事人建立良好的工作关系，培养当事人对他的信任和支持；其四，在一方当事人人数不止一人的情况下，进行会晤有利于在该方当事人内部先形成一致意见，以便在后续的调解会议中与对方当事人进行谈判。在私下会晤中，调解员应当妥善平衡与双方

---

　① 《美国仲裁协会调解规则》第 9 条。
　② 参见郭锡昆：《调解程序论：一个 ADR 视角中的解说》，载《中国对外贸易》2003 年第 2 期，第 79 页。

会晤的次数和亲密程度，惟有如此，才能排除另一方当事人质疑其公正性。

三、调解会议的阶段和具体环节

调解会议为调解的核心程序，可分为若干个阶段。英国学者认为，按照各阶段的基本理由和特定目标，调解会议可以划分为两个大的阶段，即争点的确定和问题的解决，二者又分别包含五个步骤，从而形象地把二者比拟为两个上下叠合在一起的三角形。该过程为，调解会议刚开始时，双方作出让步的条件都是较为苛刻的，随着争点的逐步确定，争议面亦渐次铺开。在面对面地交换意见并在调解员的斡旋下，双方当事人间的差距开始缩小，最终形成适当的解决方案。① 这种描述应该说是具有高度概括性的，无论在实务中这个过程又如何细分为不同的环节，而这往往又很难讲有什么一定之规，但是，在大体上，总是围绕争议问题的确定以及解决这两个方面。在确定及解决争议问题时，调解会议往往由一系列的环节构成，如下几个环节是比较常见的：

第一，调解员的开场白。根据调解的实践，在致开场白时，为强调举止、态度上的完全中立，调解员通常坐于会议桌的首端，当事人分坐两旁。而后，调解员往往会与双方当事人稍作寒暄，介绍自己与双方当事人的简单情况，对当事人选择调解解决争议的举动表示赞赏，指出当事人选择了调解就等于选择了一条合作而非敌对的解决争议的途径等。这些举措可以缓和当事人间紧张的对抗气氛，并在某种程度上有利于参与调解的三方之间建立融洽、和谐的关系，为调解营造一个良好的氛围。调解员在开场白中还应向各方当事人阐明调解的性质以及调解过程中将出现的某些特定问题，调解员会强调会议是非公开的，秘密不可外泄，还要指明任一方可随时终止调解。调解员说明这些问题通常使用平实的语言，以尽可能使当事人对调解会议的具体进行了然于胸，以确保当事人对整个程序持有主动、乐观的预期。

第二，当事人双方分别进行公开陈述，这是当事人站在各自立场完整地、不受打扰地向他方当事人和调解员陈述其对争议的观点的一个难得的机会。在当事人自己的协商中，情绪上的敌对可能会使一方当事人的陈述被另一方粗暴地打断，在审判中，当事人的陈述受到来自于法庭限制或他

---

① *See* Laurence Boulle and Miryana Nesic, Mediation: Principles, Process, Practice, Butterworths, 2001, at 128-140.

方当事人的干扰就更是难以避免。而在调解的这个环节上，调解员会注意调控当事人的情绪，制止过激情绪的出现。一方当事人在将其观点全盘托出时，如果对方当事人试图打断他，调解员会加以制止；同时调解员也会提醒陈述方不要使用一些具有敌意、攻击性的言辞。由此，当事人陈述的不间断性得以保证。当存在明显的申请方和被申请方区别时，一般情况下先由申请人开始陈述。当事人的陈述一般说来不外乎争议的事实、请求的事项及理由等。同时，调解员通过这一步骤也可以更充分地把握当事人之间争议的性质、主要争点。这一切对于调解会议的顺畅进行都相当重要。

第三，当事人的互相辩论。在当事人充分陈述后，就应该由其进行直接的对话。调解员并不参与讨论，而是根据在前述过程中所获得的信息，将其认为需要解决的争议事项按由易到难的顺序排列出来供当事人一一讨论，这种做法实际上是把先前笼统的争议具体化为若干争议点，从而为后续问题的解决厘清思路，也使当事人可能通过此环节获得对自己解决争议能力的信心。这个环节上当事人可以相互质询并让证人作证。

第四，秘密会议（caucus）。这是调解过程中的一个颇具争议的环节，它是指调解员与各个当事人分别进行的一次或一系列会议。① 举行秘密会议时，或者调解员要求一方当事人在其与另一方当事人会面时离开会议室，或者调解员将当事人分置于不同的会议室，调解员往来穿梭于不同的会议室之间分别与当事人会面。这常常被称为"交替密谈"或"穿梭外交"。通常，调解中调解员与各方当事人都会有几次这种秘密会谈，具体的会谈次数则视情况而定，并没有固定的数量上的要求。秘密会议往往涉及调解程序进行中调解员对有关信息的披露问题，对此调解立法或调解规则往往都要涉及到，已如前述，或原则上规定调解员不能将其从一方当事人处获知的信息披露给参与调解的其他方当事人，除非该方当事人同意披露，例如英国 CEDR 的调解员行为守则的有关规定、WIPO 调解规则的相关规定；② 或规定调解员收到一方当事人关于争议的信息时，可以向参与调解的其他方当事人披露该信息的实质内容，但是该方当事人要求保密的

---

① *See* Peter Lovenheim, Becoming a Mediator – An Insider's Guide to Exploring Careers in Mediation, Jossey-Bass, 2002, at 21-24.

② WIPO 调解规则第 11 条："调解员从与一方当事人的会见以及交流中所获知的信息非经该方当事人同意不得向另一方当事人披露。" *See* http：//www.wipo.int/amc/en/mediation/rules/index.html#7.（2003/6/9）

信息除外，例如 UNCITRAL 调解示范法第 8 条的规定。虽然这两种规定在方式上存在差异，但是其实质是相同的，即如果当事人要求保密的，调解员应予遵从。

有观点对于秘密会议提出质疑，焦点集中于当事人在交替密谈会议中所说的话是否可靠以及可靠性如何的问题上，尤其是在当一方当事人提出一些非常坦率的意见，而另一方当事人可能无机会去辩驳，或从另外的角度去评论它，或对它提出不同的看法的情况下，这种质疑的理由就更充分。因此，该观点认为，对调解的更进一步的主张，是更少地依赖私下的交替密谈，而更多地依靠将当事人拉到桌面上的技巧，窥视不同的途径，去探讨争议。①

但是，不可否认的是，在秘密会议中调解员与一方当事人的谈话会比有另一方当事人在场时更加直白，一方当事人也因为不用顾虑对方当事人获悉其真实意图而能无所保留，因此，调解员可以在此时了解到于前几个环节中可能未能获悉的信息，例如，每一当事人的真正愿望是什么、每一方的优劣势在哪儿、当事人的底线是什么等等，调解员据此就可以对可能达成协议的争议范围予以甄别，并使双方当事人在保留了面子的前提下逐渐意识到他们之间先前被对抗情绪所掩盖的某种程度的共识。因此在这个意义上，秘密会议具有很重要的作用，尤其是在当事人的谈判陷入僵局时，它更能起到"拨云见天"的效果，因而也可以把之作为调解中的一个有效的而非惟一的手段加以使用。

第五，共同协商。如果当事人的争点已经基本界定，可以寻求能满足所得当事人的真正需要的和解协议的时机也就趋于成熟了，调解员可以将当事人重新召集到一起，由其主持当事人进行谈判和协商，探求一切可能的解决问题的方案，展开适当的辩论以便确认和解协议的最终细节问题。调解员也可以根据其把握的情况向双方当事人提出和解方案，并组织当事人展开辩论以便双方在互动过程中评估方案的可适用性。这个环节上，调解员也可再次与当事人各方分别会谈，以便充分考虑当事人在共同协商中不便或者不愿提出的要求。据此，在当事人间差距逐渐缩小的情况下，调解员带着各方的要约和反要约往返于各方当事人之间，或是各方当事人重新坐在一起互相交换意见。和解协议往往在这一环节达成。

第六，拟定和解协议。如果当事人各方都同意解决草案，调解员即会

---

① 参见唐厚志：《正在扩展着的文化：仲裁与调解相结合或与解决争议替代办法（ADR）相结合》，载《中国对外贸易》2002 年第 1 期，第 53 页。

主持他们重新确认对解决方式的理解，并完成最后的细节，签订一份和解协议。一份书面的和解协议能够确保当事人遵守其达成的和解条款。

不过，如上的阶段和环节是以调解达成和解协议为预设的前提，即一个完整的最后能达成争议解决的调解过程。而且，必须指出的是，这只是一个普遍意义上的过程，调解员完全可以根据具体情况进行灵活掌握。例如，调解立法与调解规则往往都允许调解员在调解程序的任何阶段提出解决争议的建议，① 而不是只能在某一环节上才能采取这个行动。而调解员是否可以提出任何此种建议，可以在多大程度上提出此种建议以及在什么阶段提出此种建议，取决于多种因素，其中包括双方当事人的意愿以及调解员的个人判断。因此，个案的情况肯定会因受理调解的机构、具体的调解员的个人调解风格、能力，以及当事人类型的不同而呈现出多样性。并且由于调解的方式往往首先可以由当事人通过提及一套规则或以其他方式来自行约定，这就更增加了调解方式的个性以及灵活性。

第三节　调解程序的终止

调解程序可能因当事人达成和解协议与调解不成后的放弃这两种情况导致调解程序的终止：

第一，当事人达成和解协议。

在调解中，经过调解员和争议当事人的共同努力，当事人对争议事实和性质的认识差距逐步缩小，并就争议达成了和解，这时当事人通常需要订立书面和解协议，以终结调解程序。UNCITRAL 示范法第 11 条规定的调解程序终止的情形中，第一种即（a）项就是当事人顺利达成和解而终止，即"各方当事人订立了和解协议的，调解程序于协议订立之日终止"。② 值得注意的是，该规定中使用了订立而非签署一词，实际上能够更好地反映并非使用签字文件而是使用电子通信或者甚至是口头等其他形式达成和解的可能性。

在书面的和解协议中一般需要载明调解的全部程序和当事人、调解员

---

① 参见《联合国国际贸易法委员会国际商事调解示范法》第 4 条第 4 款以及印度《仲裁与调解法》第 67 条第 4 款的相关规定。

② 相似的规定还可见于《联合国国际贸易法委员会调解规则》、《印度仲裁与调解法》、《中国国际商会调解规则》、《WIPO 调解规则》、《AAA 商事调解规则》等调解规则的相关规定中。

的姓名、身份等基本情况，争议的事实与争点、双方的主张与理由以及调解达成的具体协议事项等内容。特别应注意，协议要明确规定已达成的调解结果和当事人各自负有的责任、义务，并尽力避免出现对协议内容理解不一的问题。协议必须由双方当事人签署，并由调解员签署或鉴证，有的调解规则规定如果当事人有要求，调解员可根据和解协议制作成调解书，以机构调解书的形式结案。例如，中国国际商会2005年调解规则第26条就规定："经过调解，如当事人达成和解协议，由各方当事人在和解协议上签字及/或盖章，应当事人的要求，调解员可根据和解协议的内容，作出调解书，由调解员在调解书上签字并加盖调解中心的印章。"

第二，调解不成后的放弃导致调解程序的终止。

调解中可能基于多方面的原由而无法达成当事人的和解，例如对于某个特定的争议而言，可能另一争议解决方式更为适宜；加之，意思自治乃是调解的本质特征之一，法律一般并不禁止当事人退出他已同意的调解程序。因此，在调解程序进行过程中，任何一方均有权放弃调解，除非当事人之间另有约定。① 对于调解员而言，经过一段时间的努力后，如果他认为进一步实施调解的努力将无助于争议的解决，也有权向双方当事人发出放弃调解的书面通知以终止调解。UNCITRAL《国际商事调解示范法》第11条的规定较清晰全面地规定了调解不成而终止程序的各种情形，即

"调解程序在下列情况下终止：

……

（b）调解人在同各方当事人协商后声明，宣布继续进行调解已无意义的，于声明发表之日终止；

（c）各方当事人向调解人声明，宣布终止调解程序的，于声明发表之日终止；

（d）一方当事人向对方或其他各方当事人和已指定的调解人声明，宣布终止调解程序的，于声明发表之日终止。"

UNCITRAL关于仲裁和调解的第二工作组认为，就上述（b）的规定而言也应涉及下述情形，即在启动调解程序后，一方当事人对调解的前景持否定态度，或者一方当事人拒绝在受到邀请时与调解人协商或会面等

---

① 参见郭锡昆：《调解程序论：一个ADR视角中的解说》，载《中国对外贸易》2003年第2期，第81页。另在本书第四章第二节中讨论到当事人退出程序的问题时曾提到根据现有的调解立法和调解规则，当事人最早可以在达成调解的合意后、还未指定调解员之前可以单方面宣布退出调解。

等，因为当事人的此类行动意味着放弃了调解。而且，"在同双方当事人协商后"这一句应被解释为包括调解人与双方当事人接洽以设法进行磋商但未收到任何答复的情况。（c）项的规定表明双方当事人都可以宣布调解程序终止。（d）项允许一方当事人向另一方当事人和调解人或调解人小组发出这类终止通知。① 需要指出的是，调解程序的终止可能与调解所涉事项的诉讼时效期限的恢复计算问题相联系，示范法第 4 条的脚注中，为拟规定时效期限中止国家提供了参考案文，即

"下述案文是对拟采纳时效中止条款的国家提出的：

第 X 条　时效期限的中止

……

2. 调解程序未达成和解协议而终止的，时效期限自调解未达成和解协议而终止之日起恢复计算。"

虽然示范法第 11 条并不要求调解程序的终止以书面形式提出，但考虑采纳第 X 条案文的国家应考虑是否需要以书面形式提出终止，因为在确定调解于何时结束时需要准确无误，以便法院可以正确确定从何时开始恢复计算时效期限。

在调解未能达成和解协议的情况下，通常调解员会在结束调解程序的陈词中对当事人作出的努力表示赞赏，并肯定其在调解中所取得的成绩，例如缩小了争议的争点，从而鼓励他们继续友好解决其争议，这样，当事人就不会带着失败感离开调解程序。当然，结束调解之后，当事人可以根据他们事先达成的仲裁协议提请仲裁、直接转入诉讼或进入其他特定程序，或者由当事人自行决定是否提起诉讼。应再次强调的是，调解程序是当事人之间进行的不公开、保密的程序，因此，所有的调解参加人都应该遵循有关调解的保密规则。

第四节　调解程序中的调解员

一、调解员的作用

调解程序中介入的第三人即调解员对于当事人之间争议的解决至关重要，可以说调解的成功率和当事人的满意程度往往取决于调解员作用发挥

---

① See http://www.uncitral.org/pdf/chinese/texts/arbitration/ml-conc/ml-conc-c.pdf. (2004/12/9).

的程度。

调解员一般是在以下几个方面发挥其作用的:①

（一）调解员在程序事项方面的作用

第一，调解员主动召集会议，以防止出现一方当事人主动要求会晤可能被其他当事人视为虚弱的表现的可能性。

第二，调解员对谈判的进度应有敏锐的感受性，在会议处于对峙、倒退或出现不和谐的气氛可能危害进一步的谈判时，调解人应当宣布休会。会议不必按确定的常规进行，延长会议却无变化或进展只会恶化争议。当事人可能需要离开谈判桌，用些时间冷静地反思，或商量新的主张，或许他们要取得对临时协议的批准。

第三，安排联席、单方或高峰会议。通常情况下当事人只有在联席会议上面谈才能达成正式的协议。这类会议往往由调解员主持以确保谈判有条不紊并取得成效。调解员召集联席会议以推动未决问题的讨论、界定和澄清当事人的立场、探索替代方式、当事人间交换建议以及最终达成协议。调解员往往与每方当事人举行一系列的单方会晤或秘密会议。调解员可能于赢得充分的信任后才召集这类会议。当谈判变得激烈时，冲动代替了理智，联席会议的继续可能会导致当事人采取强硬的立场处于僵持局面时，调解员应召开单方会议。而在当事人暗示和解的可能范围而调解员需确定协议的明确范围，或当事人缺少灵活性而调解员必须使他们强硬的态度有所松动谈判才能得以进展时，调解员可安排与单方的秘密会议。调解员在当事人间穿梭往返，不时地将他们召集起来。在每一秘密会晤中，调解员应尽力对每方的需求和优先考虑事项予以公正评价，或许能确定可能的交换和替代解决方式。在秘密会晤中掌握的情况或事实调解员可有选择地用以促进和解。调解员在秘密会议比在联席会议可能更快更直接地探究尝试性的解决方式，因为对冲突现实的明确了解有助于调解员影响当事人寻求替代或交换方式。谈判处于关键时刻，调解员可决定仅仅会见每方的主谈人，即召开高峰会议。高峰会议的召开可缩小争议并促成一致，这也可能是克服障碍，尝试各种设想或寻求解决方法的有效途径。为了避免误解，调解员必须确保预先告诫当事人，与主谈人举行的秘密会议可能是必要的。若其他谈判人猜疑此举，由于这会损害调解效力，调解员可取消此类会议。

①　参见〔美〕罗伯特·科尔森:《商事争端的调解》，黄雁明译，载《仲裁与法律通讯》1999 年第 6 期，第 53～56 页。

第四，影响谈判人员的态度。调解员能造成一种乐观的气氛和紧张的态势，解决细小的争议以促成协议。

第五，主持会议和维持秩序。调解员将主持和掌握会议。他们不应独断专行，也不可仅扮演观察员的角色。在维持秩序和促进有成效的谈判上调解员发挥积极的作用。虽然一定限度的情绪发泄可以接受，但调解员必须坚持当事人应言行得体，因为人身攻击会招致回敬并可能阻碍协议的达成。调解员必须保持谈判的进展势头，在程序中造成一种有益的气氛。

第六，问题的分类。对谈判争议问题，当事人可能胸中并无程序上的顺序安排，调解员在了解争议问题后，降低可放弃项目的重要性并把交换项目进行分类以调整谈判的方向；也可以按逻辑顺序把当事人的要求分类，例如，当事人可首先倾力于比较重要的争议问题，倘若无效，调解员可把谈判转向争议较小的领域。

第七，建议分设专门小组。这往往在比较复杂的商事争议中，调解的参加人数较多的情况下采用。有时关于一个争议问题的谈判，进展到一定地步的时候需要更详尽地研究方能达成最后的解决。调解员可鼓励当事人设立小组继续讨论该问题，并向谈判团汇报，然后谈判团继续再着手处理其他问题。在致力于解决较小范围的争议问题的同时，小组的成员可继续参与谈判。

第八，为延期解决某些争议问题寻求方法。调解员通常会提议进行合理的安排，即把手头的协议定稿。例如，议决事项可以先达成协议，而把未决的一个或两个争议问题留下，调解员还可建议用不同的程序比如进行实地调查或仲裁来解决遗留问题。

（二）调解员在实体事项方面的作用

诚如前述，调解员对于当事人之间争议的介入程度是一个存有争议的问题，他对于程序事项的安排一般不存什么疑问，但对于争议的实体内容的涉足程度却存在分歧。由于实践中程序与实体的界限并不总是很分明，因此，很难绝对排斥调解员在调解中于实体事项上发挥作用，只是应该把握一定的度，这往往以当事人的意思自治为限，调解员是决无将其决定强加于当事人的权力的。调解程序中的调解员在这个方面起到的作用主要包括：

第一，确定当事人优先考虑的事项。如果当事人未依重要性排列争议问题，调解员可以协助他们决定优先顺序。调解员可协助当事人解决优先顺序上的分歧，并应弄清当事人优先考虑的事项和主张并找出可能妥协的范围。了解双方优先考虑的事项有助于调解员促进当事人的和解。

第二，真实性的检验。在了解当事人对争议问题的意见后，便可探究、检验和质疑这些主张的有效性，并找出和分析当事人的动机。调解员充当了真实性的代理人。

第三，修改极端的主张。谈判中，极端的意见既不现实又无价值因而也是无法奏效的。调解员只能在单方会晤中试图改变极端的意见，而且须细心处理，判断失误会伤害当事人并削弱调解效果。只是调解员不应施加压力以促当事人修改意见。

第四，发展协议的类型。调解员可集中精力于看来容易解决的问题，然后再转向较难解决的争议。应允许当事人探讨替代方式，又保持其原来的谈判立场。

第五，提供建议。在考虑当事人的需要和意见后，调解员可望为解决具体问题向各方提出建议。调解员应从自己的经验中就专门问题推荐创造性的解决方法，这种建议或许能促进争议的解决。建议一般应在当事人最乐于接受时提出。有时，调解员提出的建议可能会搅乱了其中一方的策略，因而调解员应该讲究技巧，通常应在与单方的秘密会晤中提出建议，若不适时或不被一方接受，便无须向另一方透露；若建议被接受，调解员可利用处置权向另一方提出。

第六，推荐和解方案。虽然为解决具体问题提出建议是有益的，但调解员通常避免推荐最终的解决方案，因为调解员的意见无疑暗示了什么是合理公正的解决，如此一来调解便丧失了效力。不过，对于有些案子，提出解决建议可能是恰当的。比如，当事人陷入僵局，似乎无望解决之时。在联席会议中，调解员提出推荐方案前要特别指明解决争议的重要性，并告知当事人推荐方案在于帮助达成最终的协定。调解员不应许可对推荐方案长处的讨论但应依从当事人的要求予以阐明，然后应允许当事人在秘密会议中考虑该方案。

第七，协议的定稿和批准。协议达成后，调解员不应对其合理性表示意见或显得是在把和解强加于当事人，这会增加抵制的可能。通常，调解员会解释协议的内容，向谈判人表示赞赏，并主要说明在最终协议中之所得。他们可能还要帮助当事人商定批准的方法。调解员或许要协助当事人和律师写出书面的协议，确保和解条件的完整性和措辞的明确和精当。

第八，检查协议的执行。有时调解员可能应邀协助当事人检查协议的执行，该项工作包括划清各方的任务和职责，建议恰当的争议解决方法以处理因协议而产生的分歧。调解员可能会乐意承担若干责任以确保当事人间积极的工作关系得以续存。

二、调解员的个性品质和调解技能

（一）调解员的个性品质

调解要获得成功，调解员功不可没。而调解员作用发挥的程度往往由两个方面的因素来决定，一是调解员的个性品质，一是调解员的调解技能。

就调解员的个性品质来说，主要是指作为一个调解员所应具有的内在的品性，而不是指调解员可以通过后天的学习培养及发展起来的关于调解的技术和技巧之类的东西。① 尽管很难说哪些个性品质专属于对调解员的要求，而不为从事其他行业诸如律师、顾问、谈判专家等所要求，例如，智慧、常识、乐观、同情等对于许多职业的从业人员来说都是应该具备的个人的特质。但是，专就调解而言，还是能够列出一些不能说仅仅是调解员所应具备，但确实是其必不可少的个人特质，它们包括：

第一，值得信赖。调解员必须赢得当事人的信任，这对于调解来说是很重要的，因为当事人能够从被他们所信任的调解员处获得信心，在此基础上才能对谈判过程怀着信心，最终他们才可互相信任。通常情况下，通过调解员的名声和其所提供的调解服务的声望可以去判断调解员是否值得信赖。但是，调解员的可信赖感还需要在调解过程中表现出客观、有责任心和诚实来加以维系和发展。

第二，同情心。调解员需要具备同情心，这是为了解当事人的思想、观念及其感受所必须。

第三，创造性。调解虽然是在法律的阴影下面进行，但是其灵活性的程序特点往往需要调解员发挥其想象力，运用一些富于创造性的方法去处理调解中的问题。

第四，公正性。调解不是一个审判的程序，这就需要调解员在调解中做到不偏不倚，这就要求调解员能公平对待各方当事人。

第五，耐心和毅力。调解可能是冗长的、重复的以及沉闷的，以至于使调解毫无建树，这种情况下调解就应该予以终结。尽管在一定情况下终结调解是调解员的一项职责，但是，调解员应该是基于客观的原则而非由于其失去耐心或感到沮丧去结束调解程序。当然，调解员的毅力或坚持力在调解中所发挥的作用也不尽然导致好的结果。如果一方当事人或多个当

---

① *See* Laurence Boulle and Miryana Nesic, Mediation: Principles, Process, Practice, Butterworths, 2001, at 110-111.

事人感觉到一种他们不达成和解就不能退出调解的压力，那么基于调解员的毅力所表现出来的坚持就会变成一种威压。在调解员的压力之下或不适当的影响之下所达成的和解协议应该是无效的。然而，在当事人对于和解感到气馁并打算放弃而调解客观上确实存在能继续进行的基础时，调解员的耐心和毅力对于调解的成功就显得尤其重要了。换言之，无论调解员对于调解有多么擅长或者其工作有多么努力，由于在调解中至少两个或更多的他无法控制其态度、行为和言语的当事人，也许调解员在调解才开始一个小时的时候就已经清晰地看到了朝向争议解决的路径，但是当事人可能要多花几个小时、几天甚至是几个星期的时间才能到达那里。更坏的情况是当事人根本就放弃这种努力。① 这时和解能否达成往往取决于调解员的耐心和坚持这个个人特质了。成功的调解员大多曾在调解实践中体验过"山重水复疑无路"，但是在不懈的努力之后那种"柳暗花明又一村"的欣喜。

第六，自省的精神。调解员应该是一个具有自省精神的调解活动的参加人。自省的最基本的要求是去检讨怎样做是适当的以及本该可以怎么做。自省精神是成为调解员应该具备的基本素养，它能促进调解员对于调解知识的积累。虽然所有行业的从业人员都需要自省，但是在调解还是一个相对较新的争议解决方式的西方，自省对于调解员来说是尤其重要的。②

第七，宽容的精神。在这个全球化的时代，调解员应该意识到文化上的差异在一个争议的形成中可能扮演着重要的角色。对于调解员来说，对其他文化的包容就很重要了，因为他需要在调解过程中采取一种能适应不同文化需要的调解的方式。没有一种宽容的胸怀是无法做到这一点的。

总之，在调解员应具备的个性品质中，上述几个方面是至关重要的，它们在某种意义上决定着一个调解能否取得成功。下面这个由中国国际商会河北调解中心调解的案例可以生动地说明调解员的个性品质对于调解成功所产生的关键性影响。这个案例的案由是国际贸易中的欠款争议，简单

---

① *See* Peter Lovenheim, Becoming a Mediator—An Insider's Guide to Exploring Careers in Mediation, Jossey-Bass, 2002, at 96-97.

② *See* Laurence Boulle and Miryana Nesic, Mediation: Principles, Process, Practice, Butterworths, 2001, at 112.

的案情如下:①

> 双方当事人即申请人与被申请人是多年的贸易伙伴（被申请人
> 为 20 世纪 90 年代初从国内移居捷克）。1997 年初应被申请人货款缓
> 期到 1997 年 10 月再付的要求，申请人连续发运价值 34 万美元的服
> 装。但直至 1997 年底，申请人仅收到货款 2 万美元，被申请人仍有
> 32 万美元货款未付。申请人虽通过各种方式催要，被申请人均以货
> 物积压或货款未收回为由要求推迟付款期限，1998 年 10 月申请人得
> 知捷克公司已经歇业，国内有好几家债权人正向其追索债务，被申请
> 人为逃避债务已到斯洛伐克注册了新公司，于是尝试利用各种渠道进
> 行追讨，但都未能奏效。在百般无奈之时，申请人听说调解中心与各
> 国的国际商会联系紧密且仅需较小的费用便可妥善解决争议，遂申请
> 河北调解中心调解。

据介绍，调解中心受案后，由于被申请人坚持到捷克调解，而且要求
布拉格商会共同调解，因此，该案的调解庭由申请人指定的两个调解员和
被申请人指定的一个调解员即布拉格商会法律部长共同组成。随后，申请
人的授权代表和申请人指定的调解员一行三人到捷克进行调解。调解之
初，被申请人的授权代表表示愿意配合调解，同时强调由于 1997 年下半
年以来捷克货币贬值、经济滑坡等客观原因，来自中国的服装大量过剩，
所以申请人的货物只售出一半，其中还有相当比例的货款未能收回。而且
由于公司仅在中国国内就有五家债权人，共欠 150 多万美元。其中两起案
件已经由中国国际经济贸易仲裁委员会裁决，公司面临被强制执行，他们
准备在近期申请破产。因此，虽与申请人关系一直不错，但对其债务只能
以货抵款的方式解决。而申请人方面反馈回来的消息使调解工作变得更为
艰难：他们不愿意接受任何退货，他们接受的解决方式只能是支付货款。
后经调解员多次做双方工作未果，此时到布拉格已经是第 10 天了，调解
成功的希望几乎等于零。按照调解的规则与实践，调解员已经尽到职责，
可以终止调解。但两位调解员经过再三权衡，决定推迟返程时间，再做双
方的工作，争取调解取得实质进展，并提出了一个灵活的建议性的解决方
案：

---

① 参见黄河主编：《中国商事调解理论与实务》，中国民主法制出版社 2002 年
版，第 198～202 页。

1. 被申请人支付部分货款（申请人所发货物已售出部分，共 14 万美元）；

2. 申请人应面对现实，接受部分退货（货物库存部分，价值 18 万美元），退货运费由捷克公司承担；

3. 对捷克公司支付货款和退货的义务，由被申请人总经理以个人财产承担担保责任。

同时，调解员积极做捷克公司的工作，重点指出：申请人在被申请人业务拓展的时期曾给予其很大支持，在被申请人资金短缺的时刻，申请人能决定"放单"是基于对被申请人的信任；申请人是国内有雄厚实力的集团企业，无论现在还是将来都是被申请人不可多得的合作伙伴，被申请人应该向长远看。两位调解员从贸易实物的角度对捷克公司的经营策略进行了分析，并对其将来的发展提出了中肯的建议。被申请人指定的调解员也依据捷克法律对其在清偿债务之前到斯洛伐克注册新公司行为的合法性提出质疑，一系列工作终于打动了被申请方人员，以至于他们流着眼泪向调解员表示谢意，并承诺如果申请人同意的话，他们将以公司和家庭财产来兑现调解员所提出的方案。

为促使申请人能够理解和接受这个方案，调解员又积极地做申请人的工作，向申请人的经理办公会介绍捷克目前的经济状况和中国产品在捷克的市场形势，而目前被申请人在面临多家债权人及可能进入破产程序的情况下，优先考虑申请人的债务已经很艰难，如果不抓住时机，公司将只能作为债权人在破产清算时与其他债权人共同分享该公司财产，该公司作为有限责任公司，只能以公司资产承担有限责任，且该公司拖欠巨额关税和相应税金，普通债权能否实际得到分偿很难预料。调解员耐心细致的工作收到了成效，申请人认识到调解员的建议是在现实情况下最大限度地保护公司利益的方案。与此同时，公司收到被申请人的传真，称其被二位调解员不辞辛苦的工作精神感动，同意承担申请人已经支付的调解员的差旅费用。至此，申请人与被申请人在一种友好的氛围中达成了和解协议。

在这个调解案例之中，调解员的个性品质对于调解的成功起到决定性的作用，而其中，调解员的耐心、坚持、富于同情心等特性尤其突出。调解员在调解陷入僵局时并没有轻言放弃，而他们是可以放弃的，相反地却以其耐心和毅力继续寻找调和双方矛盾的可能性。例如，调解员耐心地做捷克公司的工作，引领其回顾以往与申请人的良好合作历史并指出其有望与申请人继续合作的前景；对于申请人，调解员也是耐心劝说其考虑被申请人的实际支付能力而作出一些让步，而这种让步是非常明智的，它能使申请人的利益得到最大限度的维护。此外，调解员还对双方当事人表现出了极大的同情心，对于双方的处境和要求都给予充分的理解和考虑，其所提出的和解方案即是明证。尤其值得一提的是调解过程中，调解员还以自己在贸易方面的专业知识对被申请人即捷克公司的经营提出了中肯的建议。调解员的种种努力终于赢得了双方当事人的完全认同，而其努力中彰显出来的人格魅力更使当事人完全折服，从而也博得了当事人的信赖，使其争议得以妥善解决。

应该指出，上述调解人的个性品质是个人内生的论断也只具有相对性，因为有些特质很难说是绝对的内生而来或是后天学习发展而来，例如宽容、坚持等等。因此，只能说这些特质更倾向于是一个人的内在品质。当然，诸如善良、幽默感、冷静等也是调解人应该具有的个性品质，它们往往在推动调解朝向成功中起到促进的作用。①

（二）调解员的调解技能

调解员具备一定的调解技能对于调解中当事人和解的达成也是必不可少的。一般而言，下述技能具有相对重要性：

第一，沟通的能力。得力的调解员必须具备较强的与当事人沟通的能力，即能理解他们的动机和愿望。这主要是因为，争议当事人之间由于利益对立所带来的情绪敌对，他们往往对话困难，相互之间难以交流或者根本无法交流、沟通。调解员的出现为他们提供一种使对话沟通成为可能的渠道。调解员发挥沟通作用，就能够使无法自己协商解决纠纷的当事人坐到谈判桌上来，相互交流，认真负责地提出主张，进行协商，因而为促成和解创造了基本条件。总的来说，调解员的沟通能力能够在以下几个方面发挥作用：② 信息的传递，即一方当事人不便向另外一方当事人提出要求和主张时代替他们转达；信息的加工，即通过梳理使当事人的要求转化为

---

① 这些品质在调解中的作用的发挥有时候可能会超乎想象，例如，调解员善良的品质会对当事人产生巨大的感召力，这种感召力使当事人努力向善并积极相互妥协以达成和解决其争议。实践中就有这样的例子，一个无论是在很多先天特质还是后天的技巧上都不占优势的人却成为了一个成功的调解人，究其原因就是其善良的禀赋在起作用。不过，这样的例子比较极端，尤其是在商事调解中，调解人不太可能仅凭此而取胜，但是，它也在一定程度上说明了调解人的品质对于调解的意义。See Peter Lovenheim, Becoming a Mediator—An Insider's Guide to Exploring Careers in Mediation, Jossey-Bass, 2002, at 99-100.

② 参见马赛：《简述机构调解的调解员》，载《中国对外贸易》2002 年第 4 期，第 44 页。

更明确、客观、合理的主张，变得更具说服力，对方当事人更容易接受；信息的监督作用，主要是运用自己的人格魅力，促使对方当事人作出负责的回答。

第二，判断能力。有些争议涉及的事实是很复杂的，调解员应该具有一定程度的理解复杂事实并在此基础上进行判断推理的能力，即通过对其所获知的有关信息的加工处理，有的放矢采取相应步骤以促进当事人的和解。例如，调解员在加工有关信息的基础上对争议的可调和性的程度作出判断，判断双方讨论的朝向（是否正在向和解推进），出现僵局后谈判是否应予继续，然后采取相应的对策，或帮助当事人努力形成妥协方案，或终止调解程序，以免当事人继续支出无益的成本。

第三，"阅人"的能力，即读懂当事人的能力。在调解的过程中，当事人通过他们的公开陈述、共同的商讨甚至是在与调解员的秘密会晤等方式告知调解员有关争议的信息。但是，当事人却很少能将调解员需要了解的有关争议的、他们对于争议的反应以及他们愿意去考虑各种可供选择的解决方案的方方面面的情况都告诉调解员。在调解会议期间，各种没有明示的利益、要求以及情绪充斥其间，这就需要调解员能透过表象去感知它们。只有对当事人于调解中的各种表现洞若观火，调解员才能把调解引领到通往成功的道路上来，因此，在这个意义上，"阅人"能力对于成为一个成功的调解员是大有裨益的。

第四，倾听的能力。调解员还应该是一个善于倾听的人，换言之，调解员不仅是在倾听有关争议的事实，而且还在倾听当事人对这些事实的情感上的反应，并运用语言或肢体语言（如眼神、面部表情等）来对当事人的陈述作出回应。而且调解员的倾听还应该是一种感情移入式的倾听，它表明调解员是在真心实意地关心当事人的问题。① 因此，在理解争议事项以及赢得参与者的信任中，倾听的能力起到了很大的作用。一旦当事人获得了调解员的充分倾听，他们就愿意将调解中的领导权移交给调解员，但是，如果他们没有被充分倾听的感受，他们将拒绝调解员的引领。

第五，语言能力，包括口头与书面的语言能力。与心理咨询和治疗相类似，调解在某种意义上也是一种谈话治疗的方式。调解从公开的陈述开始，其全过程都离不开言语，调解员准确与流畅的口头语言表达就为成功的调解所必需。在整个调解期间，对于有时候令人感到费解的案情和当事

---

① *See* Peter Lovenheim, *Becoming a Mediator-An Insider's Guide to Exploring Careers in Mediation*, Jossey-Bass, 2002, at 20.

人复杂的表述，调解员必须要用一些准确的话语进行重复以回应当事人，并且随后帮助当事人将他们含混不清的要求用清晰和简洁的术语表达出来。尤其是在接近和解的时候，调解员的口头语言能力更显得重要。一般而言当事人总是需要事先知悉他们为什么要达成一个特定的和解协议，以及这样做的好处之后才会去做这件事情。调解员的工作就是用语言阐释有关道理以帮助当事人达成和解。此外，调解员的书面语言能力同样很重要，因为或者需要其拟出有关和解条款的提纲以供当事人及其律师、顾问参考，或者干脆应当事人的请求起草整个和解协议，无论是何种情况，准确、谨慎的使用书面语言很关键，它关系到能否真实地反映当事人的意愿。

如上几个方面的调解员的技能主要是靠后天的学习和经历获得，例如"阅人"的能力就主要是靠人生的阅历累积了相关经验后所发展起来的，但是有些所谓的技能也有先天的成分在里面，例如语言能力固然可以通过后天的学习而培养，不可否认的是有些人在这方面是有天赋的。因此，需要再次强调的是，所谓内生与后天培养都只具有相对的意义。

本章第一节关于对提请调解的案件的可调和性的判断的论述中，举了中国国际商会天津调解中心调解的中美两家公司因代理协议履行过程中发生的产品质量争议的案例来予以说明。其实，在这个案例中，调解员对于争议问题可调和性的判断就充分展现了调解员的调解技能在调解中的作用。该案中，天津调解中心先是通过分析案件的可调和性，在对其作出肯定性判断的基础上促成了当事人调解协议的达成。之后，调解中心调解员展开一系列的调解工作，分别或单独地与中、美双方当事人接触，积极与双方当事人进行沟通，劝说双方以积极务实的态度坦诚相待，最后使双方观点上的差异得以逐步缩小而达成和解协议，即一致同意由中、美双方共同销售该批设备并由天津外贸集团公司给美国进出口公司适当的补偿，该补偿通过以后的优惠报价来实现。并且，在争议得到解决之后，中美双方还续签了代理协议。

这个案子中，调解员的判断能力发挥了极大的作用，具体体现为两个方面，其一，调解员在接到当事人一方的调解申请之后，综合有关案件情况，对于本案的可调和性进行了判断，得出了通过调解能达致和解的结论。其二，调解员还是通过分析判断，指出了对方当事人如果坚持诉诸诉讼解决争议，管辖权上的障碍是无法逾越的，[1] 使该方当事人最终作出了

---

① 详见本章第一节关于本案的案情及处理情况介绍。

同意调解的决定，调解程序因此得以进行。所以，本案中调解员的判断能力决定了当事人之间的争议能否以调解的方式圆满加以解决并继续保持其合作的关系。当然，本案中调解员通过与双方的积极接触，使其在主张上的差异得以缩小而达成合意，这反映的是调解人在沟通以及语言等方面的能力。

综上所述，调解人的个性品质以及调解技巧对于调解来说至关重要，虽然在某一个特定的案件中不是这两方面都具有同等重要的作用，如对上述案例的分析中所显示的那样，或是调解员的个人的特质显得突出，或主要是其调解技巧起作用，但是，又很难绝对地说调解过程中调解员的内在特质和调解技巧可以彼此独立地发挥作用，通常的情况是两者的综合运用，这一点在如上所举例子中同样可以得到证明。在前一个关于国际贸易中的欠款的案例中，如果调解员不具备良好的沟通、判断、语言方面的能力，其人格魅力再大，当事人达成和解的可能性也会大打折扣；而在后一个关于履行代理协议的争议的案例中，调解员种种努力中折射出来的恰恰是其耐心、毅力等个人品质。因此，在调解中，调解员的个性品质和调解技能呈现出来的是一种综合运用的状态，它们共同决定着调解的成败。

在调解程序中，当事人的谈判也是调解的重要组成部分，这是由调解是在第三人帮助下通过当事人的自主协商解决争议这个特点决定的。谈判是指双方或多方为寻求做某事或不做某事的合意所进行的一系列信息传递或交换过程，是一种旨在相互说服的交流或对话。[①] 谈判的实质是一种双方之间的交易活动。因此，除了调解员之外，当事人的谈判情况也影响着调解的进程，其中，当事人对于谈判解决争议所怀有的期望、当事人的谈判能力、当事人所确定的策略、当事人的事前准备等因素尤其重要。只是在当事人于调解中的谈判是在调解员介入的情形下进行的，因此，专业调解员的帮助有助于双方达成和解，哪怕双方已有充分的准备。因此，也可以说，调解中调解员的作用的发挥程度直接影响着调解成功的几率。

---

① ［印］马海发·梅隆主编：《诊所式法律教育》，彭锡华译，法律出版社2002年版，第114页。

第六章　国际商事调解的协议

　　这里所称之国际商事调解的协议是指当事人从试图利用调解到调解结束时所达成的一系列协议的总称，其中最重要的两种形式是当事人同意利用调解的调解启动协议亦即调解协议，以及当事人之间就争议解决所形成的调解处理协议亦即和解协议。① 虽然就一般实践而言，调解的协议形式可以是书面的，也可以是口头的，但是由于国际商事调解活动涉及的商事关系可能在主体、客体及内容上具有的国际性或涉外性，因而其具有相对的特殊性和复杂性，因此，国际商事调解的协议多采取书面的要式协议的形式。

第一节　调　解　协　议

　　调解协议可以视为当事人处分自己诉权的一种方式，是当事人对自己诉权的一种暂时的排除，因为如果当事人同意调解时可以明确承诺在一段特定时期内或在某一特定事件发生以前，不就现有或未来的争议提起仲裁或司法程序，当然，一方当事人认为是维护其权利而需要提起的除外，而且一般认为提起这种程序本身并不视为对调解协议的放弃或调解程序的终止。因此，调解协议也可以说是实现调解经济、便捷地解决争议这个目标的媒介，是调解程序运行的依据。调解程序从启动到结束，都是由当事人推动的，调解协议可以说是当事人控制调解程序的工具。② 调解程序的开始以当事人调解协议的达成为前提，调解程序的启动是由当事人通过合意控制的，是当事人协商一致的产物；此外，调解协议是当事人控制调解运行过程的一个有效的工具。如果当事人选择了以调解方式解决争议，他们可以通过协议选定中立第三者、调解的时间和地点、解决争议的程序规

---

　　①　本章只涉及独立调解程序下的调解协议与和解协议的有关问题，且主要涉及采取书面形式的这一类。

　　②　参见范愉主编：《ADR 原理与实务》，厦门大学出版社 2002 年版，第 189 页。

则、约定解决争议所适用的法律等，即当事人可以通过调解协议控制程序过程。

一、调解协议的含义及其类型

（一）调解协议的含义

调解协议是指当事人之间达成的，将已经发生的或将来可能发生的争议交付调解解决的合意。在国际商事调解的实践中，调解协议多采书面形式，在有关的立法和调解规则中往往对调解协议作书面形式的要求。例如，印度仲裁与调解法第 62 条规定："试图调解的当事人应当向对方当事人发出书面的调解邀请，并写明争议标的，调解程序只有在对方当事人书面接受调解邀请的情况下启动。如果对方当事人拒绝调解邀请，则不能进行调解程序。"此外，UNCITRAL 调解规则、WIPO 调解规则有关规定都包含了对调解协议书面形式的要求。

（二）调解协议的类型

调解协议依其外在形态可以分为两种类型：一是以合同条款形态出现的调解协议，称为调解条款，即合同当事人在合同中约定通过调解来解决他们之间的合同争议的条款；二是以独立形态出现的调解协议，即争议当事人专门约定通过调解解决其争议的不依赖于其他合同而独立存在的协议。前者用于解决将来的争议，而后者则多用于解决现有的或已发生的争议，因而，调解条款往往签订于争议形成之前，而独立的调解协议则大多签订于争议形成之后。在 UNCITRAL 的《国际商事调解示范法》中，并没有涉及调解协议的类型，而在中国国际商会的调解规则中通过对调解协议的解释的方式界定了调解协议的类型，据之，调解协议既包括当事人在合同中订明的调解条款，也包括以其他方式达成的独立的只是对后者并不作形式上的要求，既可以是书面形式的调解协议，甚至也不排除口头达成或以默示的意思表示方式达成的调解协议。①

在仲裁领域，当事人能否事先约定把他们之间将来的争议提交仲裁曾经是一个很重要的问题，这直接关系到仲裁条款的法律效力。② 19 世纪初，很多国家只允许把现有争议提交仲裁，不允许把将来可能发生而实际

---

① 《中国国际贸易促进委员会/中国国际商会调解规则（2005）》第 11 条第 2 款。

② 参见韩健：《现代国际商事仲裁法的理论与实践（修订本）》，法律出版社 2000 年版，第 43～45 页。

上还未发生的争议提交仲裁。因此，国家的法律只承认争议发生后订立的
仲裁协议书的有效性，而不承认订立在合同中的仲裁条款的效力。而现在
大多数国家都已承认把将来争议提交仲裁的协议的效力，不管是涉及现有
争议的仲裁协议，还是把将来争议提交仲裁的仲裁协议，都一视同仁地适
用同样的规则，赋予同等的法律效力，一旦当事人双方发生争议，便可以
根据仲裁条款直接申请仲裁。一些主要的国际商事仲裁公约均已确认关于
将来争议的仲裁协议的效力，如 1923 年日内瓦《仲裁条款议定书》和
1958 年的《纽约公约》。尽管大多数国家的仲裁立法都承认关于将来争议
的仲裁协议的有效性，但应该注意到，各国立法对把将来争议提交仲裁一
般都有一定的限制性要求，即该协议不能是一种泛泛而言的协议，而必须
与协议当事人间的特定法律关系相关联。该要求在 1958 年《纽约公约》
中也有所体现。该公约要求，当事人书面协议提交仲裁的争议应该是产生
于特定的法律关系的争议。1985 年 UNCITRAL 的《国际商事仲裁示范法》
中也有类似规定。总之，把将来争议提交仲裁，特别是在国际商业合同中
订立仲裁条款明确把将来争议提交仲裁，已成为国际上最为常用的一种仲
裁协议的形式。而争议发生后再就现有争议订立仲裁协议书，往往因案情
复杂，利害关系明显，争议当事人双方反而不易达成一致意见，因此，在
争议发生后再订立仲裁协议书的做法已不多见。在比国际商事仲裁更为灵
活的商事调解中，调解条款这种对于将未来可能会发生的争议交付调解的
调解协议形式也是大量存在的，而且在实践中，世界著名的一些调解机构
如英国 CEDR、中国国际商会调解中心等都制定有示范调解条款，以推荐
给当事人在合同中采用。而且，美国的有关研究显示，当事人依据调解条
款参加调解与争议发生后再达成调解协议书进行调解，在最终达成和解的
比例上是差不多的。①

　　调解条款或作为合同履行中因出现违约而产生争议时对调解程序的启
动依据，或要求当事人使用调解方式去解决他们之间对合同可能产生的分
歧和争执。合同中的调解条款具有如下一些作用：它的存在使当事人面对
一个事实，即在将来的合同履行中难免会存在冲突；它使当事人能够自己
选择和定义争议解决体系，例如当事人通过调解条款预先选择了中立的第
三人作为调解人；它还为当事人使用调解方式作了心理上的准备；它能避
免在发生违反合同的情形时当事人为处理方法而发生的冲突；它能避免在

---

① *See* Laurence Boulle and Miryana Nesic, Mediation: Principles, Process, Practice,
Butterworths, 2001, at 468.

发生了激烈的争议时当事人可能担心首先提议调解解决而被认为是示弱的顾虑。一般建议在一些比较复杂的合同中以订立调解条款为宜，例如合资合同，因为其履行会在一个变幻莫测的环境下持续一个较长时期，而且合同当事人是处于连续的关系中。①

调解条款通常都规定，当事人应将因履行合同而产生的争议交付调解解决，只是具体的条款的繁简程度各异，有的只是明确了由一个双方都同意的调解人来主导调解程序，有的则规定了调解程序的各个方面的细节甚至是采纳了一个调解机构的调解程序规则。不过，一般认为调解条款毕竟是对于未来争议解决方式的预先规定，只要明确规定了采用调解这种方式，订明了提请调解的机构以及调解程序规则，就可以是一个确定性的调解条款。例如，中国国际商会调解中心的示范调解条款的规定就极具代表性，即"本合同之各方当事人均愿将因本合同引起的或与本合同有关的任何争议，提交中国国际贸易促进委员会/中国国际商会调解中心，按照申请调解时该中心现行有效的调解规则进行调解。经调解后如达成和解协议，各方都要认真履行该和解协议所载之各项内容。"②

独立的调解协议书这种形式由于主要是在争议已发生的情形下采用，一般要求写明争议的相关情况、指定调解员、调解的规则或程序、保密的事宜、当事人和调解员的角色、有关调解员的费用安排以及责任及保证事项。调解协议书里还可以包含调解中所使用的相关术语的含义，③ 这是因为对于调解的基本性质和调解员在调解中的地位可能会存在不同的观点和理解，所以协议书里可以提及调解员在调解中的角色和作用。有时，应当事人的要求，调解员可以在调解中执行多种功能，例如，英国 CEDR 示范调解程序就允许当事人同意调解员作出的不具约束力的评估，类似于"早期中立评估"；在澳大利亚的一个建筑方面的调解案例中，调解员能够进行"小型审判"，并给当事人提出建议，这种情形实际上与调解自身

---

① *See* Laurence Boulle and Miryana Nesic, Mediation: Principles, Process, Practice, Butterworths, 2001, at 468.

② *See* http://lad.ccpit.org/WAdr/rule_item_show_02.htm. (2006/4/6).

③ 在英国 CEDR 示范调解协议里就要求写明，提交 CEDR 调解的争议适用其示范调解程序，在示范调解程序里使用的有关定义也要在调解协议之中写明。*See* Eileen Carroll and Karl Mackie, International Mediation—The Art of Business Diplomacy, Kluwer Law International, 2000, at 123.

在很多方面都包含着变量的情形有关。① 此外，协议书中还应就调解达成的和解协议的形式进行规定，以免日后就此问题再生争议。调解协议书的上述内容一般是将当事人选择适用的调解规则的内容结合进来，只是当事人也可以作出自己的约定或对选择的有关规则作出变动。②

二、调解协议的特征

(一) 调解条款的特征

第一，调解条款是出现在合同中的一种调解协议的形式，它总是依附于某种合同而存在，构成合同的组成部分。一般民商事合同只要法律未有禁止性规定，即可以约定调解条款。

第二，调解条款与合同其他条款既具有相关性，又具有一定的独立性。③相关性主要表现为，调解条款约定的要通过调解程序解决的争议，是因该合同其他条款所引发的争议，如果其他合同条款没有发生争议，调解条款的效力则不能实现。但是，由于调解条款所形成的并不是当事人之间的实体私法关系，这使它又具有独立性，主要表现为调解条款的效力不因合同其他条款无效而当然无效。换言之，合同的其他条款在当事人之间不发生效力，但并不影响当事人在合同中约定通过调解来解决他们之间合同争议的调解条款的效力。就仲裁条款来说，现代的理论和实践均已接受"仲裁条款自治说"，④ 即仲裁条款与主合同是可分的，仲裁条款虽然附属于主合同，但与主合同形成了两项分离或独立的契约。主合同关系到当事人在商事交易方面的权利义务关系，仲裁条款作为此合同的一个条款则关系到当事人之间的另一义务，即通过仲裁解决因履行商事交易义务而产生的争议。只要未因主合同发生争议而需要提交仲裁，就无需履行次合同。仲裁条款具有保障当事人通过寻求某种救济而实现当事人商事权利的特殊性质，它具有相对独立性，其有效性不受主合同有效性的影响，即使

---

① *See* Laurence Boulle and Miryana Nesic, Mediation: Principles, Process, Practice, Butterworths, 2001, at 487.

② 在很多调解机构的调解规则中一般对此都有规定，例如中国国际商会调解规则 (2005) 第 12 条规定："凡当事人同意将争议提交调解中心进行调解的，均视为同意按照调解中心的调解规则进行调解。但当事人另有约定且调解中心同意的，从其约定。"

③ 参见范愉主编：《ADR 原理与实务》，厦门大学出版社 2002 年版，第 191 页。

④ 参见韩健：《现代国际商事仲裁的理论与实践 (修订本)》，法律出版社 2000 年版，第 100～101 页。

合同无效，仲裁条款仍然有效。由于涉及的合同原理有相似之处，因而"仲裁条款自治说"是应该也可以推及调解条款的。①

第三，调解条款仅适用于合同纠纷，因为它作为合同的一个条款不能脱离合同而存在。

第四，调解条款只能适用于合同成立后至履行完毕期间所发生的争议，因为调解条款作为合同的一部分，在合同成立时调解条款也成立，而合同争议只能发生在合同成立之后。对于合同成立前的缔约过失责任争议，以及合同履行完毕后的后合同责任争议，调解条款是不适用的。

（二）调解协议书的特征

第一，与调解条款不同，调解协议书不依赖于其他合同而存在，无论是形式还是内容都具有相当的独立性。在合同争议中，调解协议书和原合同虽具有相关性，但从形式上看是两份独立的合同，调解协议书和原合同在性质上明显不同。调解协议书是当事人对诉权的一种暂时排除，即如果当事人同意调解，那么他们可以明确承诺在一段特定时期内或在某一特定事件发生以前，不就其争议提起仲裁或司法程序。调解协议书还同时兼有实体法的要素，在解释或判断调解协议的成立及其效力等问题时，都要以实体法特别是合同法来判断，因此，调解协议书兼有实体和程序的混合性质。而原合同是民商事合同，涉及的是实体的法律关系。调解协议书与原合同在内容上也是完全不同的。调解协议书是有关调解事项诸如通过调解解决争议的意思表示、调解机构、调解员的指定、调解时间和地点、调解程序规则、调解费用等的条款。而原合同则是有关交易标的、数量、质量、履行时间、地点、违约责任等实体内容的条款。

第二，调解协议书具有广泛的适应性，这体现在两个方面：其一，在解决合同争议时，调解协议书既适用于其成立前所发生的纠纷，也适用于其成立后所发生的争议。如果说调解条款在先合同责任争议与后合同责任争议的调解解决方式的约定上是无能为力的话，那么当事人却完全可以就争议解决方式签订一份独立的调解协议书，用以解决因当事人一方违反诚信原则而导致的先合同责任和后合同责任问题。其二，调解协议书既适用于合同争议，又适用于非合同争议，亦即所有的无论是否具有合同性质的商事争议都可以通过调解协议书的形式将之交付调解解决。②

① *See* Laurence Boulle and Miryana Nesic, Mediation: Principles, Process, Practice, Butterworths, 2001, at 471.

② 参见范愉主编：《ADR 原理与实务》，厦门大学出版社 2002 年版，第 192 页。

三、关于调解协议的法律效力问题

首先考察一下仲裁协议的法律效力问题。一项有效的仲裁协议的法律效力是由国内立法和国际条约所赋予的，一般体现为：① 其一，对当事人的法律效力。仲裁协议一旦依法成立，就对当事人直接产生了法律效力，即当事人因此丧失了就特定争议事项向法院提起诉讼的权利，而承担了不得向法院起诉的义务，除非双方当事人又另外达成协议不提交仲裁。这就从法律上保证了当事人间的特定争议事项在协商不成时只能通过仲裁方式解决，使得当事人不愿诉诸法院解决争议的本来愿望得以实现。同时，由于当事人在仲裁协议中已同意将有关争议提交仲裁解决，并承认仲裁庭所作裁决的约束力，所以仲裁协议使当事人承担了履行仲裁庭所作出的裁决的义务，除非该裁决经有关国内法院判定为无效。其二，对仲裁机构或仲裁庭的法律效力。有效的仲裁协议是仲裁机构或仲裁庭受理争议案件的依据。如果不存在仲裁协议或者仲裁协议无效，仲裁机构或仲裁庭将无权受理或裁决有关争议。当事人可以基于不存在一项有效的仲裁协议的理由对仲裁机构或仲裁庭的管辖权提出抗辩。其三，对法院的法律效力。世界上大多数国家的仲裁立法，都承认仲裁协议具有排除法院管辖的法律效力。如果当事人已就特定争议事项订立有仲裁协议，法院则不应受理此种争议，如已受理，当对方当事人提出请求时，应立即中止诉讼程序。其四，使仲裁裁决具有强制执行力的法律效力。有关执行商事仲裁裁决的国际公约及许多国家的国内立法都规定，如果一方当事人拒不履行仲裁裁决，他方当事人可向有关国家法院提交有效的仲裁协议和裁决书，申请强制执行该裁决。根据各国立法和有关国际商事仲裁条约的规定，有关国家的法院都必须以当事人订立的仲裁协议中的约定为依据执行有关仲裁裁决。同时，无效的仲裁协议是构成有关国家拒绝承认和执行有关裁决的理由之一。由此，一项有效的仲裁协议在法律上的强制执行力是肯定的。

在与仲裁协议相对照的基础上再来探讨调解协议的法律效力问题。调解协议无论是以何种形式出现，都是当事人合意的结果，对于当事人来说遵守调解协议是其应该承担的合同义务，亦即调解协议由当事人自愿履行应该是一个通例，而有关的实践也印证了这一点。但是，在一方当事人没有遵守调解协议时会产生调解协议有无如同仲裁协议那样的排除司法管辖

① 参见韩健：《现代国际商事仲裁的理论与实践（修订本）》，法律出版社 2000年版，第 46～52 页。

权的效力问题。与仲裁协议的同类问题相比，调解协议的情况有很大的不同。已如前述，仲裁协议的法律强制力是建立在立法的基础之上的，而仲裁与调解在争议解决方面的诸多不同使得关于仲裁协议的法律规定与调解协议并没有多少关联性。这种不同首先体现在仲裁有一个能同时为使用者和法庭所理解的界定清晰的程序，而调解程序却难以做到这一点。其次，仲裁能以仲裁员作出的有约束力的裁决的形式来保证仲裁的结果，因而强制当事人进入仲裁程序就不会出现很可能在调解中出现的那种一事无成的局面。调解之所以在争议解决的结果上没有类似于仲裁裁决那样的确定无疑的执行力，主要因为调解这种程序是依靠当事人的意思自治来解决争议使然，当事人在调解中的这种意思自治甚至赋予了当事人可以单方面终止调解程序的权利。因此，对于法庭来说，就不大会去考虑调解协议的强制实施问题。①

　　诚然，有关调解的立法和调解机构的调解规则中也会涉及调解协议的法律效力问题，例如，印度《仲裁与调解法》的有关规定是："各方当事人不应当在调解程序进行过程中，就调解程序争议事项启动任何仲裁或诉讼程序，除非根据一方当事人的意见启动仲裁或诉讼程序视为保护其权利所必需。"② UNCITRAL《国际商事调解示范法》中也有关于当事人同意调解并明确承诺的，不就现有或未来的争议提起仲裁或司法程序的类似规定。但是，从上述调解立法中可以感受到的是，调解协议对于诉讼程序的迟延，与仲裁协议对于诉讼程序的排除在性质上是完全不同的，这从几方面体现出来：（1）调解协议对于诉讼等程序的搁置是有例外情况存在的，即如果一方当事人觉得提起诉讼等程序是维护其权利所必须，他并不需要取得其他方当事人的同意就可以单方面置调解协议于不顾而径自提起诉讼或仲裁程序。而仲裁中，如果不是当事人又另外达成协议不提交仲裁，仲裁协议是不能单方面终止的。（2）UNCITRAL 调解示范法的规定与前述立法的有关规定相比较，在调解协议对诉讼等程序迟延的问题上还特别强调了当事人的"明确承诺"的限制条件，因此，如果当事人不表示明确承诺，那么他们是可以在同意调解的同时再就有关争议提起司法或仲裁程序。而当事人之间达成的仲裁协议却具有排除司法管辖权的绝对效力，并不需要当事人另外再予明确承诺的意思表示。因此，调解协议对于其他程

----

　　① *See* Laurence Boulle and Miryana Nesic, Mediation: Principles, Process, Practice, Butterworths, 2001, at 469-487.

　　② 印度《仲裁与调解法》第 77 条。

序的排除仅具有相对的意义。之所以做这样的规定还是出于调解应最大限度地尊重当事人意思自治的考虑，也是为了最大限度地保障调解在程序上的灵活性。著名的英国 CEDR 的实践也是与 UNCITRAL 调解示范法的精神相一致的，这反映在 CEDR 示范调解程序对相同问题的规定中，即除非当事人另有意思表示，在调解进行中可以提起或继续与调解的争议事项有关的诉讼或仲裁程序。① 除此之外，在 UNCITRAL 调解示范法以及一些调解规则中都有关于在一方当事人依调解协议提出调解申请时，对方经过一段时间（例如 30 天或 15 天不等）考虑之后届时不作出答复即视为拒绝调解的规定，② 这至少可以表明对于调解协议的法律效力有关调解的规则并不涉及。

综上所述，既然调解协议只是在有限的条件下去延缓而非排除司法或仲裁的管辖权，在有调解协议的情况下被申请人仍然可以拒绝调解，当事人又可以单方面宣布退出调解的程序，因此，也就很难从法律上去规定调解协议的强制执行力，而事实上这种规定也是没有多大意义的。

第二节　和　解　协　议

一、和解协议的法律效力问题

和解协议是指双方当事人在调解程序结束时，就争议处理所达成的解决方案。就调解达成的和解协议而言，它不是司法机关作出的司法文书，也与仲裁机构的仲裁裁决不同，因而一般认为其不具有直接的强制执行力，也因此，通常认为和解协议的安全性较具有强制执行力的仲裁裁决要差。不过，由于和解协议往往是当事人在中立第三人的指导下进行紧张激烈的磋商之后解决争议的结果，因而源于当事人自己的承诺的和解协议通常情况下比一个第三人强加的仲裁裁决更易得到当事人的自动履行，而实践中也确实有很多和解协议是靠当事人的自愿履行来实现的。但是，这是否意味着和解协议的履行只能是以当事人的自律为依托，它并不具有法律效力而对当事人没有约束力？换言之，和解协议达成，当事人任何一方是

---

① See Eileen Carroll and Karl Mackie, *International Mediation—The Art of Business Diplomacy*, Kluwer Law International, 2000, at 129.

② 例见《联合国国际贸易法委员会国际商事调解示范法》第 4 条第 2 款；《中国国际贸易促进委员会/中国国际商会调解规则（2005）》第 15 条等。

否可以随意反悔而不承担任何法律责任呢？如果答案是肯定的，那么则意味着，对于对方反悔的一方当事人来说，进行调解不过是白白浪费了时间和金钱；如果答案是否定的，则意味着调解一旦达成合法有效的和解协议，即使一方当事人反悔，他方当事人是可以寻求法律救济的。可以说，和解协议的法律效力问题与调解作为一种独立的争议解决方式能否得以进一步推广与运用息息相关。

有时候人们往往是在与法院判决和仲裁裁决具有直接的执行力相比较的基础上来强调和解协议的自愿性的这个性质。但是，应避免将调解程序的两个独立的方面——作为争议解决的程序的非强制性和应予遵守的和解协议在法律上的地位——相混淆。① 和解协议应该是具有法律效力的，这可以从下列几方面去进行论证。

1. 当事人在调解中达成和解协议属于民事法律行为。就一般意义而言，民事法律行为是民事主体旨在建立、变更、消灭民事权利义务关系的合法行为。除法律另有规定或者当事人另有约定外，民事法律行为自成立时生效。民事法律行为制度是意思自治、私法自治、义务自主在民事制度中的具体表现。个人之间的权利义务关系之建立、变更和消灭本于个人意志是私法的精神和理念。平等主体只要不违背法律和社会公共利益，均可依其独立意志自主建立、变更、消灭民事权利义务关系。法律应当确认该自主行为的效力和拘束力，以维护和保障意志独立、行动自由进而尊重独立人格。和解协议是自然人、法人独立意志的体现，参与协商双方的法律地位是平等的，当事人通过自己的行为达到变动相应民事权利义务关系的目的，是当事人自主自愿行使民事处分权的结果，因而它应该是一种民事法律行为而具有法律的效力。不过，和解协议与一般民事法律行为也有所不同，它往往存在一定的基础关系，是为解决基础关系争议达成的合意，而后者一般不以既存的基础关系为前提。

2. 和解协议应该属于合同法律行为，它符合"合同自由"这个当代合同法律制度的核心规则。"合同自由"原则一方面意味着"当事人意思自治"，即当事人所订合同的任何内容和形式，除法律有特别规定之外，均由当事人自行协商决定；而事实上，国家有关合同的立法，除个别要求外，大多属于任意性规范。另一方面，此原则意味着"合同即法律"，即当事人达成的合法有效的合同，对于当事人就是法律，理应得到严格遵守

---

① *See* Eileen Carroll and Karl Mackie, International Mediation—The Art of Business Diplomacy, Kluwer Law International, 2000, at 87.

和执行，同时也要求立法及执法者，充分尊重当事人自主决定的合同内容，不能干涉当事人的合同自由。因此，当事人在争议发生后经第三方调解达成的和解协议，是各方当事人自愿了结他们之间的部分争议或全部争议，自主变更或处分民事权利的结果，无疑也属于"合同自由"范畴内的协议，当然具有相应的约束力而应得到当事人的尊重和履行，除非该和解协议被证明违反了法律强制性规定（包括但不限于胁迫、欺诈等情况）。

3. 现代英美合同法的相关规则也为和解协议应该具有法律效力提供了根据。①

美合同法中，通常根据不同的情况而将当事人达成的和解协议区分为"待履行和解"、"合意解决"以及"替代合同"等法律概念。"待履行和解"这一用语被用以并且总是被用以指称通过替代履行在将来清偿某个既存请求权的一种协议。② 调解程序中达成的大部分和解协议与这类"待履行和解"相类似。对于待履行和解的法律效力，诸多现代美国判例支持这么一个观点：待履行和解协议是可以强制执行的合同，只要它符合有效合同通常的成立要件，任何一方当事人都可以就违反它的行为提起损害赔偿诉讼。③ 美国《合同法重述》第 417 条就规定："如果债权人违反这样的合同，债务人的原始义务并不消灭。但是，债务人因此却获得了请求违约赔偿的权利，而且，如果对该合同的特别强制执行是可行的，他还获得要求强制实际履行的可选择权利。如果合同得到特别强制执行，他的原始义务即告消灭"；此外，"如果债务人违反了这样的合同，债权人便享有可选择的权利，他可以强制执行该原始义务，也可以强制执行该后续合同。"④ 简言之，一份和解协议在达成后，债权人及债务人均不能反悔；只有当债务人违反和解协议，债权人才可以撕毁和解协议转而主张原请求。但是，此时债权人撕毁和解协议的根据并不是和解协议可以反悔，而

---

① 参见杨建红：《论调解协议的法律效力》，载《仲裁与法律》2002 年第 4 期，第 88 ~ 91 页。

② ［美］A. L. 科宾：《科宾论合同（一卷版）》（下册），王卫国、徐国栋、李浩、苏敏、夏登峻译，中国大百科全书出版社 1998 年版，第 548 页。

③ ［美］A. L. 科宾：《科宾论合同（一卷版）》（下册），王卫国、徐国栋、李浩、苏敏、夏登峻译，中国大百科全书出版社 1998 年版，第 558 页。

④ 转引自［美］A. L. 科宾：《科宾论合同（一卷版）》（下册），王卫国、徐国栋、李浩、苏敏、夏登峻译，中国大百科全书出版社 1998 年版，第 558 页注释 37，第 559 页注释 38。

是债务人对和解协议的违约行为已导致债权人可以依据合同法律规则解除该和解协议。所谓"合意解决",它是指清偿和终止既存权利的一种受到确认的方法,相当于当事人通过双方认可的实际的替代履行达成原有债权债务的清偿。当事人如果达成了一份和解协议,并实际履行了该和解协议,则实际履行完毕这一行为,就构成了"合意解决"。这相当于和解协议得到当事人自愿履行的情况,债务人完全履行有效的和解协议具有清偿的效力,在根据在先请求所提起的诉讼中,这种履行又构成一种有效的抗辩,即使在债权人否认这种处理方式时也是如此。和解协议的法律约束力因当事人的行为而得到了肯定。"替代合同"则指双方当事人针对清偿一方或双方原有的在先请求权而签订的新的替代性协议。该替代合同的法律后果就是即时清偿了当事人先前的请求权。调解达成的和解协议也有相当一部分类似于此类替代合同。替代合同作为一种和解协议的要点在于,当事人明确表明了用新合同代替旧合同从而立刻清偿以前以及由其产生的所有请求的意图。合同的权利和义务以及任何被主张的请求(无论是否有争议)都可以通过新的替代合同加以即时清偿,因为替代合同具有合意解决的效力;替代合同不同于待履行和解,待履行和解协议本身不立即发生消灭请求效力,因为协议本身并未作这样的规定,而一旦协议作了这样的规定,它就具有这种效力而构成一种替代合同;违反替代合同并不能使已经被该合同清偿的先前请求重新生效,但是,在一方严重违反替代合同时,守约方会有权解除替代合同进而请求恢复原状,从而达到令先前请求重新生效的目的。①

在英美合同法的观念中,上述几种概念不仅相互关联,并会相互转化。而且,在严格的意义上,于调解之中达成的和解协议与上述几个概念并不能完全等同,但是它们却给我们认识和解协议的法律效力问题提供了有益的参考和借鉴,据此,至少可以得出如下的结论:当事人就争议解决达成的和解协议,应当是具备法律约束力的,除非该和解协议因违反法律强制性规定而归于无效,或存在法定可撤销情形而当事人依法行使了撤销权,或一方违反该和解协议致守约方依法行使了法定合同解除权。

总之,基于如上几个方面的法理分析,可以肯定的是,和解协议具有法律效力,对当事人的约束力至少是与合同相等的,即在当事人之间产生了相当于合同的权利义务关系,当事人均应按照和解协议享有权利,履行

---

① 参见〔美〕A. L. 科宾:《科宾论合同(一卷版)》(下册),王卫国、徐国栋、李浩、苏敏、夏登峻译,中国大百科全书出版社 1998 年版,第 593~597 页。

义务。

二、关于和解协议的强制实施问题

既然可以将和解协议界定为合同的性质,是否意味着在和解协议的一方当事人不履行和解协议规定的义务,亦即通常所说的反悔的情况下,其他当事人可以通过一般合同通常所采用的方式例如诉诸诉讼或仲裁来获得违约救济呢?由于和解协议与一般意义上的合同之间存在着差异,因而在这个问题上和解协议是有其特殊性的。

根据合同法的原理,一般合同的标的是基于一定的法律事实所产生的民事权利义务,其目的在于设立、变更或终止一定的民事权利义务关系。而和解协议的对象,是一定法律关系所生之争议,故争议法律关系是和解协议的对象和客体,其目的在于解决当事人彼此之间的争议,从而达到确定其争议处理上的权利义务的目的。因此,和解协议应该是一种特殊的合同。和解协议的这种特殊性往往会引发一些问题,合同法中那些具有一般强行效力的准则在适用于和解协议时可能会陷于尴尬的境地。① 例如,按照合同法的一般规则,显失公平的合同,当事人一方有权申请变更或撤销。这一规定对实体法律关系是正确的,但对于解决争议的和解协议而言却存在不合理之处。和解协议是当事人为解决实体权利义务争议而达成的协议,在这一协议中一方往往要作出让步,即对自己原有的实体权利予以处分,而当事人对自己实体权利处分的结果,可能就是一种不公平的结果,如果是享有实体权利的一方同意免除对方全部债务的协议,是否就要因为显失公平而使其效力受到影响呢?

正是基于和解协议与一般合同相较而存在的差异性或特殊性,即它是当事人解决其争议的结果,使得在和解协议的强制实施方面会提出一般意义上的合同的强制实施所不会遭遇的问题,即和解协议有没有既判力的问题。就既判力规则而言,是指作为诉讼标的法律关系在确定的终局判决中已经被裁判,当事人就不得以已裁判的诉讼标的再行起诉。对法院而言,也不得就已裁判的法律关系再行裁判。这一规则又被称为终局性规则。法院判决具有既判力,即它们不仅具有内容上的确定性,还具有强制执行的效力。那么,同样是作为争议处理结果的和解协议是否也具有既判力呢?应该说这是一个有争议的问题。外国学说中对此有三种观点。一是肯定

---

① 张卫平:《人民调解:完善与发展的路径》,载《法学》2002 年第 12 期,第 49 页。

说。此说认为，和解可以替代判决，法律上应赋予和解在解决争议上与法院判决同等的效力。判决有何种效力，和解也应该有何种效力。因此，和解也应具有既判力。这种主张的基本出发点是和解代替了判决，故又称为"判决代用说"。二是否定说。该说主张，既判力的实质是一种国家权力，即具有公权性质。和解是当事人双方之间的私人行为，不能产生既判力。三是折中说。实际上是有限制的肯定说，即原则上承认和解有既判力，但认为这种既判力是附条件的，即有限制的。和解在内容违法或根本不能实现、违反公共秩序、善良风俗等情形下不具有既判力。① 从各国司法实践看，大多数设置诉讼和解制度的国家多采用有限制的肯定说，即赋予诉讼中达成的和解协议以既判力而与确定判决具有同等法律效力。但是，诉讼中达成的和解与独立程序的商事调解（民间调解）中达成的和解毕竟具有不同的性质，前者以国家的公权力作为依托，后者则完全是当事人意思自治的结果，因而采用否定说的主张可能更为合理些，也更符合其作为一种非正式的争议解决程序的主旨。因此，似不便将这两种和解完全等同起来也认为后一种和解协议具有既判力。

有观点主张民间性的和解协议也应具有既判力，认为民间达成的调解协议，未经法院审核的，具有民事法律行为的效力，如后来又争讼的，法院一般应予确认和保护，法院应当以当事人间达成的调解协议为审理标的，而不是以当事人此前的纠纷为审理标的。民间达成的调解协议如经过法院审核并赋予强制执行力的，依法获得执行力，一方当事人反悔的，另一方可以申请强制执行。如此一来，一方面增强了民间调解协议的法律效力，民间自治得到了国家公权力的有力支持；另一方面也减轻了法院的审案负担。② 但是，即使在这种主张之下，法院判决与和解协议在既判力上也是截然不同的。判决是对发生争议的权利义务关系的判断，判决的既判力意味着通过法院判决的作出，这种权利义务关系已成为不可争议的确定事实。而和解协议则是对权利义务关系的处分，它只是意味着通过当事人双方的合意和处分行为，使发生争议的权利义务关系成为不可争议的确定事实。此外，判决的既判力是判断的不可争议性，作为判断基准的法律规范是确定的，既判力的主要作用在于限制以新的资料改正判决。而和解协

---

① 参见张卫平：《程序公正实现中的冲突与衡平》，成都人民出版社 1993 年版，第 305 页。

② 何兵：《纠纷解决机制之重构》，载《中外法学》2002 年第 1 期，第 25 ~ 26页。

议是根据双方合意而达成的争议处理结果的内容的不可争议性，因此，一旦对其发生争议仍然得寻求法律救济。仲裁裁决的既判力是由国家司法权予以认可和接受的，当然它还得从属于司法审查权。

而事实上，鉴于调解与诉讼和仲裁的本质区别，也无须去寻求让和解协议直接具有如法院判决或仲裁裁决般的强制执行力。在这里，既然否定了和解协议对原有争议的既判力，也就否认了一方当事人以其他当事人违反了和解协议为由寻求使其得以强制实施的救济的可能性，当事人还得以其原先的争议提起诉讼或仲裁的方式来寻求救济，这实际上也就等于承认了当事人对和解协议是可以随意反悔的，当事人通过调解解决争议的努力也就付之东流了。这就与前述和解协议具有法律效力的结论相矛盾了，也与一般合同的强制实施往往通过法院或仲裁机构对合同违约情况作出的具有强制执行力的裁判的情况完全不同。对此，应该肯定的是，不能因为在和解协议的强制实施问题上所存在的障碍就放弃对和解协议法律效力的坚持，这也为调解的发展所必需。那么，应该如何解决这个矛盾，即通过一种什么样的方式使得当事人所达成的和解协议的法律效力既得以维护甚至是增强，同时又可以逾越在和解协议既判力问题上的障碍呢？对此，有两种解决方案：

第一，通过将和解协议转化为仲裁裁决的方式以解决和解协议的强制实施问题。目前在国际仲裁中出现了一种实践，仲裁程序仅仅是基于当事人要求将其于调解中达成的和解协议转化为仲裁裁决的目的而提起，① 即由仲裁机构作出一个与和解协议内容完全一致的仲裁裁决。这种实践在一定程度上解决了极大地困扰着调解实践的和解协议的执行力的问题，和解协议在转化为仲裁裁决之后就获得了强制执行力，因为仲裁裁决的执行力是由国内立法与国际条约赋予的。

目前这种方式常常通过在和解协议中设置一个仲裁条款来实现的。在这方面，中国的实践极具代表意义，也取得了很好的效果。中国国际商会在其现行调解规则中专门设置一条规则，规定双方当事人在签订和解协议时，可以在和解协议中加入仲裁条款。该仲裁条款的内容如下：

> 本协议书对各方当事人均有约束力。任何一方均可将本和解协议提交中国国际经济贸易仲裁委员会，请求该会按照现行有效的仲裁规

---

① *See* Eileen Carroll and Karl Mackie, International Mediation—The Art of Business Diplomacy, Kluwer Law International, 2000, at 88.

则进行仲裁。各方同意由仲裁委员会主任指定一名独任仲裁员，组成仲裁庭，进行书面审理。仲裁庭有权按照适当的方式快捷地进行仲裁程序，仲裁庭根据本和解协议的内容作出裁决书。仲裁裁决是终局的，对各方当事人均有约束力。①

而《中国国际经济贸易仲裁委员会仲裁规则（2005）》第 40 条第 1 款的规定也为和解协议转为仲裁裁决提供了条件。此条规定的内容是：

> 当事人在仲裁委员会之外通过协商或调解达成和解协议的，可以凭当事人达成的由仲裁委员会仲裁的仲裁协议和他们的和解协议，请求仲裁委员会组成仲裁庭，按照和解协议的内容作出仲裁裁决。除非当事人另有约定，仲裁委员会主任指定一名独任仲裁员组成仲裁庭，按照仲裁庭认为适当的程序进行审理并作出裁决。具体程序和期限不受本规则其他条款限制。

据此，双方当事人可以在其达成的和解协议中加入一个仲裁条款，然后凭此仲裁协议和双方签订的和解协议书，到中国国际经济贸易仲裁委员会申请进行仲裁程序并依照双方和解协议书的内容作出裁决。这样调解的结果就转变成仲裁的结果，当事人通过调解解决争议的成果也就获得了执行力上的保障。此外，瑞典斯德哥尔摩商会调解庭在其调解规则中就更是直接规定了调解转仲裁的内容，即提交调解的争议得到解决后，当事人可以选任该调解员为仲裁员，从而赋予该调解员将调解结果确认为具有执行力的形式——仲裁裁决的权力。② 如此，当事人不仅可以利用调解的方式便利、灵活、高效地解决争议，更为重要的是，通过调解规则为调解结果转化为具有执行力的仲裁裁决所提供的非常便利的机制，调解方式解决争议的实际效果还有了保障。目前，世界上还有其他的一些国家和地区以及国际组织采用各种方式方法。例如，中国香港特别行政区、印度、日本、韩国、斯洛伐尼亚、匈牙利、克罗地亚、奥地利、新加坡、澳大利亚、加拿大、瑞士、WIPO 等。③

---

① 《中国国际贸易促进委员会/中国国际商会调解规则（2005）》第 27 条。
② 参见李健男：《论瑞典的新仲裁机制—兼论现代国际商事仲裁的价值取向》，载《法学评论》2002 年第 4 期，第 125 页。
③ 唐厚志：《中国的调解》，载《中国对外贸易》2001 年第 3 期，第 32 页。

据介绍，在中国国际商会河北调解中心调解的一个关于国际贸易中的欠款争议的案例中，双方当事人就欠款支付问题达成了和解协议，并在协议中明确规定：和解协议对双方均具有约束力；双方同意将本和解协议提交中国国际经济贸易仲裁委员会，请求该会按照现行有效的仲裁规则在北京进行仲裁。随后双方申请仲裁，将和解协议的内容转化成了仲裁裁决的内容。① 如此，使和解协议中的权利方对义务方能否履行其义务的顾虑得以打消。

第二，制定调解的专门立法，由其直接对和解协议的法律效力和执行力问题作出规定。这种主张的一个最大的优点在于避免了在将和解协议视为合同时可能会遭遇的尴尬，因为作为当事人对其争议的处理结果的和解协议与一个规定当事人某一实体法律关系的一般意义上的合同是不能完全等同的，这在前述关于和解协议既判力的讨论中可以看到。这种主张实际上是强调通过立法直接赋予和解协议以与仲裁裁决一样的既判力和执行力。UNCITRAL《国际商事调解示范法》关于和解协议的可执行性的规定便可视为此种主张的体现，即"当事人订立争议和解协议的，该和解协议具有约束力和可执行性"。这一条规定实际上是引导各国立法者考虑到和解结果的可执行性问题，并对其作出具体的规定。示范法这一条案文反映了各法律制度之间最小的共同点。制定示范法时，委员会基本赞成关于应当促进和解协议的简易快速执行的一般性政策。不过委员会也意识到，各法律制度之间实现这种快速执行的方法差异巨大，并取决于国内程序法的技术细节，往往难以通过统一立法进行协调。示范法该条关于和解协议的可执行性的案文因此将关于强制执行、对强制执行的抗辩和指定法院（或指定可以向其申请强制执行和解协议的其他当局）等问题留给适用的国内法或拟在颁布示范法的法律中作出的规定来处理。②

国内立法中将和解协议的法律效力直接明确下来的立法例是印度，其有关立法中规定双方当事人签署的和解协议即为终局性协议，对各方当事人及声称从属于当事人者都分别具有拘束力，而且应具有与仲裁裁决相同的地位和效力。③ 这样，作为调解处理结果之和解协议被法律直接赋予了

---

① 参见何贵才：《根据示范性仲裁条款赋予调解以强制执行的效力》，*See* http://www.china-arbitration(2003/10/9)

② *See* http://www.uncitral.org/pdf/chinese/texts/arbitration/ml-conc/ml-conc-c.pdf.（2004/12/9）

③ 印度 1996 年《仲裁与调解法》第 73 和 74 条。

与仲裁裁决同等的法律地位和法律效力，一方当事人不履行和解协议，他方当事人完全可以向法院申请强制执行，如同仲裁裁决的情况。

就这两种主张而言，前一种是立足于现实条件，因而对于问题的解决是极其务实的同时也是行之有效的，它可以利用现行国际商事仲裁裁决承认与执行的机制。后一种主张虽能彻底解决问题却带有理想的色彩，因为它必须通过国内立法或国际条约直接赋予和解协议以强制执行的效力。在目前还没有这方面国际条约存在的情况下，如果某一国如中国这样做了，而其他国家没有这样做，其产生的后果是，和解协议可以在某一国的法院得到执行，而在其他国家的法院都得不到执行，这必然带来不公平的后果。因此，对于与仲裁相比还处于发展过程当中的调解来说，后一种主张实现的道路还很漫长也很艰难，它需要各国积极开展调解的立法活动并在相关问题上作出彼此协调的规定。因此，相比较而言，前一种主张更具现实意义。

第七章　中国的国际商事调解——回顾与展望

第一节　中国调解制度的流变

一、中国古代的调解制度

调解在我国有很长的历史渊源，在中国古代，与调解同义的有"居间"、"排解"、"调停"、"劝解"、"和解"等多种表达。

（一）中国古代调解的类型

调解堪称中国传统法文化的重要资源，它不仅是民间社会中各种类型的血缘或地缘组织解决其内部争议的主要手段，也是地方官在解决民间、民事争议时的主要手段。中国历史上的调解在汉代已十分发达，两宋时期由于民事争议增多而开始制度化，至明清时期已臻于完备。我国历史上曾经存在过如下几种调解类型：

1. 官府调解

官府调解是在行政长官的主持下对民事案件或轻微刑事案件的调解，是诉讼内的调解。组织主持调解的主体主要是州县官和司法机关，由于中国古代行政官员兼理司法的传统，故司法机关的调解包含在官府调解形式之内。在汉朝时期，调解已被作为一项诉讼制度普遍应用到处理民事争议上，清末制定《大清民事诉讼法典》，仍有以调解结案的规定。

2. 乡治调解

中国古代乡治的历史十分悠久，早在《周礼》中即有关于"六乡六道"的记载。据史料记载，周代的地方官吏中就有"调人"之设，其职能是司万民之难而谐和之。所谓"调人"，就是我们今天所说的专司谐和、调解纠纷的人。以后历代王朝均以完善乡治作为巩固统治，强化调控的手段之一。秦朝时期，县以下的基层组织有乡，乡设有三老即农老、工老、商老，掌管封建道德教化，调处民间争讼。汉代在县下设乡，乡设"三老"、"激缴"、"乡佐"、"有秩"等小吏。亭置"亭长"、里置"里魁"。明代，乡制完备，以一百一十户为一里，里置"里长"、"里老"。里下设甲，是户为甲，甲设"甲首"，里中定有"乡约"，揭示在"乡约亭"中，集会时由"里正"和"里老"召集百姓讲解法令和"乡约"。元朝时，乡里设社，社长负有调解职责。明朝的乡里调解，更具有特色。每个里都订有乡约。每当会日，里长甲首与里老集合里民，讲谕法令约规。有的里设有申明亭，有不孝不悌或犯奸盗者，里长将其姓名写在亭上以示警戒，当其改过自新后就去掉。里老对于婚户、田土等一般纠纷，有权在申明亭劝导解决。这种调解有严格的组织形式，受到国家的授权和支持，往往被作为诉讼前的必经程序。由此可见，乡治调解有利于减少诉讼和稳定社会秩序，故为中国历代王朝所重视。

3. 宗族调解

宗族调解贯彻的主要是宗族中权贵的愿望和要求，维护的是本族本宗的利益，因而与乡治调解有一定的区别。但是族权、政权相联合进行统治，是中国封建法律制度的一个重要特征，即族长成为官府的代言人，兼有血缘组织和基层政权组织领袖的双重角色，其调解亦可起到双重效果。

此外，还有民间自行调解，是指争议发生后，由当地有威望的长辈、贤良人士或邻居亲友等出面主持调解，又叫做"私和"，这实际上是一种民间自发的排难解纷活动，与官府衙门无关。

（二）中国古代调解的特征

在与官府调解相对应的意义上，后几种形式的调解都属于民间调解，虽然乡治调解带有一定行政甚至司法色彩，但是"里正"、"乡长"之类多来自地方乡绅，并非国家派任的官员，原则上还是属于在国家授权或认可的范围内的自治。就民间调解而言，其存在着如下的主要特征：（1）在国家司法权和民间调解之间，既有相互维护和协作的一面，又存在发生冲突的可能，在二者关系中国家权力一般居于主导地位。（2）民间调解依据的主要是风俗习惯、道德礼仪和乡规民约之类的社会规范。（3）民间调解的功能主要是息讼、减少讼累和维护社会的稳定。而官府调解的特征是：（1）调解在民事审判中占有优先地位，因为古代常以讼清狱结作为考察官吏政绩的标准；（2）诉讼中的调解原则上以法律为依据，但地方官在实际办案中通常更注意情理与法之间的协调适用；（3）调解与教化相结合，注重社会效果和社会关系的维系。①

① 参见范愉：《非诉讼纠纷解决机制研究》，中国人民大学出版社 2000 年版，第 64～75 页。

在对中国的古代调解进行评价时，存在着不同的看法。其中一种观点可以被认为是一种肯定性的评价，即认为调解是中国传统社会民事权利实现的一种特殊方式，也许传统中国和现代西方在司法制度上最显著的区别就在于前者对民间调解的极大依赖。① 此外，进行消极评价的观点则主要是将其批判聚焦于如下两个方面：一方面，传统中国社会中，调解的话语与实践的主导地位不利于法律规则的形成和巩固，在立法和判例法方面都是如此，这在一定程度上阻碍了中国法律尤其是中国民法的发展；另一方面也容易使人产生厌恶和轻视诉讼的思想，这与古代希腊和罗马的诉讼、公正与法律观是大相径庭的，在古希腊和罗马的时代，通过诉讼来维护个人利益，在道德与法律上都被承认是正当的，因而中国的传统对诉讼的鄙视被认为是泛道德主义的，是不现实的。②

尽管存在着对于调解的批判，但是调解的理论和实践在中国的发展却呈现出连续的状态，清朝灭亡之后至中华人民共和国成立以前，国民党政府与共产党政府都曾在自己的辖区内建立了调解制度。现在的祖国大陆与台湾（地区），调解都依然存在，虽然其理论与实践与传统相较已有所变化。

二、中国近现代调解制度

中国近现代的调解制度③的雏形孕育于第一次国内革命战争期间的农民运动大潮中，当时农会下设的仲裁部、乡民大会选出的乡村公断处，都是以调解方式解决争议的机构，这可以认为是近代调解制度的萌芽。第二次国内革命战争时期，作为政权基本单位的苏维埃负责解决群众纠纷，实行村、乡、区逐级调解制度。这一阶段的调解主要是以基层政府调解为主，这可视为现今实行的村民委员会下设人民调解委员会群众自治组织的雏形。调解在抗日战争时期革命根据地发展到了一个新阶段，并形成制度化、法律化的系统，成为当时争议解决的主要方式。在经历了解放战争阶段后，这一制度被直接带入了新中国。④ 由此，调解作为一种传统的争议

---

① 参见黄宗智：《民事审判与民间调解：清代的表达与实践》，中国社会科学出版社 1998 年版，第 10 页。

② 参见陈弘毅：《调解、诉讼与公正——对现代自由社会和儒家传统的反思》，载《现代法学》2001 年第 3 期，第 8 页。

③ 在这里只论及中国大陆的情况。

④ 参见江伟、杨荣新主编：《人民调解学概论》，法律出版社 1994 年版，第 26～27 页。

解决方式，已被纳入现代法制的框架之中，表明调解基本完成了从传统向近现代的转型。①

必须指出的是，调解传统在中国的延续并非是一个简单的线性过程，在其近现代尤其是在现代的进程中，法治观念已深入人心，中国也已处于法制现代化阶段，因而，调解的发展也就不可避免地与各种质疑甚至是批判相伴随，这在理论与实践两个方面都有所反映。理论上如下的批评是极具代表性的，即：

> 调解的本质特征即在于当事人部分地放弃自己的合法权利，这种解决方式违背了权利是受国家强制力保护的利益的本质，调解的结果虽然使争议解决，但付出的代价却是牺牲当事人的合法权利，这违背了法制的一般要求。为了全面贯彻公民不受侵犯原则，我国应大力破除一些陈腐的文化观念，增强公民的权利意识以及权利的诉讼保护意识，提倡诉讼，不折不扣保护民事权利，减少调解。②

这种主张将调解与法治相对立，认为调解蚀损了法治的精神，因而从传统调解对于诉讼的厌弃的极端走向了无限推崇诉讼的另一个极端，这实际上是否定了调解在争议解决中的正当性。

另一方面，也可以清晰地看到调解在当代中国争议解决的实践中曾经受到的冷遇。按照诉讼制度在争议解决体系中的功能，中国的争议解决可分为三个阶段："前诉讼时代"（pre-litigation era）、"诉讼时代"（litigation era）、"后诉讼时代"（post litigation era）。③ 20 世纪 90 年代以前可以被称为前诉讼时代，此后，进入诉讼时代。在前诉讼时代，诉讼不是解决争议的主要方法。随着法律制度的重建以及商品经济的发展，人们越来越多地依靠诉讼来解决争议，诉讼在解决争议上的正当性以及在保护个人合法和正当权益等方面的正面作用得以大力弘扬。因此，一度盛行的调解这种非诉讼的争议解决方式逐渐不受重视。诉讼时代的主要特征是争

---

① 参见范愉：《非诉讼纠纷解决机制研究》，中国人民大学出版社 2000 年版，第 76～85 页。

② 徐国栋：《民法基本原则解释——成文法局限性之克服》，中国政法大学出版社 1996 年版，第 123～124 页。

③ 参见张卫平：《中国民事司法改革的基本构想》，载《中国社会科学》（英文版）2002 年夏季号。转引自韩波：《人民调解：后诉讼时代的回归》，载《法学》2002 年第 12 期，第 45 页。

议解决方式的渐趋单一化、集中化。但是，诉讼的承载能力毕竟是有限的，加之其自身无法克服的高昂的诉讼费用耗费和时间耗费等弊端，以及社会复杂性、争议多样性的增强，都要求争议解决方式的多样化。由此，由诉讼时代向后诉讼时代的过渡也就具有了其内在的必然性。因而，后诉讼时代应该是一个民事争议可以被多种方式合理解决的时代，调解在这样的背景之下重获重视和发展，我国人民调解制度在经历了低谷之后的回归即是明证。①

不过，值得注意的是，在现代法治语境之下的调解其实已经历了一个"创造性转化"，② 即在对法治的现代理解的基础上，对关于调解的传统认识及实践作出的修正。诚然，古代中国的儒家调解的理论与实践对现代来说是一种宝贵的资源，我们应该珍惜自己的文化遗产，并从中大量汲取其精华，但我们也需要建立在现代人权、现代民主和现代法治的基础上的正义。在中国现代社会，调解仍有其积极的、有益的作用，但已不是解决争议的最主要的或官方最提倡的模式。正如 ADR 这个概念所包含的那样，调解应视为用以解决争议的除诉讼以外的可供选择的途径之一。对生活在现代条件下的人们而言，现代的权利观、诉讼观、审判观和正义观要比儒家对诉讼的观点更有说服力。因而调解进行创造性的转化，一方面是为了保存其有价值的、永恒的成分，另一方面也是自我完善之需要。③ 在调解的这种转化中，必须强调调解的非强制性，并且不减损当事人到法庭诉讼的权利。也就是说，要确保当事人在调解过程中不会受到任何社会或其他制度性的压力。调解所产生的协议必须是双方所自愿接受的，达成协议的整个过程中必须保证当事人没有受到任何强制，亦即调解的参与以及调解达至争议的解决都依赖于作为当事人意思自治的载体的契约。因此，"法制化条件下的调解与对立性主张的充分讨论以及为此设立的程序、法律家的专业性活动是可以并立而存的。正是通过契约关系这一中介环节，调解

---

① 人民调解制度重获生命力的两个标志性事件：一是 2002 年 9 月 19 日最高人民法院公布的《关于审理涉及人民调解协议的民事案件的若干规定》，据此，人民调解协议的效力有了保障。二是 2002 年 9 月 26 日，司法部发布了《人民调解工作若干规定》的部门规章。

② 刘敏：《论传统调解制度及其创造性转化：一种法文化学分析》，载《社会科学研究》1999 年第 3 期，第 53 页。

③ 参见陈弘毅：《调解、诉讼与公正——对现代自由社会和儒家传统的反思》，载《现代法学》2001 年第 3 期，第 10～11 页。

与法治结合起来了，司法程序与私法秩序结合起来了。"① 也因此，在现代社会中，调解与法治之间并非是对立的关系，二者可以并存，调解与诉讼在现代法治社会的关系应该是互为补充而非互相排斥的。

中国调解制度的嬗变揭示了调解不断完善自己以适应不同时代需要的过程，也反证了调解所蕴含的一些基本价值是历久弥新的，因而调解具有强大的生命力。可以肯定的是，调解是中国古代争议解决中最具有特色的传统之一，在经历了其自身的"创造性转化"之后，对中国现代争议解决机制的样式继续产生着决定性的影响。

第二节　现代中国国际商事调解的实践

中国当代的商事调解大体上可分为五类，即人民调解、行政调解、法院调解、调解机构调解和仲裁机构调解，后三类才关涉国际商事争议的调解。

一、法院调解

中国法院不受理只请求调解的案件，但对其受理的诉讼案件则在诉讼程序过程中经常进行调解。中国民事诉讼法明确规定，法院审理民事案件，应当着重调解，能够调解的，即应根据当事人自愿和合法的原则，在事实清楚的基础上，分清是非，进行调解，促使当事人在平等互利的前提下，互相谅解，互相让步，达成和解。法院调解，可以由审判员一人主持，也可以由合议庭主持。法院可以用简便的方式通知当事人、证人到庭。法院进行调解，可以邀请有关单位和个人协助；被邀请的单位和个人，应当协助法院进行调解。调解时，法院只促进而不强迫当事人达成和解。和解必须是当事人自愿达成的，而且不得违反法律规定。如能达成和解并签订和解协议，法院即根据和解协议的内容作出调解书。调解书应当写明诉讼请求、案件的事实和调解结果。调解书由审判员、书记员署名并加盖法院印章，然后送达当事人。调解书送达当事人前，一方当事人反悔的，和解无效。调解书经当事人签收后，即具有法律效力。一审判决后上诉的案件，二审法院还可以再进行调解。因此，人民法院在审理国际民商事争议案件中，在当事人同意的前提下可以进行调解。

---

① 季卫东：《法治秩序的建构》，中国政法大学出版社 1999 年版，第 388 页。

二、调解机构的调解

中国进行国际商事调解的机构当首推中国国际商会的调解中心系统。中国国际贸易促进委员会/中国国际商会调解中心及其各分会的调解中心，是以调解的方式，独立、公正地帮助中外当事人解决商事、海事等争议的常设调解机构。

中国国际贸易促进委员会/中国国际商会总会调解中心成立于 1987 年，当时叫做北京调解中心，自 2000 年 1 月 1 日起正式命名为中国国际贸易促进委员会/中国国际商会调解中心（以下简称贸促会总会调解中心）。为了进一步适应改革开放的发展，从 1992 年开始，贸促会在全国各分会陆续建立调解中心，到目前为止，已建立起了 41 家调解中心，形成了一个覆盖全国各地，遍布大江南北、长城内外的庞大的调解网络。各调解中心自成立之后，积极开展工作，在改善当地的投资贸易环境，解决中外当事人的各种经贸纠纷等发挥了重要的作用。① 经过长期努力，调解中心网络迄今为止共受理案件 4000 余件，调解成功率达到 80% 以上，调解当事人涉及 30 多个国家和地区。②

整个商会调解中心的调解网使用统一的调解规则，即《中国国际贸易促进委员会/中国国际商会调解规则》（2005 年规则已自 2005 年 7 月 1 日起施行），在业务上受总会调解中心的指导。调解网的调解规则规定，凡是当事人同意将其争议提交调解网的调解中心调解的，一律视为同意按照调解网的调解规则进行调解。但是，当事人另有约定，而且调解中心同意的，可以从其约定。调解中心根据当事人之间的调解协议受理案件，如果当事人之间没有调解协议，经一方当事人申请在征得他方当事人同意后，也可受理。总会调解中心及各分会调解中心均备有各自的调解员名单，供当事人在个案中指定。

中国国际贸易促进委员会的调解中心成立前，中国国际（涉外）商事和海事争议的调解都是由中国国际经济贸易仲裁委员会和中国海事仲裁委员会受理的。上述调解中心成立之后，当事人可以向这些调解中心申请调解，也仍然可以向前述的两个中国仲裁机构申请调解。

中国贸促会调解中心非常重视与相关国际机构的交流与合作，并取得

---

① 穆子砺：《前景光明的调解事业》，*See* http：//www. china-arbitration. com. （2003/12/9）．

② *See* http：//lad. ccpit. org/wadr/about_ profile. htm. （2006/3/9）．

了很好的效果。早在 1987 年贸促会总会调解中心（原北京调解中心）就与设在德国汉堡的北京—汉堡调解中心签署了合作协议，同时制定了北京—汉堡调解规则，供双方共同调解涉及中德当事人的案件。自 20 世纪 80 年代至今，总会调解中心先后与美国、阿根廷、英国、瑞典、韩国、加拿大等国以及我国的香港和澳门特别行政区的相关机构签订了"调解合作协议"和"联合调解协议"。此外，近几年，由总会调解中心带队，先后组团赴美国、加拿大、英国、欧洲大陆等地进行业务考察，进行广泛的业务交流，了解到了许多国外的先进做法，对我国的调解事业发展具有很大的帮助。合作调解主要有两方面的服务内容：一方面是合作调解协议的签约各方相互之间提供调解的便利条件，包括提供调解场所、法律资料以及调解经验的交流、调解员的培训等；另一方面就是，合作调解协议的签约各方可以共同向当事人提供联合调解服务，联合调解订有相应的联合调解规则，分属不同地区或国家的当事人可以指定其所属地区或国家的调解员参加调解工作，这消除了当事人对不同文化背景或法律环境的调解员可能持有的顾虑，便于那些跨地区或者国际间的经贸纠纷案件采用调解方式加以解决。

　　在最近的实践中，中国国际贸易促进委员会调解中心的对外合作又出现了一种新的形式，即与外国有关调解组织合作创办调解中心。据报道，中国贸促会调解中心和美国公共资源争议解决机构（CPR）合作创办"中美商事调解中心"的协议于 2004 年 1 月 29 日在纽约签字。中美商事调解中心的主要职能是在为两国企业提供一个更加灵活有效和节省费用的商业争议解决平台。该中心将分别在北京和纽约设立代表处，在运作上将实行共同主席制，由中美双方各委派一位主席和一名秘书长。中美商事调解中心将针对中美经贸争议特点和两国商业文化特点，制定和使用共同的调解规则。① 可以预见的是，此中心的设立对于解决中美两国企业在贸易、投资、知识产权等领域的争议，以及推动中美两国经贸关系发展方面将起到非常积极的作用。2004 年 12 月 7 日，贸促会调解中心和意大利意中商会、米兰仲裁协会在北京签署《中商事调解中心合作协议》，共同组建中意商事调解中心，这是中国与欧盟国家成立的第一个商事调解机构。此外，贸促会调解中心与其国家或地区争议解决机构合作成立的调解中心联合调解中心还有：中加联合调解中心、内地与澳门商事争议解决中心、

---

　　①　*See* http://lad. ccpit. org/WAdr/adrcenter. aspx? CoopID = 18&MenuID = 4&SubMenuID = 15（2006/11/1）.

中韩商事争议解决中心等。此外，还与中、日汽车协会（CAAM、JAAM）建立了合作调解 2 + 1 模式，即由贸促会调解中心与中、日汽车协会共同签署一个合作协议，约定发生在中、日汽车领域里的各种争议共同委托CCPIT 调解中心处理。① 这些都说明了贸促会调解中心的国际化程度日益提升。

三、仲裁机构的调解

根据中国仲裁法的有关规定，仲裁庭作出裁决前，可以先行调解，当事人自愿调解的，仲裁庭应当调解。调解达成协议的，仲裁庭应当制作调解书或者根据协议的结果制作裁决书。调解书与裁决书具有同等法律效力。调解书应当写明仲裁请求和当事人协议的结果。调解书由仲裁员签名、加盖仲裁委员会印章，送达双方当事人。调解书经双方当事人签收后，即发生法律效力。② 中国国际经济贸易仲裁委员会的仲裁规则也规定，如果双方当事人有调解愿望，或一方当事人有调解愿望并经仲裁庭征得另一方当事人同意的，仲裁庭可以在仲裁程序进行过程中对其审理的案件进行调解。在仲裁庭进行调解的过程中，双方当事人在仲裁庭之外达成和解的，应视为是在仲裁庭调解下达成的和解。经仲裁庭调解达成和解的，双方当事人应签订书面和解协议；除非当事人另有约定，仲裁庭应当根据当事人书面和解协议的内容作出裁决书结案。③ 因此，中国国际经济贸易仲裁委员会可以在当事人的同意之下于仲裁程序进行中对仲裁案件进行调解。仲裁机构的调解还有一种情形，即仲裁机构对其受理的仲裁案件进行调解，把仲裁程序和调解程序联合起来，即仲裁委员会受理仲裁案件之后，在组成仲裁庭之前，如果双方当事人要求调解，仲裁委员会即指定其秘书长或副秘书长负责调解。如果调解成功，案件即告结束，不必组成仲裁庭进行审理；如果调解失败，则组成仲裁庭进行审理。④ 20 世纪 80年代中期以来，中国国际经济贸易仲裁委员会每年通过仲裁中的调解解决争议的仍然有较高的成功率。

---

① *See* http：//www. china-arbitration. com/3a1. asp？ id = 1745&name = 商事调解&cateid = 38（2006/8/5）

② 《中华人民共和国仲裁法》第 51、52 条。

③ 《中国国际经济贸易仲裁委员会仲裁规则（2005）》第 40 条。

④ 参见唐厚志：《中国的调解》，载《中国对外贸易》2001 年第 3 期，第 30页。

总之，在国际商事调解方面，尤其是调解机构的调解方面，中国已经取得了很大的成就，业务开展得很成功，已经形成了一套成熟的制度和规范，当事人乐于采用，国内广为赞许，在全球范围内也备受瞩目。

第三节　中国国际商事调解的立法建构

一、中国调解立法的现状

在考察中国的国际商事调解的立法现状时，为获得一个整体印象，有必要展现中国现行调解立法的全貌。并且需要说明的是，这里所称之"立法"是一个非常广义的概念，包括了处于各个不同的法律阶位的关于调解的法律性文件以及有关调解规则。

（一）散见于有关法律、行政法规之中的关于调解的规定

法院和仲裁机构处理国际商事争议时进行的调解即诉讼程序中的调解、仲裁程序中的调解，虽与作为独立程序的商事调解在很多方面例如调解的主持者、调解结果的效力等存在区别，但它们应该还是属于广义上的国际商事调解的范围，故相关法律的规定可视为对国际商事调解的规定。我国《民事诉讼法》第9条规定："人民法院审理民事案件，应当根据自愿和合法的原则进行调解；调解不成的，应当及时判决。"这种规定是将法院调解作为民事诉讼的一项基本原则，只是强调了调解的自愿性，修正了《民事诉讼法（试行）》中关于"着重调解"的提法，因而在审理国际或涉外商事案件时也是要遵照此原则的。在此基础上，《民事诉讼法》第85条至第91条对法院调解的组织和程序作了明确规定：人民法院在受理案件后，可以依当事人的申请开始调解，也可以依职权主动进行；如经审查，认为法律关系明确、事实清楚，在征得当事人同意后，也可以径行调解；人民法院进行调解，可以由审判员一人主持，也可以由合议庭主持；调解达成协议，除少数依法可以不发调解书的案件外，都必须制作调解书；调解书由审判人员、书记员署名，加盖人民法院印章，送达双方当事人，调解书经双方当事人签收后，即具有法律效力。总之，法院调解在我国民事诉讼中一直占有十分重要的地位。

我国《仲裁法》也就调解问题作出了规定，肯定了在仲裁程序中的调解，有关法律条文如下：

第五十一条　仲裁庭在作出裁决前，可以先行调解。当事人自愿

调解的，仲裁庭应当调解。调解不成的，应当及时作出裁决。

调解达成协议的，仲裁庭应当制作调解书或者根据协议的结果制作裁决书。调解书与裁决书具有同等法律效力。

第五十二条　调解书应当写明仲裁请求和当事人协议的结果。调解书由仲裁员签名，加盖仲裁委员会印章，送达双方当事人。

调解书经双方当事人签收后，即发生法律效力。

在调解书签收前当事人反悔的，仲裁庭应当及时作出裁决。

此外，1979 年《中外合资经营企业法》第 14 条规定："合营各方发生纠纷，董事会不能协商解决的，由中国仲裁机构进行调解或仲裁。"1983 年《中外合资经营企业法实施条例》第 109 条规定："合营各方如在解释或履行合营企业协议、合同、章程时发生争议，应尽量通过友好协商或调解解决。如经过协商或调解无效，则提请仲裁或司法解决。"1988 年《中外合作经营企业法》第 26 条规定："中外合作者履行合作企业合同、章程发生争议时，应当通过协商或者调解解决。"1994 年《台湾同胞投资保护法》第 14 条规定："台湾同胞投资者与其他省、自治区和直辖市的公司、企业、其他经济组织或者个人之间发生的与投资有关的争议，当事人可以通过协商或者调解解决。"1999 年《合同法》第 128 条规定，当事人可以通过和解或者调解解决合同争议。当事人不愿和解、调解或者和解、调解不成的，可以根据仲裁协议向仲裁机构申请仲裁或者向人民法院起诉。1999 年《台湾同胞投资保护法实施细则》第 29 条规定："台湾同胞投资者与大陆的公司、企业、其他经济组织或者个人之间发生的与投资有关的争议，当事人可以通过协商或者调解解决。"不过，这一类的法规只是原则上规定有关商事争议应该采用调解的方式解决。

（二）规定人民调解委员会调解活动的行政法规、地方性法规以及行政规章

这方面的法规主要有国务院 1989 年发布的《人民调解委员会组织条例》、1990 年《广东省人民调解委员会组织细则》、2002 年 9 月 26 日司法部发布的《人民调解工作若干规定》等。这类法律性文件主要是规范人民调解委员会调解民间纠纷，人民调解在争议的性质、调解的主体、方法上与国际商事调解有着较大的差异。

（三）有关行政调解的行政规章

这种行政规章如，1989 年《商业经济纠纷调解试行办法》、1996 年《水电工程建设经济合同争议调解暂行规则》、1997 年《合同争议行政调

解办法》等。这类法律性文件虽然是针对商事争议而制定的，但由于属于行政调解，即由行政主管部门介入调解，与我们所要讨论的商事调解有本质的不同。另一类是有关劳动争议调解的，如 1993 年《企业劳动争议调解委员会组织及工作规则》、1989 年《广东省劳动争议调解委员会工作规则》等。

（四）有关调解的司法解释

目前涉及调解问题的司法解释有：（1）2002 年 9 月 19 日最高人民法院公布的《关于审理涉及人民调解协议的民事案件的若干规定》，它明确规定，经人民调解委员会调解达成的、有民事权利义务内容，并由双方当事人签字或者盖章的调解协议，具有民事合同性质。当事人应当按照约定履行自己的义务，不得擅自变更或者解除调解协议。（2）《最高人民法院关于民事诉讼证据的若干规定》① 的第 67 条，该条规定："在诉讼中，当事人为达成调解协议或者和解的目的作出妥协所涉及的对案件事实的认可，不得在其后的诉讼中作为对其不利的证据。"即调解或和解中对事实的认可不构成自认。（3）2004 年 11 月 1 日起施行的最高人民法院《关于人民法院民事调解工作若干问题的规定》是法院调解方面一个非常重要的法律文件。

（五）由一些社会团体或中介组织制定的调解规则

例如中国国际贸易促进委员会/中国国际商会调解中心的调解规则；1991 年海峡两岸经贸协调会与（台湾）海峡两岸商务协调会联合制定的调解规则，用于调解海峡两岸经贸活动之商事争议，等等。但这类调解规则不具有法律效力，具有任意性，其适用以当事人的选择为前提。

综观如上有关调解的立法情况，可以得出几个结论：1. 根据主持调解的主体在性质上的不同可以将中国当代的调解大别为法院调解和法院外调解，后者又可以细分为人民调解、行政调解、商事仲裁或商事调解机构的调解等，调解的类型呈现出丰富多样性。这也是中国源远流长的调解传统对当代中国争议解决产生广泛而深远影响的具体体现。2. 法律上确认了作为独立程序的商事调解的存在，是把调解作为和诉讼、仲裁、协商并列的一种争议解决机制，使作为独立程序的调解与诉讼中的调解、仲裁中的调解加以区别。而且作为独立程序的商事调解最初主要是适用于涉外经

---

① 《最高人民法院关于民事诉讼证据的若干规定》是我国第一部比较系统的有关证据问题的司法解释，自 2002 年 4 月 1 日实施以来在民事审判实务方面发挥了重要的指导作用。

济合同及涉外合资、合作企业合同争议的解决上，直到 1999 年《合同法》制定，才扩大适用于商事领域一切契约性争议的解决。3. 在我国既不存在一部规制所有类型调解的统一调解法，也不存在针对某一类调解的单一调解法，对各种调解的规定只是散见于各类法规中。

二、对中国调解立法现状之评价

就目前中国有关调解的立法现状而言，应该说有值得肯定的方面，同时也存在着很大的问题。一方面，现有立法中对调解的一些基本问题的规定是具有积极意义的。例如，民事诉讼法及仲裁法分别对诉讼程序及仲裁程序中调解达成的解决结果的效力作出了规定，即诉讼或仲裁中调解达成的协议必须制作调解书，调解书经双方当事人签收后具有法律效力。这种规定说明了立法上对于调解结果的法律效力的重视，如果将此种规定的精神体现在作为独立的争议解决程序的调解的立法中，将极大地保障调解在争议解决中的作用。又如，通过司法解释的形式赋予人民调解协议以合同的性质从而肯定了和解协议的法律效力的做法，意味着我国开始重视诉讼、仲裁之外的独立的调解程序的处理结果的效力问题，而这个问题直接关系到调解作为一种独立的争议解决方式的生命力。① 再如，出现在司法解释中关于诉讼调解中当事人对于事实的认可以及妥协不得在其后的诉讼中作为对其不利的证据的规定，涉及调解中的保密的问题，该问题由于关系到调解这种解决争议方式的特征和优势，一直构成国际上有关调解立法或调解规则的主要内容之一。有关调解的上述方面的立法其实昭示了我国将调解纳入法制轨道的努力已取得了一定的成果。

但是，另一方面，我国目前的调解立法还很不完备，这可以从形式和内容两方面反映出来。在形式上，还没有一部由国家立法机关制定的综合性的调解法（例如《中华人民共和国统一调解法》）或单一的调解法（例如《商事调解法》、《人民调解法》等）。立法的形式对于立法内容的完备性的保障是至关重要的，因为只有在一部专门的立法中才可能全面、系统、协调地规定有关的立法内容。在内容上，对于调解中那些最基本的问题，例如，调解人及当事人在调解中的权责问题、保密的有关问题、调解

---

① 人民调解在我国曾一度陷入低谷，除了如前所述在我国诉讼时代对于诉讼的过分倚重以及将之与法治相对立的观念的影响之外，作为争议处理结果之人民调解协议本身没有约束力以至于当事人可以随意反悔也是使其作用受到极大制约一个很重要的原因。

协议以及和解协议的问题等，目前的立法或付之阙如，或偶有提及却只是针对某一种类型的调解（如人民调解或诉讼中调解）而不具有普适性，且往往还是以法律阶位很低的司法解释这样的法律性文件为载体，因此，调解立法在内容上是很欠缺的。此外，在我国由于独立程序的商事调解①的发展要迟缓于人民调解以及诉讼程序中的调解、仲裁程序中的调解等，调解立法上的不完备在商事调解方面尤显突出，目前只是在合同法这类实体法中肯定调解可以作为解决商事争议的一种独立方式而存在，但是还没有专就商事调解的有关问题诸如商事调解机构、调解结果或调解书的法律地位或效力以及其他程序保障事项作出规定的立法，"实际上，中国的调解只能从一些非规范调解的法律中得到一些原则的支持，没有详细具体的法律规定可以遵循。中国的调解目前依靠的主要是调解机构的调解规则，这些规则，并不是法律，严格地说，最多也只是当事人协议采用的法规，其法律效力来自当事人的协议，不是来自立法。"② 这种状况与国际商事调解的发展所出现的以法律去规制调解活动的法制化倾向极不协调，也是与中国国际商事调解丰富而成功的实践不相称的。

三、建构中国商事调解立法的必要性

在我国，随着社会主义市场经济的逐步发展以及加入 WTO 后与世界经济联系紧密程度的加强，商事活动愈加频繁、商事争议将越来越多并日趋复杂已是不争的事实，虽然诉讼、仲裁、调解、协商等都可以用于商事争议的解决并各有所长，但从发展的态势来看，调解所具有的比较优势是很突出的，已逐渐成为解决商事争议的一种重要手段，世界各国的有关实践便是明证。虽然调解的程序利益决定了不可能为其设置过度的规则，从而使得调解不再成其为调解，但是一定限度的规范却是必要的，它是调解更好地发挥作用的保障。很显然，我国在作为一种独立争议解决方式的商事调解上无法可依的现象与商事调解在我国的实际发展情况是极端不协调

---

① 国际与国内的商事争议的本质是一致的，在采用调解方式解决该类争议时，相关的规则也是基本一致的，因此，《联合国国际贸易法委员会国际商事调解示范法》在其第 1 条对其适用范围进行界定时在脚注 1 中就强调："拟实施本示范法使其适用于国内和国际调解的国家可能希望考虑对本文作下列更改：删掉第 1 条第 1 款中的'国际'一词；删掉第 1 条第 4、第 5 和第 6 款（即关于国际调解的界定标准的规定——作者注）。"因此，以下在探讨我国商事调解的有关立法问题时就不再刻意冠之以国际二字。

② 唐厚志：《中国的调解》，载《中国对外贸易》2001 年第 3 期，第 32 页。

的，因此，进行这方面的立法也就具有了必要性。除此，我国调解立法的不完备使得商事调解实践中出现了很多问题，例如，在调解实践中，有的个人以"调解"为名，恶意串通一方当事人，损害他方当事人权益；有的既作为调解人，又作为一方当事人的代理人，违背了调解中立性的原则；有的行政机关出面调解商事争议，当事人虽有意见，但碍于行政压力勉强签字同意，事后反悔拒不履行，使调解形同儿戏，失去意义。显然，这些问题如果不通过有关立法使商事调解活动的全过程纳入法制轨道来加以解决，就会使调解丧失其解决争议的信誉和优势。因此，中国调解立法的现状决定了中国商事调解立法的系统建构的必要性，也使得相关的立法建构具有了内在的动力。

另一方面，商事调解立法在世界范围内的蓬勃发展，例如《联合国国际贸易法委员会国际商事调解示范法》的制定和公布；国际商会、世界知识产权组织等机构非常重视调解的作用，制定了各自的调解规则；日本、印度等国制定了专门的调解立法；英国民事诉讼法"沃夫勋爵改革"对于调解的促进；美国统一州法全国委员会发布的《统一调解法》及其许多州关于调解方面法律等，更为中国商事调解立法的建构提供了一个外部的刺激，使得中国调解立法的建构在国际的层面上也具有了必要性。

综上所述，从内外两方面看，中国商事调解立法的建构都是势在必行的，这是推动中国国际商事调解事业蓬勃发展的重要步骤，也是中国加入WTO 的需要，更是完善中国商事立法的重要组成部分。

四、关于中国商事调解立法的构想

（一）中国商事调解的立法模式

建构我国的商事调解立法，首先需要讨论立法模式的选择问题。

1. 现存的商事调解立法模式

目前世界范围内存在着三种立法模式：

第一，在仲裁法中规定商事调解的有关问题。采这种模式或在仲裁法中列入调解的条款，或以专章的形式规定有关调解的内容。这方面以印度1996 年的《仲裁与调解法》为典范。该法第三部分专门规定了调解，内容涉及调解的范围、调解程序的开始、调解员的人数、调解员的权责及作用、保密、调解程序的终止、调解员在其他程序里的作用、在其他程序中的证据可采性等有关调解的基本问题。

第二，制定一部统一调解法。采这种模式，是通过一部统一调解法就调解这种争议解决方式的普遍性问题作出规定，一般较原则和简练，这以美国统一州法全国委员会制定的推荐给各州立法时采用的《统一调解法》为代表。该法行文清楚易于理解，只涵盖必须统一的问题范围及其所认可的调解的适用范围，注重对参与调解程序者提供其合理期待的保密。具体而言，统一调解法共 16 条，在其关于定义一条中，就调解、调解员、当事人、非当事人参加人，以及该法中使用的一些术语如调解信息、调解记录、签名、程序、当事人中所称之"人"的含义等分别作出了规定；该法还明确规定了其不适用于与劳资关系的建立、磋商、管理及终止有关的调解，由法官在其中起主导作用的调解等；该法的 5 个条文涉及调解中的保密问题，其规则涉及如下内容：所有调解程序参加人包括调解员、当事人及非当事人的参加人享有拒绝披露调解中的信息的特权以及这种特权的放弃即例外的情况，以及在其他程序中证据采用的情况等等。此外，该法也明确规定，任何人在被指定为调解员之前或之后都有义务向当事人披露可能会影响其公正性的情况，例如与争议的调解结果有金钱关系或个人利益，等等。①

第三，制定单一的商事调解法

UNCITRAL《国际商事调解示范法》堪称这种立法模式的楷模。该法共 14 条，界定了调解、国际调解、商事等术语的含义，就国际商事调解的开始、进行及终止的有关问题作了相应规定，在内容上是较完备的。

2. 对现存商事调解立法模式的综合评价

综观这三种模式，第一种模式在调解立法刚刚起步的阶段固然是值得嘉许的，它传达出对于调解在立法上开始予以关注以回应实践的讯息。但是，随着调解立法活动的深入开展以及国际上对于调解关注程度的提高，这种终究是一种权宜之计的立法模式已不足以迎合实践的需要。接下来顺理成章的就是专门制定调解法，不过，这又出现了两种各有优势的模式。就制定一个综合性的调解法而言，它能最大限度地将各种类型的调解置于一种相对统一的规则之下，这有其极大的合理性，因为调解作为一种争议解决的方式，它必然存在着某种质的规定性，例如调解人在调解中必须保持中立、当事人参加调解必须基于自愿等，这是调解无论以何种形态出现或是用于解决何种争议时都应该具备的。因此，调解立法只要涉及这些问题，也就把握住了调解的实质，调解实践由于具有了统一的标尺其作用必将得到提升。同时，采用这种模式还能避免关于调解的各种立法之间可能

---

① *See* NCCUSL, *Uniform Mediation Act*, World Trade and Arbitration Materials, vol. 14, No. 4, 2002, at 110-161.

会存在不协调之处的局面。此外，采取这种立法模式，由于只就调解中具有共性的问题进行规定，调解实际运行的法律空间相对较大，调解的灵活性也就获得了法律上的保障，这与调解的特质是相契合的。当然，这种模式的采用是需要一定的社会条件和观念基础的，即调解实践主要是置于当代 ADR 兴起的时代背景之中，社会主体对于调解的理解具有相对一致性，调解的社会实践具有一定的同质性，因而对于调解的统一规制能达成应然性和实然性的统一。只是这种统一调解法无法反映出各种调解在客观上存在的差异性，某种统一的标尺可能会显得僵硬而不一定符合实际。例如，就调解中的信息保密问题而言，为家事调解设置的例外规定与商事调解应该是有所区别的，家事调解中的信息更易在公共秩序的理由之下予以披露，因为在家事领域中很多问题往往会涉及一国的公序良俗。相比较而言，商事调解中这种例外出现的频率会低得多，因为商事是一个公认的私人自治程度很高的领域。

　　而针对某一种调解制定单一调解法，其优缺点正好与制定一部综合性调解法在相反的意义上具有一一对应的关系。这种模式最大的好处在于，由于只涉及一类调解，规则的针对性很强，也容易体现出某类调解的特性。在具体的法律适用上更清楚明了，便于法律的实施和掌握。例如，商事调解对于当事人意思自治的彰显应该是最大限度的，体现在立法中必然是除了可能设置专门条款以规定当事人意思自治原则之外，其他很多条款还可以加上"除非当事人同意"的限制条件，① 因而只要当事人达成合意，他们就有权改变有关的法律规则。不过，在一国存在多种类型调解的情况下分门别类地立法也会带来一些问题，例如，由于对调解的共性强调的不够而使调解作为一种争议解决方式的本质特征不易把握，还有就是在对调解一些基本问题上各法之间的规定可能会出现不协调甚至矛盾和冲突的情况。

　　3. 中国商事调解立法模式的选择

　　我国目前建构商事调解立法的时机很好，有本土丰富的实践素材，又有国际上的立法典范可资借鉴，因此应将立法定位在一个较高的层次上，不应当采用在仲裁法中规定调解这种作为权宜之计的模式。但是后两种模式由于各有优劣之处，这就需要将如上对这两种调解立法模式的考量与我国有关实际状况结合起来，以解决我国在调解立法模式上的取舍问题。

---

　　① *See* Pieter Sanders, The Work of UNCITRAL on Arbitration and Conciliation, Kluwer Law International, at 80.

有观点主张，应制定出一部统一的、综合性的适用于所有形式调解的，包括人民调解、商事调解、行政调解、劳动调解、仲裁中的调解和诉讼中的调解等在内的法律。具体而言，可以参照合同法的模式，有总则有分则，前者为一般性规定，主要表达共性的东西，后者将我国现存的各种调解方式都囊括进去，分门别类，加以细化。如果还不能解决问题，可在此基础上制定专门的《实施细则》，还可由最高法院发布司法解释。① 这种模式类似于上述的第二模式，不同的是它还加上了分则的规定。应该说这种主张在我国的现实条件下，理想的成分多于现实的因素，因为我国目前很难说已形成关于调解的共性的得到普遍认同的观点，调解的实践也是千差万别。举调解人在调解中的地位和作用为例来对此加以说明。商事调解强调调解人的作用在于协助当事人达成协议的解决，其处于中立第三人的地位，且其介入以及作用的发挥往往受到当事人的意思自治的限制；而在人民调解中，调解人可以主动介入民间争议，虽然解决结果的达成也需要当事人的同意，但是调解人在调解中是居于主导地位的。很显然调解人在人民调解中要比在商事调解中积极主动得多。而事实上我国人民调解也被认为"是一种人民民主自治制度，是人民群众自己解决纠纷的法律制度，是一种司法辅助制度，属于国家司法制度体系的范畴，是一种具有中国特色的司法制度。"② 由此，总则部分对调解的定义就很难统一，而这恰恰是总则的一个非常重要的内容，它直接关系到总则中其他规则的制定。而如果在调解立法中统一对调解的含义在一般意义上进行了界定，也会与现行有效的法规发生矛盾和冲突，更与调解的实践不相符合。因此，在我国制定一部综合性的调解法或统一调解法还缺乏客观的社会基础，或者说时机还不具备，再加之我国商事调解已渐趋成熟的实践，合理的模式选择就是制定单一调解法，名称上以《中华人民共和国商事调解法》为宜。

（二）中国商事调解立法的指导思想

在我国进行商事调解的立法时，首先应树立将借鉴国际上关于商事调解的立法和整合本土资源结合起来的指导思想。UNCITRAL 的国际商事调解示范法提供了一个很好的立法例，它对商事调解的基本问题的规定是合理的，加之 NCITRAL 在商事立法方面的示范作用已为实践所证明，采纳

---

① 穆子砺：《推动调解立法的重要举措》，*See* http：//www.china-arbitration.com（2004/1/8）.

② 熊先觉：《中国司法制度》，中国法制出版社 1999 年版，第 214 页。

其规定利于保持在商事调解立法上的先进性以及与世界其他国家的同类立法相协调，这对于减少日后在国际商事调解领域的国际合作的障碍是大有裨益的。另一方面，毕竟进行的是中国的商事调解立法，应充分利用本土那些无论是实践还是已有立法中的资源，使它们在未来的商事调解立法中得以体现。而事实上，这个方面的立法内容代表的是中国在商事调解立法领域里对于世界的贡献。例如中国首创的"联合调解"的实践取得了很大的成功，因而应当将其规定在未来的立法中。其次立法应凸显调解在商事争议解决上所具有的程序灵活以及当事人自治等特性。在此种思想的指导下，在设计条款时，应尽可能使用诸如"如果当事人另有意思表示"等表达；在保持独立公正的情况下，赋予调解员最大程度的灵活性和斟酌权；立法规定宜粗不宜细，不必对调解设置过多过细的规则，亦即一种最低限度的规则足矣。

（三）中国商事调解的立法内容

从商事调解的法律属性、一般规律和操作过程上加以考虑，立法应当就下列几个方面的内容作出规定，即基本原则、适用范围、调解机构、调解程序、和解协议的法律效力等。商事调解立法不应当仅仅涉及程序问题，而是程序与实体合一的载体。这里将仅限于探讨立法中应予以规定的主要内容而不涉及具体的条款设计。

1. 关于商事调解法的基本原则

商事调解是通过第三者介入争议，从中促成争议各方权衡利弊、互谅互让，从而达成共识、化解争议。要确保达到调解程序目的，应为调解设定一些必不可少的基本原则，它们分别是：第一，当事人意思自治的原则。此原则不仅要以总则的形式表达，例如可以作如是表述："调解必须遵循当事人自愿的原则。当事人有权决定是否申请或接受调解，有权选择调解组织、调解员和调解方法，有权在调解过程中提出、接受或者表示反对意见。"而且，在一些具体规则中也要对此予以体现，例如，关于法律的适用范围上"双方当事人可自行约定排除适用本法"的规定；类似于"除非当事人另有约定，与调解程序有关的一切信息均应保密"的规定，等等。第二，合法与合理相结合的原则。商事调解是建立于基本确认争议事实和当事人责任的基础之上，但是又无必要严格依据法律规定来进行，因为当事人对于商事争议解决上的自治权是为法律所认可的。因此，立法应该规定合法与合理相结合的原则，使得调解能够依照法律的规定，按照合同的约定、参照商事习惯以及考虑案件的有关具体情况包括当事人以前的交易习惯来进行，以达成一个合情合理的妥善的解决，这也是为维护商事调解的程序优势所必须。第三，独立公正的原则，即调解必须独立公正地进行。由于调解的进行依赖于中立第三人的作用，他仅是协助或促进当事人达成争议的和解，而不能只站在一方当事人的立场上去维护其利益。因而，此原则实际上是为调解人而设，它要求任何情况下，调解人都应当在进行调解程序时力求保持对各方当事人的公平待遇，并向当事人披露任何可能会影响调解公正进行的诸如其与调解处理结果存在某种利害关系等情况。总之，上述原则是调解赖以存在的基础，必须予以坚持。

2. 关于商事调解法的适用范围

关于法律的适用范围问题涉及三个方面的内容：

（1）关于"商事"的含义。对此，现在的通说是泛指由于商业性质的所有各种关系而发生的事项，因而商事争议从其内容上讲，包括投资、贸易、金融、证券、保险、房地产、工程承包、运输、知识产权、技术转让等等方面的争议；从法律上讲争议又包括两种情况，即契约性争议和非契约性争议。对于非契约性争议例如侵权争议，如果各方当事人愿意通过调解解决，法律上应当认可。UNCITRAL 调解示范法对于商事的界定就是采取的广义说，所以，我国商事调解法对于"商事"的范围也应该作较宽泛的规定，使其适用于因商业性质的所有关系包括合同与非合同关系所发生的争议。

（2）商事调解法应该既适用于国内商事调解，也适用于国际商事调解，只是对国际商事调解的一些特别问题可以作出专门的规定，类似于中国现行仲裁法的规定。不对国内调解和国际调解分别立法，主要是由于两者都具有相同的性质，存在着大量相同之处，没有必要将其规定在不同的法律中。在法律中对于"国际"的界定可以参考 UNCITRAL 调解示范法的规定，即将实质性连结因素认定标准和争议国际性质认定标准在一定范围内加以结合，同时，当事人自己还可以约定其调解是否为国际调解。UNCITRAL 调解示范法的这种规定是既考虑到"国际"性质认定上的普遍实践，又兼顾了调解中当事人享有很高程度自治的特点，因而是科学的也是值得借鉴的。

最后，因为法院诉讼程序中与仲裁程序中的调解问题会分别在民事诉讼法和仲裁法中予以规定，也由于这两种调解与独立程序的商事调解在诸如主持调解的主体、调解结果的法律性质等很多方面有着明显的不同，因此，单一商事调解法不宜将这两种调解也作为其适用的对象。前述美国统一州法全国委员会（NCCUSL）制定的《统一调解法》就排除了该法对于法官主导的调解的适用。为此，我国商事调解法在其适用范围中还应该明确规定不适用于法官或仲裁员在司法程序或仲裁程序中试图促成和解的案件。

3. 关于商事调解机构

法律中应对作为独立程序的商事调解的调解机构作出规定，从已有的实践以及其他国家的习惯做法来看，由商会或者由商会组建专门机构作为调解机构最为适当。① 这是由于：调解商事争议是商会的基本职能，由商会出面调解商事争议更易为当事人所接受；商会较为熟悉交易习惯、商事惯例，更能切中争议所在，晓以利弊；商会是独立的，一般来说，与各方当事人之间没有直接的利害关系，也没有管理与被管理关系，更能体现平等自愿、独立公正；商会调解商事争议已有多年实践，并积累了一些经验。如中国国际商会调解中心已经形成了全国性的调解网络，调解了大量商事争议，并积累了许多成功的经验，在商事调解实践中具有明显优势。当然，由商会作为调解机构，并不意味着绝对排斥其他中介组织或自然人调解商事争议。由于行政机关具有管理者身份和行政权力，很难体现真正意义上的平等自愿，因此不宜出面调解商事争议。

4. 关于商事调解程序

商事调解立法应对调解的过程中涉及的一些基本问题作出规定，加以规范，应该注意的仍然是要更好地体现当事人的意愿，不宜作过多限制。这个方面的规定一般包含的内容有：关于当事人的权利，如申请或不申请、接受或不接受调解的权利，指定调解员的权利，委托代理人的权利，选择调解方法的权利，接受或不接受调解意见的权利等；调解机构及调解员的职责、作用，如独立公正开展调解工作，协助当事人以达成友好解决争议的协议；调解中的保密规则，涉及调解人在其他程序中的作用，证据在其他程序中的可采性，调解人、当事人等在内的调解参加人的保密义务等内容；对调解文书的制作要求，如调解申请书、当事人达成意见一致的调解协议要求载明的事项等；调解开始、终结的条件等。这些方面的内容可以参照 UNCITRAL 调解示范法并结合中国国际商会现行调解规则的有关规定。

就调解人于其他程序中的作用而言，尤其是在调解人能否在其后与调解的争议有关的仲裁程序中担任仲裁员的问题上，西方一般持否定的看法，认为同一个人既担任调解员又担任仲裁员会违背自然公正的原则，因而在 UNCITRAL 的调解规则及其调解示范法中对此都作了否定性的规定，

---

① 《关于调解立法的提案》，*See* http://www.china-arbitration.com（2003/12/8）.

但是也允许例外，即如果当事人在日后的仲裁程序中约定先前调解程序中的调解员担任仲裁员的，也可以从其约定。以前中国的立法和实践都对仲裁程序中仲裁员可以担任调解员、而在调解失败后又可以恢复仲裁员的身份持肯定的态度，中国国际商会 2000 年调解规则中允许调解员可以在其后的仲裁程序中任仲裁员，只是应以当事人不反对为前提。但是，中国国际商会调解中心在其 2005 年调解规则的第 29 条中则采取了跟示范法完全相同的规定，即除非当事人同意，调解不成功时调解员不得在其后就同一争议进行的仲裁程序中担任仲裁员。这种转变是否预示着在中国未来的商事调解立法中在相同问题上也要采用此立场呢？不过，在这一问题上，在原则上的反对与赞成都以当事人的意思自治为前提的情况下，无论是采哪种规定方式，其实质都是相同的。

5. 关于和解协议的法律效力

由于调解必须遵循当事人意思自治的原则，一般而言，当事人对解决争议所达成的和解协议是能够自觉履行的。但是，如果某一方当事人在达成和解协议之后拒不履行，那么和解协议对其有没有法律约束力直接关系到调解作为一种争议解决方式的生命力问题。正如前一章的讨论所显示，如果调解完全没有法律约束力，无异于否认调解的法律属性，实际上也就是否认调解的存在意义，这是难以接受的，也是与法律上确认调解相悖的。和解协议的法律效力应如何规定，这是立法中的一个难点。诚然，最高人民法院在其于 2002 年 9 月 5 日发布了《关于审理涉及人民调解协议的民事案件的若干规定》中明确规定，具有民事权利义务内容的调解协议具有民事合同性质，从而在实际上对人民调解协议的契约性质给予了肯定。这一司法解释虽不是立法机关所制定的法律，也非针对商事调解而言，但它传达出的对于人民调解协议法律效力予以确认的精神应该也为商事立法在规定和解协议的法律效力问题时所秉承。不过，将具有民事权利内容的人民调解协议认定为合同性质，在当事人违反调解协议而寻求司法救济时仍然会导致在既判力上的障碍，因为它毕竟是争议解决的结果，与一般意义上的合同是有差别的。因此，如下的反对意见和主张是有一定的说服力的，即：

> 作为解决争议和纠纷的表现形式，人民调解协议与仲裁裁决、法院裁决以及行政处理决定，除了效力上的差异外，在性质上并无本质区别，它们都是经过一定程序合成的结果。正是在这个意义上，笔者认为将人民调解协议视为一种民事合同，即民事实体法律关系是不妥

当的。笔者认为不在于从实体上确认它是否属于一种民事合同，而在于通过程序的设置，使其如何更好地与诉讼相衔接；并在承认人民调解正当性的前提下，如何通过程序装置更好地保护当事人利益。人民调解协议的效力问题，作为在程序过程中出现的一个问题，最终只能依赖程序本身来加以解决，也只有这样，我们才算找到了解决问题的根本。①

这虽然是针对人民调解协议而言，但是对于商事调解立法中如何规定和解协议的法律效力问题是具有启发意义的，即如何通过程序的设置来获得问题的解决。中国国际商会调解中心关于这个问题的成功实践——通过和解协议中的仲裁条款将和解协议转化为仲裁裁决——应该为商事调解立法所采纳而形成相应的法律条文。这对于国际商事调解所达成的和解协议的履行尤其具有积极和现实的意义，因为在国际商事调解实践中，和解协议一旦转化为仲裁裁决之后，就可以通过现存的、成熟的国际商事仲裁裁决的承认与执行的制度在国际范围内得以承认和执行，这可以极大地保证调解解决争议的有效性。不过，在对调解结果转化为仲裁裁决的规定上，还是应以当事人的意思自治为限，即当事人在其和解协议中规定有关的仲裁条款应以其合意为前提。

6. 关于联合调解

作为中国国际商事调解中心首倡的实践，中外调解机构携手对国际商事争议进行的调解取得了很大成功，这也是中国对于国际商事调解所作出的贡献，因而应该在商事调解法关于国际商事调解的特别规定中加以体现。这方面的主要规则如下：在相关国家存在联合调解协议的前提下，一方当事人如要进行联合调解，他可以向他的国家的调解中心提出请求，另一方当事人可以向中国国际商会的调解中心提出请求；联合调解可以由两个调解中心的秘书处共同管理，也可以由其中的一个秘书处管理，这由当事人决定，如当事人无此决定，则由两个秘书处共同商定由谁管理，一般都由被申请人联合调解一方国家的调解中心的秘书处管理；在适当的案件中，两个秘书处应当共同管理；联合调解可以在中国进行，也可以在对方国家进行；与联合调解员进行的会议，可以在中国或对方国家进行，视联合调解管理地点而定，但当事人另有约定或联合调解员与当事人另有商定

---

① 江伟、廖永安：《简论人民调解协议的性质与效力》，载《法学杂志》2003年第2期，第11页。

的除外。此外，还可以对中外调解机构在商事调解领域的其他方面的合作作出规定，例如，联合调解协议的签约方有关资料、调解经验的交流，调解员的培训等。

　　总之，中国商事调解的立法应在充分考察国内外相关立法和实践两个方面的基础上进行，并应将现实性和一定的前瞻性结合起来，因而在具体条款设计上的工作必将具有一定的难度和挑战性。不过，可以肯定的是，在我们这个具有深厚的调解文化积淀同时又存在成功的调解实践的国度里，商事调解的立法将会取得成功，同时，立法也将极大地推动调解实践的进一步发展以更好地发挥其作用。

结　　语

调解尽管在很多年前就已出现，但是在其现代的发展历程中，无论是在具有悠久调解历史的东方还是以法治传统闻名的西方，却都经历了一个曲折的发展历程。联合国国际贸易法委员会在商事调解规范制定上的实践即是明证。早在 20 世纪 80 年代初期，委员会就制定了调解规则，以供当事人在采用调解这种友好解决争议的方式时选择使用。并且，联合国大会还于 1980 年 12 月 4 日通过的第 35/52 号决议中宣称："大会认识到以调解作为友好解决国际商业关系上的争端的一种方法的价值，深信制订具有不同法律、社会和经济制度的国家都能接受的调解规则将大有助于发展和谐的国际经济关系……"① 但是，随后调解在立法和实践两个方面的发展却不是一帆风顺的。例如，20 世纪 90 年代初期的时候，国际商会通过调解解决的争议的比例处于下降中。就是联合国国际贸易法委员会自身对于调解的态度也反映了这一时期调解所遭受的冷遇，即"在联合国国际贸易法委员会讨论国际商事仲裁示范法时，有关在示范法中加入一个调解条款的建议没有被采纳。贸易法委员会甚至拒绝在示范法的序言部分加入一句，写上'当事人同意的，调解可被用作解决争议的额外方法'。"② 但是，随着 20 个世纪最后十年 ADR 在世界范围内的蓬勃发展，调解逐渐走出低谷，并呈现出复兴的态势，③ 一个重要的表征是，一些国家在采纳联

---

① *See* http：//www. uncitral. org.（2003/4/8）.

② Pieter Sanders, The 1996 Alexander Lecture, Cross-Border Arbitration—A Vies on the Future, 62 Arbitration（August 1996）, at 173. 转引自王生长：《仲裁与调解相结合的理论与实务》，法律出版社 2001 年版，第 271 页。

③ 在调解逐渐兴盛的过程中，"在线调解"（Online Mediation）的兴起是一个引人注目的现象。电子商务在当今全球化市场中扮演着日益重要的角色，随之而来的是大量的在电子商务活动中产生的电子争议。电子商务争议从实体法和程序法两个方面对司法管辖权提出了挑战，而同时，为了电子商务的发展不受到阻碍，便要求用一种跨境性的、高速便捷的争议解决机制去解决电子商务争议，ADR 自然就成为首选。ADR 在用于解决电子商务争议时由于结合了网络技术因而衍生出 ODR（Online Dispute Resolution）这种电子商

合国国际贸易法委员会的《国际商事仲裁示范法》时却引进了调解条款并且根据各自的理解设定了不同的调解模式。于是，在这种历史背景之下，联合国国际贸易法委员会再次考虑调解问题，并决定以示范法的形式来对调解问题作出规定。在历经各国政府和有关各界的适当审议和广泛协商之后，委员会仲裁工作组于 2002 年正式公布了《联合国国际贸易法委员国际商事调解示范法》。

综观调解在现代的发展历程，不难看出其法制化、规范化的倾向性。本来，调解是最典型的非正式争议解决方式，具有反程序的外观，但是实际上，它在程序法的发展中却发挥了相当大的作用，并且包含着自身程序化的契机。[①]在原始社会中，调解是争取自力救济的合法性和时间的简单程序。而在调解程序发展的高级阶段，已经产生了当事人在一定的社会关系的前提下强调自己的主张的正当性和合理性、并且服从合乎正义的判断的论证样式。在现代化过程中，调解的制度化水平进一步得到提高，调解中对于程序性和实体性的各种问题的反复交涉会导致结晶化的现象，形成某种规范和非正式的规则。调解机关承认这些规范的约束力，从而减少了解决争议的恣意性。因此，也可以说调解规范化和法制化的目的是为了既充分发挥调解的功能和优势，又不致使其对司法和法治造成破坏和威胁；既能实现效益的最大化，又不致损害当事人权利的实现；既能最大限度地减轻法院的压力，又不至于影响司法权的权威；既能有效地促进当事人通

（接前页）务解决的新机制，而在其中，"在线调解"是目前使用得最多的一种 ODR 方式。例如，WIPO "仲裁与调解中心"就为解决网上知识产权争议而设计了在线调解程序。在线调解的程序与非在线调解大同小异。通常由一方当事人向在线调解员或调解机构网站提出申请，然后由调解机构或调解员查明被申请方是否愿意参加在线调解程序，如果愿意，则由双方选择调解员，或直接由调解机构委派调解员。调解规则是公开的，当事人可以通过链接相关网站了解调解规则。如果调解成功，将就解决方案制定一份协议，有的网站要求当事人事先决定协议是否具有法律拘束力，有的网站则不允许选择，即协议自动具有法律拘束力。不过，在线调解与非在线调解之间的区别也是显而易见的，例如，在线调解中调解人与当事人不能再同一个物理空间进行交流，在调解过程中调解人的人格魅力、调解技能的发挥将会大打折扣，弥漫于非在线调解中的浓厚的人文气息在这里也不复存在。加之在线调解中对于因特网技术的倚仗，使其与非在线调解相比在很多方面具有特殊性。因此，在线调解与非在线调解似不好放在同一平面来进行探讨，这也是本书并未涉足在线调解的主要原因。

[①] 参见季卫东：《程序比较论》，载《比较法研究》1993 年第 1 期，第 15 页。

过自治和自律达成和解，又不致造成某些当事人的滥用。① 因而在制定法律和规则时，需要在既有效地为调解提供基本的程序保障，同时会因过多的规制影响调解的灵活性等特质这两者之间找到平衡点。由于调解在实践中还处于不断探索和逐步完善的过程，而且就调解的很多方面而言也还处于一种不确定的状态，最突出的例子是关于调解的启动和处理协议的法律效力的问题，这使得对于调解的法律规制往往不可能在一开始就是健全的和完善的。也因此，怎样在实验和经验的基础上适时合理地进行规范和调整，确实是一件难度很大的事情。为了保证调解程序的公平与合理，其规范化目标主要体现在对当事人自治和公平程序的保证上，而后者主要体现于对调解人的中立与公正方面的一系列要求，以充分保障当事人的处分权，彻底遵循自愿原则。调解的生命力在于它的灵活性和当事人的自治，在调解法制化的具体环节中，围绕这两个方面的内容的规制，诸如调解的基本原则、调解人的权利与义务、当事人的行为等等，应该是其最重要的内容。

从联合国国际贸易法委员会 1980 年《调解规则》到其 2002 年《国际商事调解示范法》，这个历程很好地诠释了如上对于调解法制化的理性总结。

首先，联合国国际贸易法委员会从制定一个供当事人在具体调解程序中选择使用的调解规则，到致力于为世界各国进行调解立法提供示范而制定示范法，就是因为争议当事人请第三人协助他们设法友好解决其争议的调解这种商事争议解决办法对国际贸易的价值日益突出，在国际和国内商事实践中日益多地用于替代诉讼，因而在越来越频繁的调解实践中逐渐产生了一些规则以及提出了诸多法律问题，从而需要在法律上作出相应的规定。商事调解实践的发展本身即蕴含了调解法制化的倾向性。

其次，就调解的法制化而言，联合国国际贸易法委员会的调解示范法可以说是在调解的程序保障与调解的程序利益之间进行平衡的一个典范，它既保护了调解过程的完整性，例如确保满足当事人对调解保密的要求，同时又能提供最大限度的灵活性以保护当事人意思自治。这具体体现在两个方面：其一，该法只有 14 个条款，只是对调解中最基本的问题作出了反映，而不是对调解的具体过程进行规定，因为这方面的内容恰恰是不必规制的，这为保证调解的灵活性所必需，也为保持调解的最大的优势和最

---

① 范愉：《浅谈当代"非诉讼纠纷解决"的发展及其趋势》，载《比较法研究》2003 年第 4 期，第 41 页。

本质的特征所要求。例如，该示范法允许在当事人未约定调解方式的情况下，调解人可以按其视为适当的方式进行调解程序。因此，示范法是一部灵活性的法律，它主要涉及的问题有：调解期间提出的证据在随后的仲裁或诉讼程序中的可采性；调解员在随后的仲裁程序可能扮演的角色；调解程序中达成的和解在何种条件下可视为一项执行命令等。其二，示范法在最大限度内保证当事人的意思自治，从该法在很多事项上允许当事人自主决定的规定中可以强烈地体会到这一点。例如，示范法以一个独立的条文规定："除第 2 条和第 6 条第 2 款的规定外，各方当事人可以约定排除或者变更本法的任何规定。"① 这充分体现了示范法对当事人意思自治原则所给予的重视，也反映了调解的整个概念依赖于各方当事人的意愿这一原则，当然该法第 2 条关于示范法的解释及第 6 条第 3 款关于公平对待当事人的规定是例外，它们是不受当事人意思自治原则约束的事项。其他诸如当事人可以约定其调解是否属于国际调解、可以约定调解的方式、当事人可以协议终止调解程序甚至单方面终止调解程序、对一些具体的条款所附加的"除非当事人另有约定"等限制条件，凡此种种，无一不宣示着调解中当事人意思自治的作用。

　　最后，联合国国际贸易法委员会的调解示范法在一些具体问题上的规定无疑具有很强的现实意义，而其中尤其值得一提的是关于作为调解结果之和解协议能否在法律上具有强制执行力的规定。和解协议的执行力问题可以说给调解的理论和实践带来了极大的困扰。该调解示范法引导立法者考虑和解结果的可执行性问题，规定和解协议具有可以执行的效力，并鼓励各国立法者对调解结果的执行作出具体的规定。如果和解协议能够像仲裁裁决一样得到法院的承认和执行，那么在国际商事争议的解决中，调解的作用必将得到极大的增强。

　　可以预见的是，由于联合国国际贸易法委员会的商事调解示范法的出现，更由于 ADR 在 21 世纪还在朝着纵深的方向延伸，关于 ADR 最典型代表之调解的立法必将在 21 世纪得到长足的发展而最终取得更大的成就，正如在 20 世纪时有关仲裁尤其是仲裁协议和仲裁裁决的承认与执行方面的立法所取得的重大成就一样。事实上，下述区域已经根据联合国国际贸易法委员会《国际商事调解示范法》颁布立法，它们是：加拿大（2005

① 《联合国国际贸易法委员会国际商事调解示范法》第 3 条。

年)、克罗地亚 (2003 年)、匈牙利 (2002 年)、尼加拉瓜 (2005 年)。①
不过, 必须强调的是, 调解程序存在着非形式主义的特点与形式化的发展
倾向之间的紧张, 而且这种紧张应该是一种持续的状态, 它始终影响和制
约着调解的立法, 一旦调解立法打破了这种紧张的状态, 调解的根本特质
就有可能会丧失, 从而出现调解丧失其在争议解决上的正当性的危机。因
此, 调解立法应该始终顾虑到这一点。

---

　　① *See* http://www. uncitral. org/uncitral/zh/uncitral _ texts/arbitration/2002 Model _
conciliation_status. html. (2006/5/8).

主要参考文献

一、中文著作类（含译著）

1. 范愉：《非诉讼纠纷解决机制研究》，中国人民大学出版社 2000 年版。
2. 王生长：《仲裁与调解相结合的理论与实务》，法律出版社 2001 年版。
3. 王公义、唐荣曼主编：《中国·澳大利亚"纠纷解决替代机制与现代法治"研讨会论文集》，法律出版社 2003 年版。
4. 中国国际私法学会主编：《中国国际私法与比较法年刊》，第 1 卷至第 8 卷（1998～2005 年），法律出版社。
5. 王亚新：《社会变革中的民事诉讼》，中国法制出版社 2001 年版。
6. 肖建国：《民事诉讼程序价值论》，中国人民大学出版社 2000 年版。
7. 杨润时主编：《最高人民法院民事调解司法解释的理解与运用》，人民法院出版社 2004 年版。
8. 黄河主编：《中国商事调解理论与实务》，中国民主法制出版社 2002 年版。
9. 徐昕：《英国民事诉讼与民事司法改革》，中国政法大学出版社 2002 年版。
10. 刘瑞川主编：《民商案件调解实务》，人民法院出版社 2004 年版。
11. 范愉主编：《ADR 原理与实务》，厦门大学出版社 2002 年版。
12. 朱景文：《现代西方法社会学》，法律出版社 1994 年版。
13. 韩健：《现代国际商事仲裁法的理论与实践（修订本）》，法律出版社 2000 年版。
14. 赵健：《国际商事仲裁的司法监督》，法律出版社 2000 年版。
15. 宋连斌：《国际商事仲裁管辖权研究》，法律出版社 2000 年版。
16. 朱克鹏：《国际商事仲裁的法律适用》，法律出版社 2000 年版。

17. 宋航：《国际商事仲裁裁决的承认与执行》，法律出版社 2000 年版。

18. 强世功编：《调解、法制与现代性：中国调解制度研究》，中国法制出版社 2001 年版。

19. 宋冰编：《程序、正义与现代化》，中国政法大学出版社 1998 年版。

20. 季卫东：《法治秩序的建构》，中国政法大学出版社 1999 年版。

21. 张晋藩：《中华法制文明的演进》，中国政法大学出版社 1999 年版。

22. 梁治平：《寻求自然秩序中的和谐》，中国政法大学出版社 2002 年修订版。

23. 梁治平：《法辨——中国法的过去、现在与未来》，中国政法大学出版社 2002 年版。

24. 陈桂明：《程序理念与程序规则》，中国法制出版社 1999 年版。

25. 王律中：《调解心理艺术》，人民法院出版社 2001 年版。

26. 宋连斌、林一飞译编：《国际商事仲裁新资料选编》，武汉出版社 2001 年版。

27. ［英］艾伦·雷德芬、马丁·亨特：《国际商事仲裁法律与实践》，林一飞、宋连斌译，北京大学出版社 2005 年版。

28. 范愉：《非诉讼程序（ADR）教程》，中国人民大学出版社 2002 年版。

29. ［法］勒内·达维德：《当代主要法律体系》，漆竹生译，上海译文出版社 1984 年版。

30. ［德］K·茨威格特、H·克茨：《比较法总论》，潘汉典、米健、高鸿钧、贺卫方译，法律出版社 2003 年版。

31. ［英］施米托夫：《国际贸易法文选》，赵秀文译，中国大百科全书出版社 1993 年版。

32. ［美］A.L. 科宾：《科宾论合同（一卷版）》（下册），王卫国、徐国栋、李浩、苏敏、夏登峻译，中国大百科全书出版社 1998 年版。

33. ［日］棚濑孝雄：《纠纷的解决与审判制度》，王亚新译，中国政法大学出版社 1994 年版。

34. ［美］理查德·A·波斯纳：《法律的经济分析》，蒋兆康译，中国大百科全书出版社 1997 年版。

35. ［美］E·博登海默：《法理学——法律哲学与方法》，邓正来译，中国政法大学出版社 1999 年版。

36. ［日］高见泽磨：《现代中国的纠纷解决与法》，何勤华、李秀清、曲阳译，法律出版社 2003 年版。

二、中文论文类

1. 何兵：《纠纷解决机制之重构》，载《中外法学》2002 年第 1 期。

2. 唐厚志：《中国的调解》，载《中国对外贸易》2001 年第 2 期、第 3 期。

3. 季卫东：《程序比较论》，载《比较法研究》1993 年第 1 期。

4. 唐厚志：《正在扩展着的文化：仲裁与调解相结合或与解决争议替代办法（ADR）相结合》，载《中国对外贸易》2002 年第 1 期。

5. 范愉：《浅谈当代"非诉讼纠纷解决"的发展及其趋势》，载《比较法研究》2003 年第 4 期。

6. ［美］克丽斯蒂娜·沃波鲁格：《替代诉讼的纠纷解决方式（ADR）》，载《河北法学》1998 年第 1 期。

7. 左冰、刘家瑞：《试析世界知识产权组织的争端解决机制》，载《华东政法学院学报》1999 年第 1 期。

8. 朱景文：《法治和关系：是对立还是包容？——从韦伯的经济与法律之间关系的理论谈起》，载《环球法律评论》2003 年春季号。

9. 季卫东：《调解制度的法律发展机制——从中国法制化的矛盾入手》，易平译，载《比较法研究》1999 年第 3 期、第 4 期。

10. 乔钢梁：《美国法律的调解与仲裁制度》，载《政法论坛》1995 年第 3 期。

11. 章武生：《司法 ADR 之研究》，载《法学评论》2003 年第 2 期。

12. ［美］罗伯特·科尔森：《商事争端的调解》，载《仲裁与法律通讯》，黄雁明译，1999 年第 4 期、第 5 期、第 6 期。

13. 陈弘毅：《调解、诉讼与公正——对现代自由社会和儒家传统的反思》，载《现代法学》2001 年第 3 期。

14. 胡旭晟、夏新华：《中国调解传统研究——一种文化的透视》，载《河南省政法管理干部学院学报》2000 年第 4 期。

15. 朱景文，斯图尔特·马考利：《关于比较法社会学的对话》，载《比较法研究》1998 年第 1 期。

16. 木兰、李诚容：《英国的争议解决——ADR（其他争议解决方式）

的影响》，载《仲裁与法律》2000 年第 6 期。

17. 马赛：《论述我国涉外商事调解特征、特性及意义》，载《浙江省政法管理干部学院学报》1999 年第 2 期。

18. 梁凤荣：《论我国古代传统的司法调解制度》，载《河南大学学报（社会科学版）》2001 年第 4 期。

19. 李广辉：《试论澳大利亚民商事纠纷的解决机制》，载《河南省政法管理干部学院学报》2000 年第 2 期。

20. 杨建红：《论调解协议的法律效力》，载《仲裁与法律》2002 年第 4 期。

21. 魏庆阳：《中国国际商会调解中心的专业调解》，载《中国对外贸易》2001 年第 4 期、第 5 期。

22. 唐厚志：《中国派代表团出席联合国国际贸易法委员会仲裁工作组第 34 届会议》，载《中国对外贸易》2001 年第 4 期。

23. 马赛：《简述机构调解的调解员》，载《中国对外贸易》2002 年第 4 期。

24. 郭锡昆：《调解程序论：一个 ADR 视角中的解说》，载《中国对外贸易》2003 年第 2 期。

25. 袁泉、郭玉军：《ADR——西方盛行的解决民商事争议的热门制度》，载《法学评论》1999 年第 1 期。

26. 郭玉军、甘勇：《美国选择性争议解决方式（ADR）介评》，载《中国法学》2000 年第 5 期。

27. 李健男：《论瑞典的新仲裁机制——兼论现代国际商事仲裁的价值取向》，载《法学评论》2002 年第 4 期。

28. 熊跃敏：《诉讼上和解的比较研究》，载《比较法研究》2003 年第 2 期。

29. 王建勋：《调解制度的法律社会学思考》，载《中外法学》1997 年第 1 期。

30. 王亚新：《论民事、经济审判方式的改革》，载《中国社会科学》1994 年第 1 期。

31. 刘敏：《论传统调解制度及其创造性转化：一种法文化学分析》，载《社会科学研究》1999 年第 3 期。

三、英文著作类

1. Pieter Sanders, The Work of UNCITRAL on Arbitration and

Conciliation, Kluwer Law International, 2001.

2. Christian Bühring-Uhle, Arbitration and Mediation in International Business: Designing Procedures for Effective Conflict Management, Kluwer Law International, 1996.

3. Laurence Boulle and Miryana Nesic, Mediation: Principles, Process, Practice, Butterworths, 2001.

4. Peter Lovenheim, Becoming a Mediator—An Insider's Guide to Exploring Careers in Mediation, Jossey-Bass, 2002.

5. C Moore, The Mediation Process: Practical Strategies for Resolving Conflict, Jossey-Bass, 1996.

6. H Brown and A Marriott, ADR Principles and Practice (2nd ed.), Sweet and Maxwell, 1999.

7. Eileen Carroll and Karl Mackie, International Mediation—The Art of Business Diplomacy, Kluwer Law International, 2000.

8. Astor. H. and Chinkin. C. , Dispute Resolution in Australia, Butterworths, Australia, 1992.

9. Lon L. Fuller, Mediation—Its Forms and Function, Duke University Press, 1981.

10. K Kressel, Mediation Research: The Process Effectiveness of Third Party Intervention, Jossey-Bass, 1989.

11. Pieter Sanders, Quo Vadis Arbitration? —Sixty Years of Arbitration Practice, Kluwer Law International, 1999.

12. Karl Mackie and Others, The ADR Practice Guide: Commercial Dispute Resolution, Butterworths (2nd ed.), 2002.

13. J Folberg and A Taylor, Mediation: A Comprehensive Guide to Resolving Conflict Without Litigation, Jossey-Bass, 1984.

14. K Mackie, D Mile, W Mrash, Commercial Dispute Resolution: An ADR Practice Guide, Butterworths, 1995.

15. M Fulton, Commertial Alternative Dispute Resolution, The Law Book Company, 1898.

16. Marcus Stone, Representing Clients in Mediation: A New Professional Skill, Butterworths, 1998.

17. G. K. Kwatra, The Arbitration and Conciliation Law of India: With Case Law on UNCITRAL Model Law on Arbitration, Indian Council of

Arbitration, 2000.

18. Alan Scott Rau, Mediation and other Non-Binding ADR Processes, and (partly reprinted) ed , Foundation Press, 2002.

19. Isaak I. Dore, Arbitration and Conciliation under the UNCITRAL Rules: A Textual Analysis, Nijhoff, 1986.

20. Carrie Menkel-Mendow, Mediation: Theory, Policy, and Practice, Ashgate, 2001.

21. Luis Miguel Diaz, Commercial Mediation and Arbitration in the NAFTA Countries, JurisNet LLC, 1999.

22. The WIPO Arbitration and Mediation Center, Guide to WIPO Mediation, 1996.

四、英文论文类

1. Richard Birke and Louise Ellen Teitz, *U. S. Mediation in* 2001, The American Journal of Comparative Law, vol. 50, Supplement, 2002.

2. *UNCITRAL Model Law on International Commercial Conciliation: Adopted 24 June 2002*, Yearbook Commercial Arbitration, vol. 27, 2002.

3. Dr. Luis Miguel Dlaz, *Mediation Furthers the Principles of Transparency and Cooperation to Solve Disputes in the NAFTA Free Trade Area*, Denv. J. Int' L L. & Pol' Y, vol. 30, No. 1, 2001.

4. J Reikert, *Alternative Dispute Resolution in Australian Commercial Disputes: Quo Vadis?* Australian Dispute Resolution Journal, vol. 22, No. 1, 1990.

5. NCCUSL, *Uniform Mediation Act*, World Trade and Arbitration Materials, vol. 14, No. 4, 2002.

6. G Kurien, *Critique of Myth of Mediation*, Australian Dispute Resolution Journal, vol. 43, No. 6, 1995.

7. Cobb & J Rifkin, *Practice and Paradox: Deconstructing Neutrality in Mediation*, Law and Society Inquiry, vol. 16, 1991.

8. R Yhurgood, *Mediator Intervention to Ensure Fair and Just Outcomes*, Australian Dispute Resolution Journal, No. 10, 1999.

9. A Lynch, *Can I Sue My Mediator? —Finding the Key to Mediator Liability*, *Australian Dispute Resolution Journal*, No. 6, 1995.

10. F Crobie, *Aspects of Confidentialty in Mediation: A Matter of Balancing Competing Public Interests*, CDRJ, vol. 51, No. 2, 1995.

11. W Faulkes, *The Dispute Resolution Industry-Defining the Industry and Establishing Competencies*, Australian Dispute Resolution Journal, No. 5, 1994.

12. R Buckley, *The Applicability of Mediation Skill to the Creation of Contract*, Australian Dispute Resolution Journal, No. 3, 1992.

13. J Antes, *Is a Stage Model of Mediation Necessary?* Mediation Quarterly, vol. 16, 1999.

14. Judd Epstein, *The Use of Comparative Law in Commercial International Arbitration and Commercial Mediation*, Tulane Law Review; vol. 75, No. 4, 2001.

15. Richard Hill, *The Theoretical Basis of Mediation and Other Forms of ADR : Why They Work*, Arbitration International, vol. 14, No. 2, 1998.

16. Derek Bok, *A Flawed System of Law and Practice Training*, Journal of Legal Education, vol. 33, No. 2, 1983.

17. Cochran, *Must Lawyers Tell Clients about ADR?* Arbitration Journal, No. 3, 1993.

18. Peter Fenn, Greg Hunt, *The United Kingdom Government's Pledge to ADR and the Chartered Institute of Arbitrators Mediation Panel*, Arbitration, vol. 68, No. 2, 2002.

19. Jernej Sekolec, *United Nations Commission on International Trade Law: Introduction to the UNCITRAL Model Law on International Commercial Conciliation*, Yearbook Commercial Arbitration, vol. 27, 2002.

20. Eugen Salpis, *Legislation and Rules: Rules of Arbitration and Conciliation of the International Arbitral Centre of the Austrian Federal Economic Chamber, Vienna (Vienna Rules)*, Arbitration, vol. 67, No. 4, 2001.

21. Roger S. Haydock, *Mediation and Arbitration for Now and the Future*, Comparative Law Yearbook of International Business, vol. 23, 2002.

22. Michael F. Hoellering, *Commercial Arbitration and Mediation Center for the Americas*, Journal of International Arbitration, vol. 13, No. 2,

1996.

23. Eric D. Green, *International Commercial Dispute Resolution*: *Courts*, *Arbitration*, *and Mediation*, Boston University International Law Journal, vol. 15, No. 1, 1997.

24. Tobi P. Dress, *International Commercial Mediation and Conciliation*, Loyola of Los Angeles International and Comparative Law Journal, vol. 10, 1988.

25. Low Sui Pheng, *The Influence of Chinese Philosophies on Mediation and Conciliation in the Far East*, Arbitration, vol. 62, No. 1, 1996.

26. P. G. Lim, *The Growth and Use of Mediation throughout the World*: *Recent Developments in Mediation/Conciliation among Common and Non-Common Law Jurisdiction in Asia*, The Malayan Law Journal, vol. 4, No. 11, 1998.

27. Kwang-Taeck Woo, *Court-connected Mediation in Korea*, Dispute Resolution Journal, vol. 54, 1999.

28. Kazuo Iwasaki, *ADR*: *Japanese Experience with Conciliation*, Arbitration International, Vol. 10, No. 1, 1994.

29. J. B. Eisen, *Are We Ready for Mediation in Cyberspace*, Brigham Young University Law Review, No. 4, 1998.

30. Hong Kong International Arbitration Centre, *Hong Kong Government Mediation Rules*, The International Construction Law Review, vol. 8, No. 3, 1991.

31. Stacey Lynne Cushner, *Mediation in the United States*, The Arbitration and Dispute Resolution Law Journal, No. 2, 2000.

32. James Behrens, *The History of Mediation of Probate Disputes*, Arbitration, vol. 68, No. 2, 2002.

33. Steven J. Burton, *Combining Conciliation with Arbitration of International Commercial Disputes*, Hastings International and Comparative Law Review, vol. 18, No. 4, 1995.

34. Lynn Berat, *The Role of Conciliation in the Japanese Legal System*, The American University Journal of International Law and Policy, vol. 8, No. 1, 1992.

35. Gary Smith, *Unwilling Actors*: *Why Voluntary Mediation Works*, *Why Mandatory Mediation Might Not*, Osgoode Hall L. J., vol. 36, 1998.

五、主要因特网网址

1. 联合国国际贸易法委员会：http：//www. uncitral. org.
2. 世界知识产权组织：http：//www. wipo. org.
3. 中国仲裁网：http：//www. china-arbitration. com.
4. 中国国际贸易促进委员会/中国国际商会：http：//lab. ccpit. org.

后　记

　　以联合国国际贸易法委员会国际商事调解示范法的颁布为契机，我开始对调解这个观念中很东方的话题产生了浓厚的兴趣。在收集国外有关资料的过程中，我非常惊异地发现西方对于调解的关注程度之高大大超乎我的想象，其研究成果也给我们展现了一个全新的视角，这对于如何在现代法治环境中重新诠释调解这个在我国有着深厚的文化积淀、对其利弊的评价中各种声音杂陈的争议解决方式必将大有裨益。最终，我聚焦于国际商事调解，开始了征程漫漫的求索。

　　在这一路的求索中，无论我主观上是如何希望自己的研究能有些许的意义和价值，但是，毕竟在很多方面自己是力有不逮的，以至于虽然写就了一篇论文，但其间我所承受的压力与困扰至今都无法解脱。如今，在这篇论文的基础上增删修改而成的书稿即将付梓，那些与这一历程相伴随的感悟与心情再一次清晰地呈现于我的眼前：由导师黄进教授的谆谆教诲中，对于什么是高尚的人品、严谨的治学态度、深厚的学术造诣以及儒雅的学者风范，我有了深刻而生动的体会；每每聆听我国著名国际私法学家韩德培先生的教导时，都会油然而生的"高山仰止，景行行止"之情成为了我不断前行的动力；肖永平教授、郭玉军教授以及宋连斌教授以他们各自鲜明的风格给我诸多启迪，他们突出的学术成就也为我树立了努力的目标；同窗好友李雪平、丁颖、姚艳霞、邹国勇、孙立文等诸君的陪伴、鼓励甚至是无私的帮助使我的胸间常常充盈着感动和温情，对于友情我由此有了更深的体味；我至亲至爱的父母、丈夫和女儿对我的学习给予了最充分的理解和最无私的支持，我对他们的感激之情怎一个"谢"字了得！凡此种种，已成为我一生的记忆。

　　必须特别强调的是，老师的帮助、母校出版社张琼老师所付出的艰辛劳动，都是本书得以问世的前提，我永远铭记于心并感激不尽。

　　当然，由于本人学识以及视野的局限，书中错漏之处肯定在所难免，敬请读者斧正！

尹　力

2006 年 10 月识于宁波